高等职业教育电子商务专业精品教材

电子商务基础与实践

主　编　陈德宝　金频生
副主编　沈郁珊　贺慧玲
　　　　张　桥　冯益鸣　吴　成
参　编　徐菀菁　黄靖惠　阮瀚莹

中国轻工业出版社

图书在版编目（CIP）数据

电子商务基础与实践／陈德宝，金频生主编．—北京：中国轻工业出版社，2023.9
高等职业教育电子商务专业精品教材
ISBN 978-7-5184-4429-8

Ⅰ.①电… Ⅱ.①陈… ②金… Ⅲ.①电子商务—高等职业教育—教材 Ⅳ.①F713.36

中国国家版本馆 CIP 数据核字（2023）第 084068 号

责任编辑：张文佳　　责任终审：李建华
整体设计：锋尚设计　　责任校对：晋　洁　　责任监印：张　可

出版发行：中国轻工业出版社（北京东长安街6号，邮编：100740）
印　　刷：三河市国英印务有限公司
经　　销：各地新华书店
版　　次：2023年9月第1版第1次印刷
开　　本：787×1092　1/16　印张：14
字　　数：380千字
书　　号：ISBN 978-7-5184-4429-8　定价：49.80元
邮购电话：010-65241695
发行电话：010-85119835　传真：85113293
网　　址：http://www.chlip.com.cn
Email：club@chlip.com.cn
如发现图书残缺请与我社邮购联系调换
220923J2X101ZBW

近年来，我国电子商务业态持续创新，发展势头强劲且韧性十足，电子商务市场规模持续扩大，2021年全国电子商务交易额已达42.3万亿元，连续9年保持全球最大网络零售市场地位，有力支撑了我国稳增长、促消费、保就业、惠民生，助推传统行业数字化转型。

随着电子商务产业链不断延长，电子商务相关企业的不断增加，对于各类电商人才的需求也在快速增长，截至2022年3月，电商直接就业和网络创业从业人员达到4126.32万人，电商支撑行业从业人员达到1229.43万人。

职业教育是电子商务人才培养的重要阵地，本书从电子商务职业教育的定位出发，与电子商务就业岗位适应，以解释和解决电子商务领域基本问题为原则，注重从应用角度阐述电子商务的基本内容，以提升学生的实践操作技能为重点，让职业院校电子商务等专业的学生全面认知并体验电子商务，激发学生后续学习电子商务相关专业课程的兴趣。本书的主要特点如下。

1. 理论与实践并重

职业教育电子商务专业的培养目标是为电子商务行业一线培养高素质技能人才，本书注重理论知识与实践应用的结合，注重学做合一，每章内容都有技能训练、学习指导等配套辅助内容，以指导学生实际操作。在教材编写的过程中充分吸纳有企业工作经验的教师和企业人员参与，将电子商务发展的最新理念和企业对于人才的具体需求融入教学内容中。

2. 以丰富的形式展现内容

本书使用思维导图、流程图、表格等形式展现学习内容，使学生爱学、内容易于理解，避免使用长篇大论的文字叙述形式。同时，采用更加吸引人的版式设计，调动学生学习的积极性和主动性。

3. 结构清晰、内容完善，紧跟行业发展趋势

电子商务产业发展更新快，本教材按照电子商务基础理论、电子商务应用、电子商务生态三大板块组织教学内容，增加了近几年电子商务热点领域，如新媒体电商、直播电商等内容，让学生在掌握电子商务基础知识与技能的同时，了解行业最新发展。

4. 职业技能与职业素养并重

本书将电子商务职业道德、工匠精神、团队精神等融入教学内容，让学生在掌握职业技能的同时，逐步养成职业素养。

本书由陈德宝、金频生担任主编，沈郁珊、贺慧玲、张桥、冯益鸣、吴成担任副主

编，徐菀菁、黄靖惠、阮瀚莹参编。在本书的编写过程中，编者借鉴了一些出版物和网络资源的最新资料，在此谨向各方表示衷心的感谢！

由于水平有限，书中难免存在不足之处，敬请各位专家和读者批评指正。

编　者

目录

项目一 电子商务概述

学习目标

目标类型	目标内容
知识目标	掌握电子商务的概念 掌握电子商务的分类 掌握电子商务的系统构成和一般框架 了解电子商务的发展和趋势 了解职业院校学生电子商务工作岗位
技能目标	能掌握电子商务的主要应用领域 能分析电子商务的发展现状和趋势 能分析电子商务行业对职业院校学生的岗位要求
素养目标	增强学习电子商务的自信 初步规划未来的电子商务职业生涯 增强网络文明意识

思维导图

- 电子商务概述
  - 电子商务的概念与分类
    - 电子商务的概念
    - 电子商务的特点
    - 电子商务的分类
  - 电子商务系统的组成及一般框架
    - 电子商务的基本构成要素
    - 电子商务的框架结构
    - 电子商务的应用框架
  - 我国电子商务的发展
    - 电子商务发展现状
    - 发展趋势
  - 职业院校学生电子商务工作岗位
    - 高职院校电子商务专业设置情况
    - 电子商务人才需求情况
    - 电子商务类专业主要就业岗位

案例导入

电子商务行业著名企业：阿里巴巴

阿里巴巴集团创建于1999年，总部位于杭州市，阿里巴巴意谓“芝麻开门"，寓意为小企业开启财富之门。经过20余年的发展，形成了电商领域的强生态闭环，阿里巴巴集团经营多项业务，另外也从关联公司的业务和服务中取得经营商业生态系统上的支援，业务和关联公司的业务包括：淘宝网、天猫、聚划算、全球速卖通、阿里巴巴国际交易市场、1688、阿里妈妈、阿里云、蚂蚁金服、菜鸟网络等（表1-1），是中国电子商务生态体系较健全、规模较大的电子商务标杆企业之一，2022年《财富》中国500强排行榜第11位，《财富》世界500强排行榜位列第55位。

表 1-1　阿里巴巴主要业务和关联公司

淘宝网	淘宝网创立于 2003 年，中国较大的 C2C 电子商务平台。平台上的商家主要是个人卖家、个体户和小企业
天猫	天猫创立于 2008 年，致力于为消费者提供选购品牌产品的优质购物体验。多个国际和中国本地品牌及零售商已在天猫上开设店铺
全球速卖通	全球速卖通创立于 2010 年，是为全球消费者而设的零售平台，其主要买家市场包括俄罗斯、美国、巴西、西班牙、法国和英国。世界各地的消费者可以通过全球速卖通，直接从中国制造商和分销商处购买产品
阿里巴巴国际站	阿里巴巴国际交易市场是阿里巴巴集团最先创立的业务，是领先的全球批发贸易平台。阿里巴巴国际交易市场上的买家来自全球 200 多个国家和地区，一般是从事进出口业务的贸易代理商、批发商、零售商、制造商及中小企业
阿里巴巴国内站	1688（前称“阿里巴巴中国交易市场”）创立于 1999 年，是中国领先的网上批发平台，覆盖普通商品、服装、电子产品、原材料、工业部件、农产品和化工产品等多个行业的买家和卖家。1688 为在阿里巴巴集团旗下零售平台经营业务的商家，提供了从本地批发商采购产品的渠道
菜鸟网络	菜鸟网络是阿里巴巴集团旗下业务，致力于满足现在及未来中国网上和移动商务业在物流方面的需求。菜鸟网络经营的物流数据平台运用物流合作伙伴的产能和能力，大规模实现商家和消费者之间的交易。此外，菜鸟网络使用数据洞察和科技来提高整个物流价值链的效率
蚂蚁金融服务集团	蚂蚁金融服务集团专注于服务小微企业与普通消费者。蚂蚁金融服务集团正打造一个开放的生态系统，与金融机构一起，共同为未来社会的金融提供支撑。蚂蚁金融服务集团旗下业务包括支付宝、蚂蚁聚宝、芝麻信用和网商银行等

案例思考

1. 什么是电子商务？
2. 电子商务的主要应用有哪些？

第一节　电子商务的概念与分类

一、电子商务的概念

（一）世界电子商务会议的定义

1997年11月6日至7日在法国首都巴黎，国际商会举行了世界电子商务会议，关于电子商务的概念阐述：电子商务（Electronic-Commerce），是指对整个贸易活动实现电子化。从涵盖范围方面可以定义为：交易各方以电子交易方式而不是通过当面交换或直接面谈方式进行的任何形式的商业交易；从技术方面可以定义为：电子商务是一种多技术的集合体，包括交换数据（如电子数据交换、电子邮件）、获得数据（共享数据库、电子公告牌）以及自动捕获数据（条形码）等。

（二）欧洲议会的定义

欧洲议会关于电子商务给出的定义是：电子商务是通过数字方式进行商务活动的过程。它通过数字方式处理和传递数据，包括文本、声音和图像。它涉及许多方面的活动，包括货物数字贸易和服务、在线数据传递、数字资金划拨、数字证券交易、数字货运单证、商业拍卖、合作设计和工程、在线资料、公共产品获得。它包括了产品（如消费品、专门设备）和服务（如信息服务、金融和法律服务）、传统活动（如健身、体育）和新型活动（如虚拟购物、虚拟训练）。

（三）代表学者的定义

美国学者瑞维·卡拉科塔和安德鲁·B. 惠斯顿在他们的专著《电子商务的前沿》中提出："广义地讲，电子商务是一种现代商业方法。这种方法通过改善产品和服务质量、提高服务传递速度，满足政府组织、厂商和消费者的较低成本的需求。"这一概念也用于通过计算机网络寻找信息以支持决策。一般来讲，今天的电子商务通过计算机网络将买方和卖方的信息、产品和服务器联系起来，而未来的电子商务通过构成信息高速公路的无数计算机网络中的一条将买方和卖方联系起来。

（四）狭义电子商务和广义电子商务

电子商务，狭义上称作电子交易（E-commerce），主要是指利用Internet开展的交易活动，它仅仅将Internet上进行的交易活动归属于电子商务活动。而广义的电子商务是指利用电子技术将整个商业活动实现电子化，如市场分析、客户管理、资源调配、企业决策等。归纳起来，电子商务是指在全球各地广泛的商业贸易活动中，通过信息化网络所进行并完成的各种商务活动、交易活动、金融活动和相关的综合服务活动。

（五）本书的定义

电子商务主要从电子和商务两个维度进行理解，“电子”即电子化的交易手段，包括但不限于电话、电报、计算机、手机、平板电脑等手段，“商务”即从事各类商务活动，商务活动是电子商务的本质所在。因此，本书认为，运用各类电子化手段，通过信息通信网络开展的各类商务活动都是电子商务的范畴。目前，电子商务的主流形式是通过计算机、手机等设备通过互联网开展的商务活动。

二、电子商务的特点

（一）交易方便化

在电子商务环境中，人们不再受地域时空的限制，只要能够上网，任何人、任何时间、任何地点都可以开展电子商务交易。

（二）交易快捷化

电子商务能在世界各地瞬间完成传递与计算机自动处理，而且无须人员干预，加快了交易速度。

（三）交易全球化

凡是能够上网的人，无论是在南非上网还是在北美上网，都将被包容在一个市场中，有可能成为上网企业的客户。

（四）交易虚拟化

通过以互联网为代表的计算机互联网络进行的贸易，双方从开始洽谈、签约到订货、支付等，无须当面进行，均通过计算机互联网络完成，整个交易完全虚拟化。

（五）成本低廉化

由于通过网络进行商务活动，信息成本低，足不出户，可节省交通费，且减少了中介费用，因此整个活动成本大大降低。

（六）交易连续化

国际互联网的网页，可以实现24小时的服务。任何人都可以在任何时候向网上企业查询信息，寻找问题的答案。企业的网址成为永久性的地址，为全球的用户提供不间断的信息源。

三、电子商务的分类

电子商务从不同的角度出发，有不同的分类方法。

（一）按电子商务交易对象划分

电子商务的交易对象主要包括企业、个人、政府三大主体，按照电子商务参与主体不同进行分类，电子商务可以分为以下五种基本类型。

1. B2B 电子商务模式

B2B（Business to Business），是指企业与企业之间通过互联网或专用网络方式进行的电子商务活动，也称为商家或商业机构之间的电子商务模式。它是目前为止电子商务发展最快，所占份额最大的一个领域。典型的B2B网站有阿里巴巴国际站等。

2. B2C 电子商务模式

B2C（Business to Customer），是指商家对个人或商业机构对消费者的电子商务模式。它基本等同于商业电子化的零售商务，具有巨大的发展潜力，是今后电子商务发展的主要模式。目前，Internet上已经遍布各种类型的商业中心，提供各种商品和服务，如当当网、携程网、太平洋电脑网等。

3. C2C 电子商务模式

C2C（Customer to Customer），是指消费者之间通过使用公共网站或个人网站等方式进行交易的电子商务模式，如拍拍网、易趣网等。

4. B2G 电子商务

B2G（Business to Government），是指政府与企业之间的电子商务。它可以覆盖到企业与政府机构间的许多事务，如政府通过Internet发布采购清单，企业以电子化方式回应；也可以通过电子交换方式向企业征税等。它有助于政府更好地树立形象，实施对企业的行政事务管理，推行各种经济政策等，正在全球快速发展，如中国政府采购网、中国电子口岸网等。

5. C2G 电子政务

C2G（Citizen to Government），是指政府与公民之间的电子商务，政府通过电子网络系统为公民提供各种服务。例如社会福利基金的发放和个人报税等。这类电子商务还没有真正形成，但随着B2C和B2G的发展，各国政府将对个人提供更完善的电子服务。

（二）按电子商务使用的网络类型划分

按照电子商务活动所使用的网络，可分为基于EDI的电子商务、基于Internet的电子商务和基于Intranet的电子商务。

1. 基于 EDI 的电子商务

EDI是按照一个公认的标准和协议，将商务活动中涉及的文件标准化和格式化，通过计算机网络，在贸易伙伴的计算机网络系统之间进行数据交换和自动处理。EDI主要应用于企业与企业、企业与批发商、批发商与零售商之间的单证业务传递联系。EDI电子商务在20世纪90年代已得到较大的发展，技术较为成熟，但是由于开展EDI对企业有较高的管理、技术和资金要求，因此至今尚不太普及。但由于EDI使用专用网络，安全性比互联网高，所以目前仍然在安全性要求较高的领域中使用。

2. 基于 Internet 的电子商务

基于Internet的电子商务是目前电子商务的主要形式。它采用了当前先进的计算机技术、通信技术、多媒体技术、数据库技术，通过Internet实现营销、购物等商业服务。它突破了传统商业生产、批发、零售以及进、销、存、调的流转程序和营销模式，实现了少投入、低成本、零库存、高效率。目前，还出现了利用手机、掌上电脑等移动通信设备，通过连接Internet和专用网络，进行的电子商务活动，包括经营、管理、支付、娱乐等。

3. 基于 Intranet/Extranet 的电子商务

Intranet是企业内部网，Extranet是一个使用Internet/Intranet技术使企业与其客户和其他企业相连来完成其共同目标的合作网络。基于Intranet/Extranet的电子商务是指在一个大型企业的内部，或一个行业内开展的电子商务活动。它能够有效地实现企业内部之间、企业与企业之间、企业与合作伙伴及客户之间的授权内数据共享和数据交换，并将每一个各自独立的网络通过互联延伸形成共享的企业资源，方便关联企业相关数据的查询，形成一个商务活动链。

（三）按电子商务活动的运作方式划分

按照电子商务活动的运作方式分类，可分为完全电子商务和非电子商务。

1. 完全电子商务

完全电子商务，即可以完全通过电子商务方式实现和完成整个交易过程的交易，也称为直接电子商务或无形货物和服务，如计算机软件、影视作品、声像作品、事务咨询、翻译、图文信息游戏等内容的订购、付款和交付，或者是大规模的信息服务。

2. 不完全电子商务

不完全电子商务，即指无法完全依靠电子商务方式实现和完成完整交易过程的交易，它需要依靠一些外部要素，比如物流系统来完成交易。

（四）按开展电子交易的信息网络范围划分

按照电子商务活动的范围分类，可分为本地电子商务、远程电子商务和全球电子商务。

1. 本地电子商务

本地电子商务通常是指通过本城市内或本地区内的信息网络实现的电子商务活动，电子交易的地域范围较小。利用Internet、Intranet或专用网将下列系统连接在一起的网络系统：

参加交易各方电子商务信息系统、银行金融机构电子信息系统、保险公司信息系统、商品检验信息系统、税务管理信息系统、货物运输信息系统和本地EDI中心系统。本地电子商务系统是开展远程国内电子商务与全球电子商务的基础系统。

2. 远程电子商务

远程电子商务是指在本国范围内进行的电子交易活动，其交易的地域范围较大，对软硬件和技术要求较高，要求在全国范围内实现商业电子化、自动化，实现金融电子化，交易各方具备一定的电子商务知识、经济能力和技术能力，并具备一定的管理水平和能力等。

3. 全球电子商务

全球电子商务是指在全世界范围内进行的电子交易活动，参加电子交易的各方通过网络进行贸易。全球电子商务业务内容繁杂，数据来往频繁，要求电子商务系统严格、准确、安全、可靠，应制定出世界统一的电子商务标准和电子商务协议，使全球电子商务得到顺利发展。

第二节　电子商务系统的组成及一般框架

一、电子商务的基本构成要素

电子商务的基本构成要素包括网络、用户、认证中心、配送中心、网上银行等。

1. 网络

网络包括3种：Internet、Intranet、Extranet。Internet是电子商务的基础，是商务、业务信息传送的载体；Intranet是企业内部商务活动的场所；Extranet是企业与企业以及企业与个人进行商务活动的纽带。

2. 用户

在电子商务中，用户可以分为个人用户和企业用户。个人用户使用浏览器等接入Internet。而企业用户建立企业内部网、外部网和企业管理信息系统，对人、财、物、供、销、存进行科学管理。企业利用这个网络的网页站点来发布产品的信息等，也就建立了电子商场。

3. 认证中心

这是受法律保护的权威机构，负责发放和管理电子证书（电子证书是一个包含证书持有个人信息，公开密钥，证书序号，有效期和发证单位的电子签名等内容的数字文件），使网络上交易双方能互相确认身份。

4. 配送中心

接受商家的送货要求，组织运送无法从网上直接得到的商品，跟踪产品的流向，将商品送到消费者手中。

5. 网上银行

网络上实现传统银行的业务，为用户提供24小时的实时服务；提供网上的支付手段，发放电子钱包；为电子商务交易中的用户和商家服务。

二、电子商务的框架结构

电子商务的框架结构是指电子商务活动环境中所涉及的各个领域以及实现电子商务应具备的技术保证。从总体上来看，电子商务框架结构由三个层次和两大支柱构成。其中，电子商务框架结构的三个层次分别是：网络层、信息发布层与传输层、电子商务服务层与应用层，两大支柱是指社会人文性的公共政策和法律规范以及自然科技性的技术标准和网络协议，如图1-1所示。

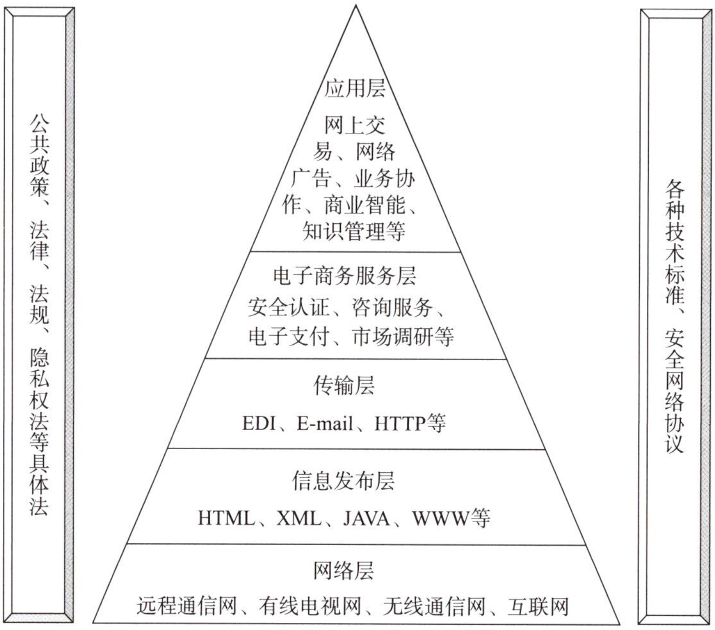

图1-1 电子商务的框架结构模型

1. 网络层

网络层指网络基础设施，是实现电子商务最底层的基础设施，它是信息的传输系统，也是实现电子商务的基本保证。它包括远程通信网、有线电视网、无线通信网和互联网。因为电子商务的主要业务是基于Internet的，所以互联网是网络基础设施中最重要的部分。

2. 信息发布层与传输层

网络层决定了电子商务信息传输使用的线路，而信息发布层与传输层则解决如何在网络上传输信息和传输何种信息的问题。目前，Internet上最常用的信息发布方式是在WWW上用HTML语言的形式发布网页，并将Web服务器中发布传输的文本、数据、声音、图像和视频等多媒体信息发送到接收者手中。从技术角度而言，电子商务系统的整个过程就是围绕信息的发布和传输进行的。

3. 电子商务服务层与应用层

电子商务服务层实现标准的网上商务活动服务，如网上广告、网上零售、商品目录服务、电子支付、客户服务、电子认证（CA认证）、商业信息安全传送等，其真正的核心是CA认证。因为电子商务是在网上进行的商务活动，参与交易的商务活动各方互不见面，所以身份的确认与安全通信变得非常重要。CA认证中心，担当着网上“公安局”和“工商局”的角色，而它给参与交易者签发的数字证书，就类似于“网上的身份证”，用来确认电子商务活动中各自的身份，并通过加密和解密的方法实现网上安全的信息交换与安全交易。

在基础通信设施、多媒体信息发布、信息传输以及各种相关服务的基础上，人们就可以进行各种实际应用，比如像供应链管理、企业资源计划、客户关系管理等各种实际的信息系统，以及在此基础上开展企业的知识管理、竞争情报活动。而企业的供应商、经销商、合作伙伴以及消费者、政府部门等参与电子互动的主体也是在这个层面上和企业产生各种互动的。

4. 公共政策和法律规范

法律维系着商务活动的正常运作，对市场的稳定发展起到了很好的制约和规范作用。进行商务活动，必须遵守国家的法律、法规和相应的政策，同时还要有道德和伦理规范的自我约束和管理，二者相互融合，才能使商务活动有序进行。

随着电子商务的产生，由此引发的问题和纠纷不断增加，原有的法律法规已经不能适应新的发展环境，制定新的法律法规并形成一个成熟、统一的法律体系，成为世界各国发展电子商务的必然趋势。

5. 技术标准和网络协议

技术标准定义了用户接口、传输协议、信息发布标准等技术细节。它是信息发布、传递的基础，是网络信息一致性的保证。就整个网络环境来说，标准对于保证兼容性和通用性是十分重要的。

网络协议是计算机网络通信的技术标准，对于处在计算机网络中的两个不同地理位置上的企业来说，要进行通信，必须按照通信双方预先共同约定好的规程进行，这些共同的约定和规程就是网络协议。

三、电子商务的应用框架

电子商务系统是由许多系统角色构成的一个大系统。电子商务系统的主要角色有采购者、供应者、支付中心、认证中心、物流中心、电子商务服务商等。电子商务的价值主要体现在与企业结合，特别是与传统企业进行整合，提升企业的竞争能力上。电子商务的实质是企业利用电子方式在客户、供应商和合作伙伴之间，实现在线交易、相互协作和价值交换。除了支持在网上交易中购销的活动外，更强调交易流程的整体效率与效益的提升。商家通过网上交易市场开发新的市场及客户群、维护老顾客、提升供应链效率，从而为企业扩大市场收入、降低运营成本、赢得更高的投资回报创造良好的条件。

然而在电子商务的实际应用过程中，由于各企业的性质和规模存在一定的差异，因此电子商务实现的要求各不相同。就像有的企业是面向消费者的，有的电子商务服务是面向供应商或销售商的，甚至两者兼而有之；在商务活动上有电子采购和在线客户服务等。下面以企业为例介绍电子商务的应用结构，为电子商务模式分析提供一个整体性的框架，如图1-2所示。

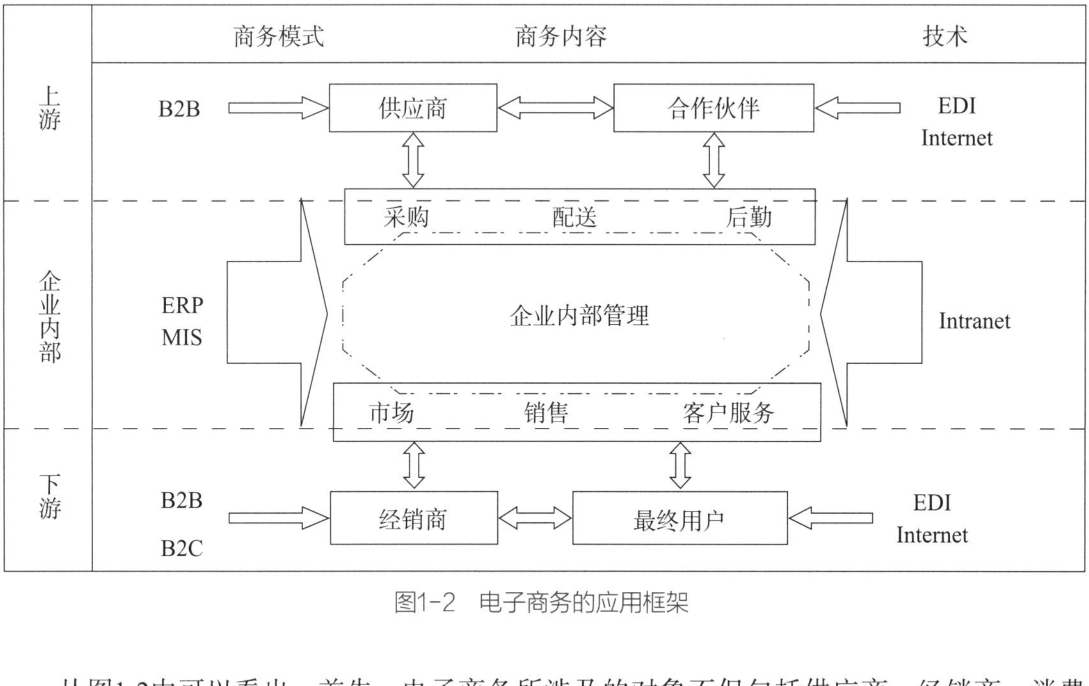

图1-2　电子商务的应用框架

从图1-2中可以看出，首先，电子商务所涉及的对象不但包括供应商、经销商、消费者，而且还包括有关的合作伙伴，如物流公司、银行等，它们共同形成一个完整的供应链。但对于一个企业来说，其电子商务系统的运作往往只和相邻的上下游的企业发生业务关系。其次，电子商务系统的业务从材料采购到产品销售和最终售后服务，覆盖范围非常广，包括市场、销售、采购、配送/后勤、客户服务等。最后，电子商务系统的解决方案应该和企业内部的管理系统（如MIS/ERP）进行集成，只有这样才能真正提升企业的管理效率。

第三节 我国电子商务的发展

一、电子商务发展现状

《中国电子商务报告（2021）》指出，2021年，我国电子商务坚持创新驱动，不断加快数字产业化和产业数字化步伐。全国电子商务交易额达42.3万亿元，同比增长19.6%（图1-3）；网上零售额达13.09万亿元，同比增长14.1%（图1-4）；全国农村网络零售额达2.05万亿元，同比增长11.3%（图1-5）；跨境电商进出口额达1.92万亿元，5年增长近10倍（图1-6）；电子商务服务业营收规模达到6.40万亿元，同比增17.4%（图1-7）；电子商务相关产业吸纳及带动就业超过6700万人，同比增长11.8%（图1-8）；全国快递服务企业业务量累计完成1083亿件，同比增长29.9%，业务收入累计完成10332.3亿元，同比增长17.5%（图1-9）。直播电商、即时零售等模式业态创新不断激发消费活力，带动网络零售提质升级，助力构建全国统一大市场；跨境电商、海外仓加速发展，保障全球产业链供应链稳定；大数据、物联网、人工智能等新一代信息技术在电子商务领域广泛应用，与制造业、农业、服务业等融合发展，赋能传统产业转型升级不断迈进；网上购物、网上订餐、无人零售、远程医疗等电子商务服务模式弥补了线下的不足，有效保障了社会生产生活稳定。

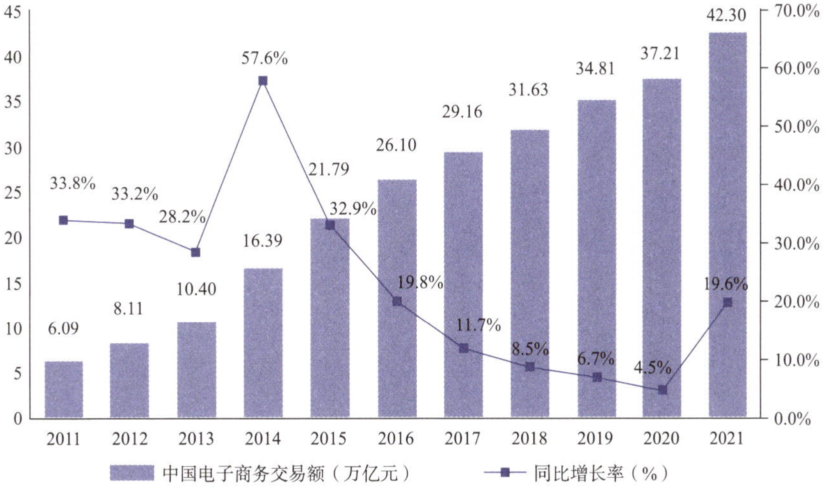

图1-3 2011—2021年电子商务交易额

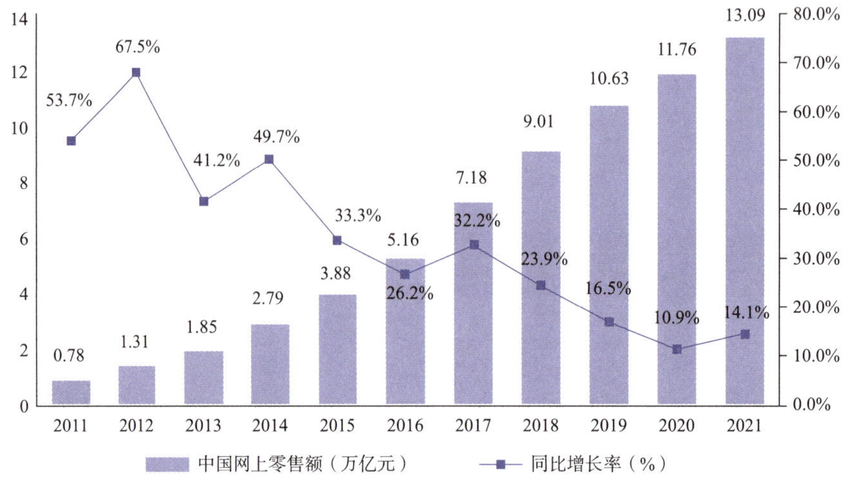

图1-4 2011—2021年网上零售额

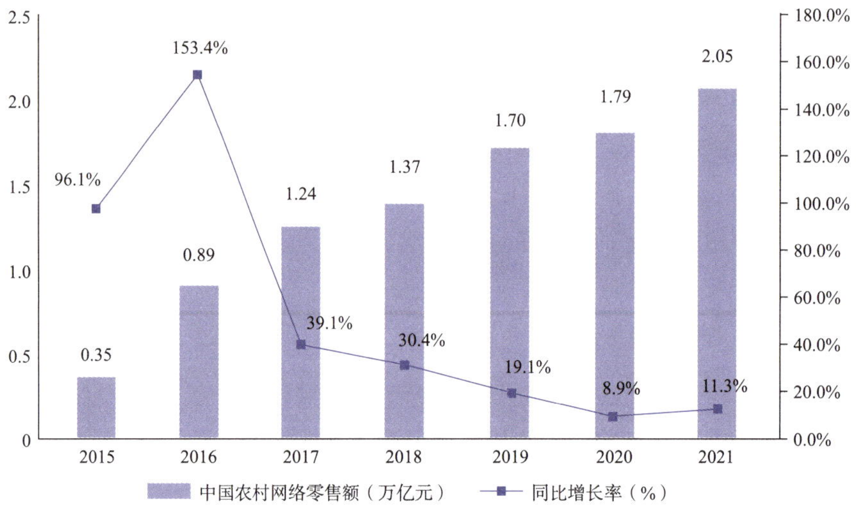

图1-5 2015—2021农村网络零售额

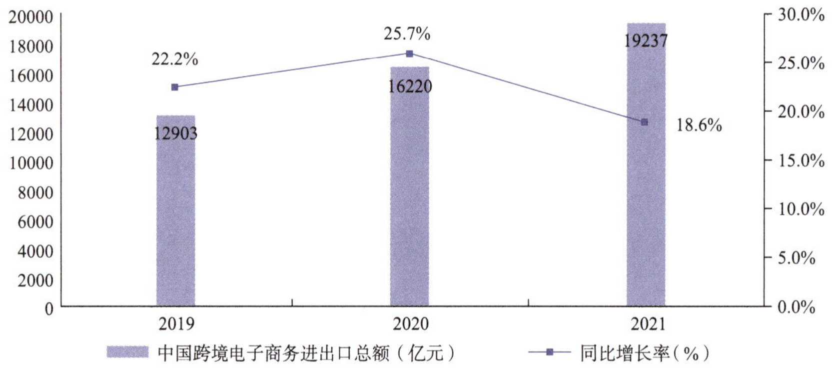

图1-6 2019—2021跨境电子商务总额

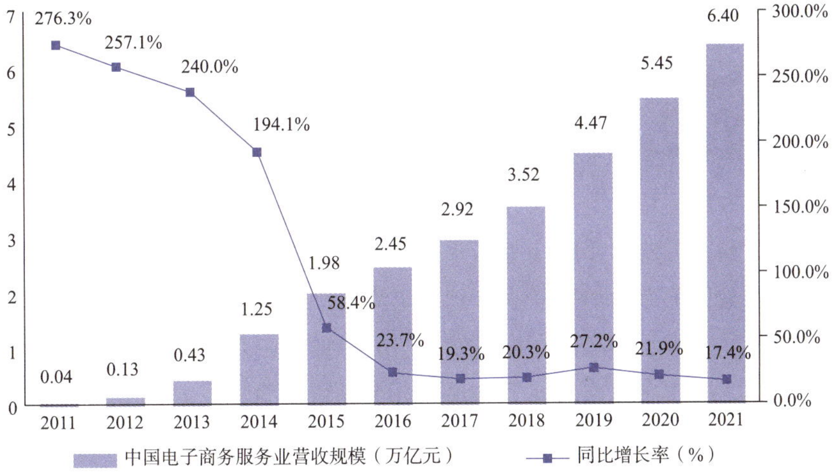

图1-7　2011—2021电子商务服务业营收规模

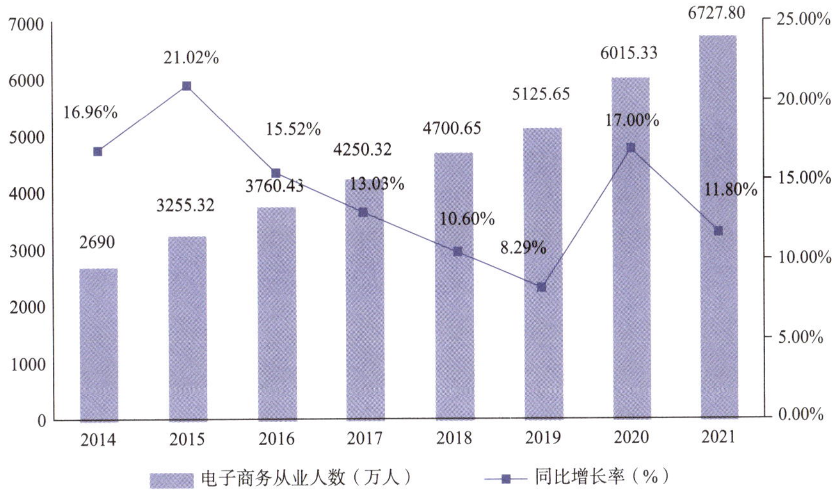

图1-8　2014—2021电子商务从业人员人数

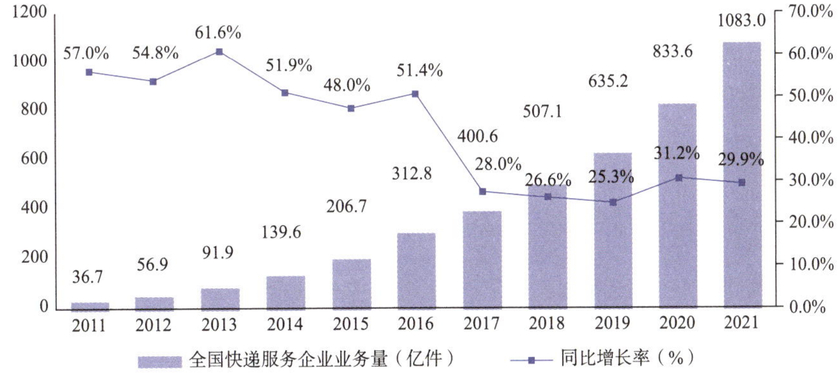

图1-9　2011—2021全国快递业务量

二、发展趋势

（一）电子商务将在构建双循环新发展格局中发挥更加重要的作用

电子商务创新全球产业分工及协作方式，有效提升内外贸一体化程度，促进国内国际双循环畅通发展。一方面，移动电子商务高质量发展。随着5G、人工智能、AR、VR等数字技术持续赋能，以及购物、旅游、医疗等多领域的线上线下结合，移动电子商务营造的场景将更加丰富，不断地激发更多的消费需求。移动电商的广泛应用将助力产业转型升级，推动国内统一大市场建设，支撑数字经济高质量发展。另一方面，跨境电商创新发展。社交电商、直播电商等新模式、新业态快速崛起，涌现出一批场景化的消费中心和产业孵化基地，进一步助力跨境电商产业创新发展。在新技术、新业态、新模式的助力下，跨境电子商务突显中国国际合作和竞争新优势，为实现数字经济产业化和产业数字化、推动传统经济与数字经济相融合增添新动能。平台企业“走出去”，重构全球产业链和国际分工，共享数字经济效益。要进一步优化电子商务“走出去”布局，增强政策互信、规制互认、企业互通，打造具有国际竞争力的电子商务企业。建设数字化境外经贸合作区，推进基础设施建设，凸显产业集群效应，降低平台企业投资风险，推动共建“一带一路”高质量发展，实现多方共赢。

（二）电子商务将引领和推动数字经济持续快速健康发展

电子商务是数字经济和实体经济的重要组成部分，能够线上线下相结合带动农业、制造业、传统零售业数字化升级。一是持续推动“数商兴农”行动。商务部以《“十四五”电子商务发展规划》为主线，将在数字商务框架持续推动实施“数商兴农”行动，统筹农村高质量发展和电子商务高质量发展的需求，聚焦“三农”，发展服务农村的农村电商新基建，打造服务农业的农产品网络品牌，开展服务农民的电商人才培育。二是带动生产制造智能化发展。伴随云计算、大数据、人工智能、边缘计算、物联网等各类新技术的普及应用，电子商务能够更加精准反映消费需求、更快速提供产品和服务、更有效联通消费和生产两端，从而有效地促进传统制造业，特别是中小微制造企业加速数字化、智能化升级。三是推动商贸流通数字化智能化。加快新一代信息技术在商贸流通领域的集成创新，深化客户识别、市场营销、运营管理、仓储物流、产品服务等环节的数字化应用。支持建立全渠道用户数据库，运用大数据技术预测消费行为和消费潜力，实现精准化营销和个性化服务。积极发展智慧街区、智慧商圈、智慧商店和智慧餐厅，打造沉浸式、体验式、交互式消费场景。

（三）电子商务将走向绿色可持续发展道路

绿色发展是构建现代化经济体系的必然要求，是电子商务高质量发展的重要内容。电子商务领域将贯彻双碳目标，不断提升节能减排和集约发展水平。一方面，数字技术推动绿色产品销售与绿色品牌建设。借助区块链、大数据、云计算、人工智能等数字技术，充分释放数字技术和数据资源对绿色产品销售的赋能效应，促进电子商务平台的对接服务，扩大绿色产品线上与线下销售，挖掘绿色消费需求，与品牌商合作打造绿色品牌；另一方面，商业模式创新助力电商物流企业绿色发展。引导电商物流企业在“双碳”目标下通过技术模式创新加快绿色低碳转型步伐，推进快递包装减量，推广可循环包装应用，规范快递包装使用。建设资源节约型、环境友好型的电商物流企业，鼓励与回收企业等开展多方合作，健全电商物流企业的包装产品合格供应商责任制，提高供应商包装产品质量，优化绿色供应链管理水平。

（四）电子商务将进入规范发展守正创新阶段

随着电子商务法律政策不断完善，市场监管服务持续优化，标准体系不断健全，电子商务市场主体活力将持续释放，推动行业实现有序健康创新发展。一方面，推动电子商务领域诚信建设，继续加强电子商务行业规划引领，完善制度体系，优化公共服务，引导电子商务企业诚信经营、创新发展、良性竞争、营造公平竞争的市场环境；另一方面，推进服务标准化建设，不断促进电子商务企业的规范经营，对违法收集和使用数据信息、扰乱市场秩序的活动加强监管。稳步推进直播电商、社交电商等标准建设应用，完善电子商务公共服务标准体系。

第四节　职业院校学生电子商务工作岗位

一、高职院校电子商务专业设置情况

目前在《高等职业教育专科专业目录（2021年版）》中，电子商务类下设了6个专业，即电子商务、移动商务、网络营销与直播电商、跨境电子商务、农村电子商务、商务数据分析与应用6个专业。截至2021年，全国职业院校中，有1476所开设电子商务专业，有126所开设网络营销与直播电商专业，有74所开设移动商务专业，有98所开设商务数据分析与应用专业，有321所开设跨境电子商务专业，有30所开设农村电子商务专业。

电子商务专业的学生培养更注重于电子商务的应用和运营，对电子商务技术有一定的要求，核心课程设置更倾向于应用型的课程。移动商务专业相较于电子商务专业更专注于移动领域，基于移动工具开展电子商务业务，课程设置更侧重于移动端。网络营销与直播电商专业更专注于营销、传播、推广、销售等方面的内容，因此更注重培养学生的营销、策划和运营的能力。跨境电子商务专业更专注于跨境领域，除了基本的电子商务知识外，增加了具有跨境特点的内容，学生需要学习国际物流、支付、交易的流程和法律法规的相关知识。农村电子商务专业更专注于基于农村的电子商务业务，要求学生掌握基于农产品特点的品牌营销推广、网店运营、数字化运营、物流与供应链管理、客户关系管理能力等方面的专业知识和技能。商务数据分析与应用专业更强调对数据的分析能力，课程设置侧重于商务数据搜集与整理、电子商务网站运营、网络营销数据分析以及数据化运营管理等相关的知识与技能。

二、电子商务人才需求情况

随着电子商务产业的快速发展，电子商务人才的社会需求总量不断扩大，人才短缺一直是电商发展过程中面临的主要问题，随着传统企业转型、新模式新业态的不断涌现，对电子商务人才的需求快速增加，也对电商人才提出了更高的要求，因此电商人才的短缺问题更加凸显。按照“十四五”规划要求，到2025年，电子商务及其相关服务业就业人口将达到7000万人，每年新增约200万人。目前我国高校电子商务人才培养和高职（专科）人才培养存在很大缺口，因此仍需要通过多种社会渠道培养电子商务相关服务业人才作为有效补充。

2022年5月，“一带一路”TOP10影响力社会智库网经社电子商务研究中心与赢动教育共同发布了《2021年度中国电子商务人才状况调查报告》，报告显示，被调查企业中，47.02%的企业急需淘宝、天猫等传统运营人才；46.53%的企业急需新媒体、内容创作、社群方向人才；57.43%的企业急需主播（助理）、网红达人方向人才；26.73%的企业急需客服、地推、网销等方向人才；23.76%的企业急需复合型高级人才（图1-10）。

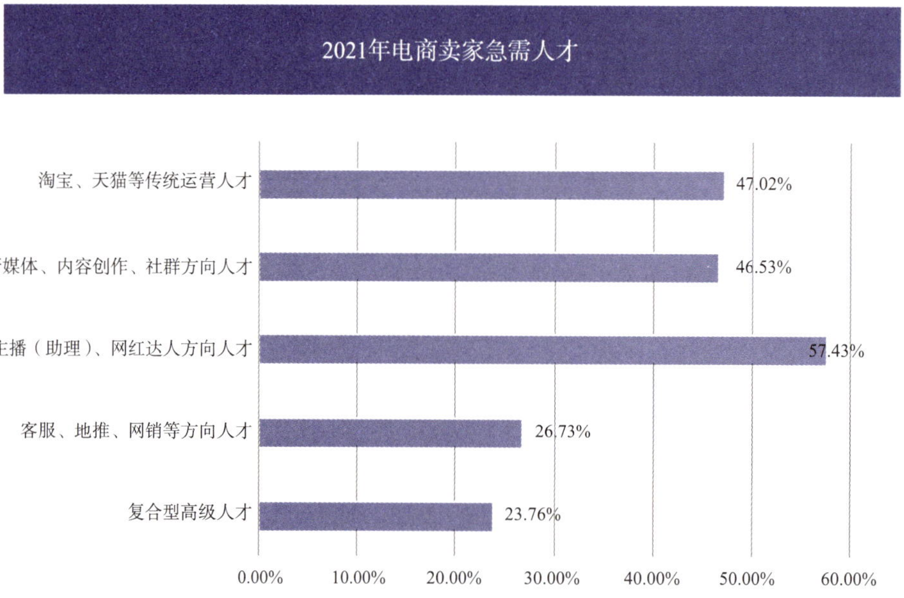

图1-10 急需电子商务人才结构

三、电子商务类专业主要就业岗位

电子商务类专业主要的就业岗位有三个方向：一是技术类岗位，主要从事软件/平台的设计与开发、电商美工、数据库建设、程序设计、平台搭建与维护以及平台开发相关的技术工作；二是运营类岗位，主要从事企业网络营销推广、直播、平台运营、内容服务、客户服务等平台运营和店铺运营类工作；三是综合管理类，综合管理类对人才要求较高，需要有扎实的专业知识、较强的沟通协调能力和一定的工作经验，主要从事平台企业综合管理、平台开发项目经理等工作。

电子商务新业态、新模式的不断涌现，催生出新职业和新工种。随着新一代信息技术加速发展，传统零售、服务业数字化进程加快，农村电商、跨境电商蓬勃发展，社交电商、直播电商、生鲜电商产业链日趋完善。电子商务的新业态、新模式催生出新的职业，涌现出直播销售员、社群管理员、农产品选品员等新的工种。新媒体对电子商务的影响越来越明显，各行业企业通过新媒体对现有业务进行推广，开发基于新媒体的新业务，利用新媒体手段开展创新创业，因此新媒体、内容创作、社群方向的人才需求快速增加。随着传统企业的数字化转型、新兴业态的不断涌现，电子商务业态具有越来越明显的跨界性和创新性特点，企业对人才的需求也随着业务的变化呈现出相应的特点，特别是对创新型电商人才的需求在不断增强。

技能训练

电子商务认知实训

一、实训目的

通过本次实训，学生能够了解电子商务的发展情况，掌握电子商务网站的主要功能和应用，了解电子商务的主要工作岗位和能力要求。

二、实训素材

计算机、互联网。

三、实训内容

1．了解电子商务的发展情况，梳理近五年我国电子商务发展的主要事件，完成表1-2。

表 1-2　电子商务发展主要事件

年份	电子商务主要事件

2．登录你感兴趣的2～3个电子商务网站，分析该电子商务网站的主要功能和应用，将相关内容填入表1-3。

表 1-3　电子商务网站分析

网站名称	网站网址	网站主要功能和应用

3．登录职友集（https://www.jobui.com/）、前程无忧（https://www.51job.com/）等招聘类网站，分析6个以上的电子商务类工作岗位需求，内容填入表1-4。

表 1-4　电子商务就业岗位分析

岗位名称	岗位薪酬	岗位要求

课后习题

一、不定项选择题

1．在买卖双方进行电子方式交易过程中扮演确认双方身份角色的是（　　）。

A．认证中心　B．网络交易中心　C．网上银行　D．国家工商行政机关

2．下列属于B2B电子商务平台的是（　　）。

A．阿里巴巴国内站　B．淘宝网　C．京东网　D．当当网

3．以下可通过完全电子商务实现的商品是（　　）。

A．服装　B．鞋子　C．电子书　D．电脑软件

4．以下属于电子商务基本构成要素的有（　　）。

A．网络　　B．用户　　C．物流配送　　D．认证中心

5．电子商务框架结构的三个层次分别是（　　）。

A．网络层　　B．信息发布层与传输层

C．电子商务服务层与应用层　　D．物理层

二、简答题

1．简述电子商务的概念和特点。

2．简述电子商务的框架结构。

3．简述电子商务的分类。

4．简述我国电子商务的发展趋势。

总结与提高

本项目主要学习了电子商务的概念与分类、电子商务系统的组成及一般框架等电子商务基础知识，建议学生应充分了解我国电子商务的发展，增强电子商务发展信心，熟悉电子商务的工作岗位以及相关要求，为后续职业发展奠定基础。

项目二

电子商务技术基础

学习目标

目标类型	目标内容
知识目标	掌握计算机网络基础相关概念 掌握计算机网络基本组成 掌握互联网的基本应用 掌握互联网相关新技术发展趋势和应用
技能目标	能在互联网查找信息和收发邮件 能理解互联网新技术的概念和发展趋势
素养目标	增强学习电子商务的自信 增强学生信息素养，网络文明意识

思维导图

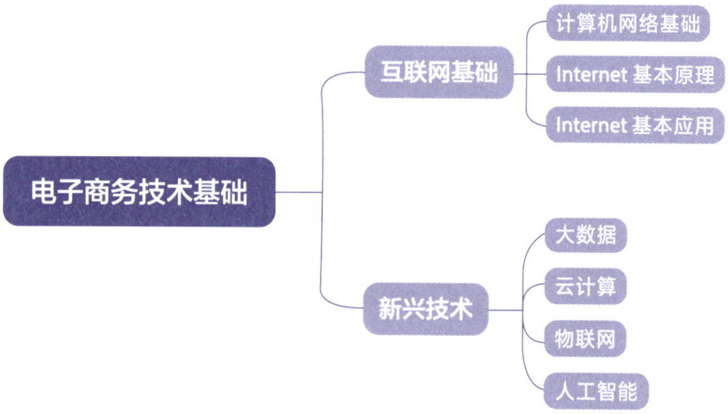

案例导入

第 50 次《中国互联网络发展状况统计报告》

互联网基础建设全面覆盖，用户规模稳步增加

《中国互联网络发展状况统计报告》(以下简称《报告》)显示，在网络基础资源方面，截至2022年6月，我国域名总数为3380万个，“.CN”域名数为1786万个，IPv6地址数量为63079块/32，较2021年12月增长0.04%。在信息基础设施建设方面，截至2022年6月，我国千兆光纤网具备覆盖超过4亿户家庭的能力，已累计建成开通5G基站185.4万个，实现“县县通5G、村村通宽带”。三家基础电信企业的固定互联网宽带接入用户总数达5.63亿户，比2021年年末净增2705万户；其中100Mbps及以上接入速率的固定互联网宽带接入用户达5.27亿户，占总用户数的93.7%。三家基础电信企业发展蜂窝物联网终端用户16.39亿户。

网民规模持续提升，网络接入环境更加多元

《报告》显示，在网民规模方面，我国网民规模持续稳定增长，较2021年12月新增网民1919万，互联网普及率较2021年12月提升1.4个百分点。农村地区互联网基础设施建设全面强化，我国现有行政村已实现“村村通宽带”，推动农村地区互联网普及率较2021年12月提升1.2个百分点，达58.8%。在网络接入环境方面，网民人均每周上网时长为29.5个小时，较2021年12月提升1.0个小时。网民使用手机上网的比例达99.6%；使用台式电脑、笔记本电脑、电视和平板电脑上网的比例分别为33.3%、32.6%、26.7%和27.6%。

案例思考

1. 互联网的基础技术有哪些?
2. 互联网的应用有哪些?

第一节　互联网基础

一、计算机网络基础

(一)计算机网络的定义

计算机网络是指将若干地理位置不同并具有独立功能的多个计算机，通过通信设备和传输线路连接起来，实现信息交换和资源共享的系统，如图2-1所示。

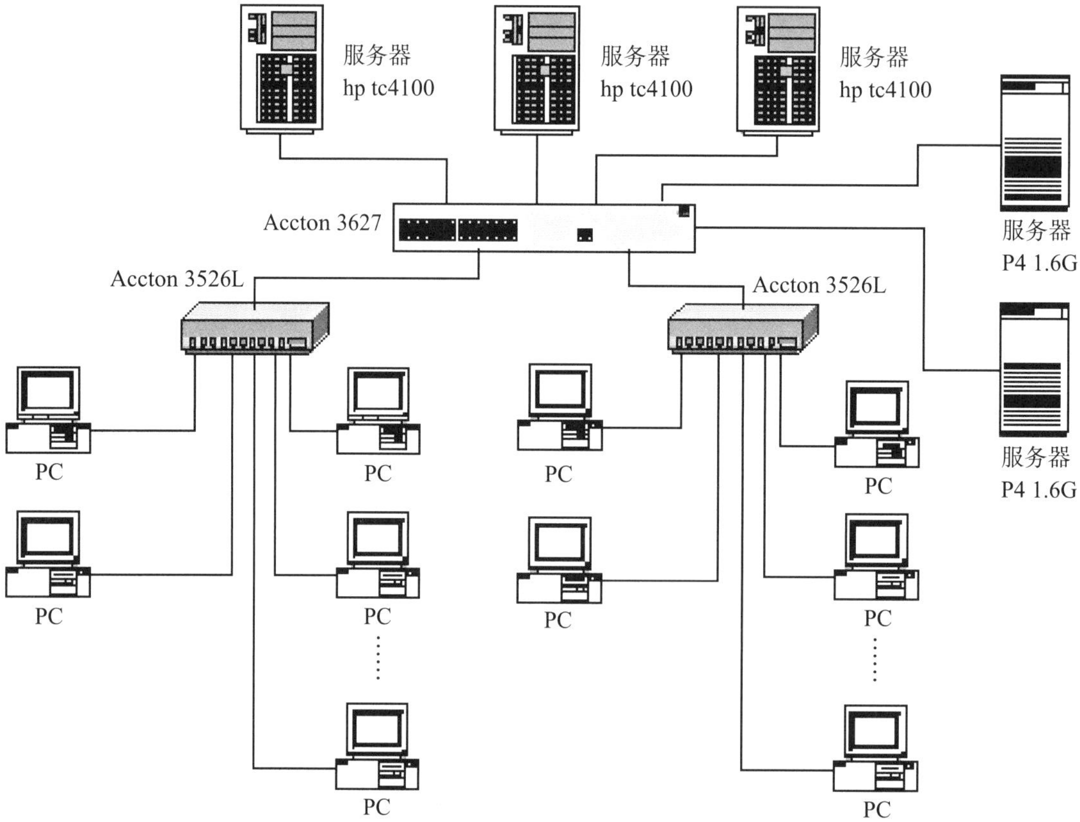

图2-1 计算机网络构成

（二）计算机网络的分类

计算机网络根据不同的标准可以进行不同的分类，常见的分类有三种。

1. 按照网络的覆盖范围进行分类

从网络的覆盖范围进行分类，计算机网络可分为局域网、城域网和广域网。

（1）局域网。局域网是在局部区域范围内将计算机、外设和通信设备通过高速通信线路互联起来的网络系统。常见于一栋大楼、一个校园或一个企业内。局域网所覆盖的区域范围较小，一般为几米甚至十几千米，但其连接速率较高。局域网在计算机数量配置上没有太多的限制，少的可以只有两台，多的可达上千台。常见的局域网有以太网，令牌环网等。局域网是最常见、应用最为广泛的一种网络，其主要特点是覆盖范围较小，用户数量少，配置灵活，速度快，误码率低。

（2）城域网。城域网的覆盖范围在局域网和广域网之间，一般来说，是将一个城市范围内的计算机互联，这种网络的连接距离为10千米~100千米。城域网在地理范围上可以说是局域网的延伸，连接的计算机数量更多。

（3）广域网。广域网也称为远程网，所覆盖的地理范围可从几十平方千米到几千平方千来，它一般是将不同城市或不同国家之间的局域网互联起来。

广域网是由终端设备、节点交换设备和传送设备组成的，设备间的连接通常是租用电话线或用专线建造的。

2. 从网络的使用用途进行分类

从网络的使用用途进行分类，计算机网络可分为公用网和专用网。

（1）公用网。公用网也称为公众网或公共网，是指由国家的电信公司出资建造的大型网络，一般都由国家政府电信部门管理和控制，网络内的传输和转接装置可提供给任何部门和单位使用。公用网属于国家基础设施。

（2）专用网。专用网是指一个政府部门或一个公司组建经营的，仅供本部门或单位使用，不向本单位外的人提供服务的网络。

3. 从网络的连接范围进行分类

从网络的连接范围进行分类，计算机网络可分为互联网、内联网和外联网。

（1）互联网。互联网是指将各种网络连接起来形成的一个大系统，在该系统中，任何一个用户都可以使用网络的线路或资源。

（2）内联网。内联网是基于互联网的TCP/IP协议，使用WWW工具，采用防止入侵的安全措施，为企业内部服务，并有连接互联网功能的企业内部网络。

内联网是根据企业内部的需求设置的，它的规模和功能是根据企业经营和发展的需求而确定的。可以说，内联网是互联网更小的版本。

（3）外联网。外联网是指基于互联网的安全专用网络，其目的在于利用互联网把企业和其贸易伙伴的内联网安全地互联起来，在企业和其贸易伙伴之间共享信息资源。

（三）计算机网络的组成

计算机网络是由硬件和软件两大部分构成的，网络硬件设备包括计算机（如主机、终端）、通信控制处理机（如交换机）、传输介质（如同轴电缆、双绞线、光纤）、网络连接设备（路由器、Modem）等；网络软件包括网络操作系统、网络协议软件、网络管理软件、网络通信软件、网络应用软件。

1. 网络硬件设备

（1）主机（Host）。主机通常被称为服务器，是一台高性能计算机，用于网络管理、运行应用程序、连接一些外部设备，如打印机、调制解调器等。根据服务器在网络中所提供的服务不同，可将其划分为打印服务器、通信服务器、数据库服务器、应用程序服务器（如WWW服务器、E-mail服务器、FTP服务器）等。

（2）终端（Terminal）。终端是网络中的用户访问网络、进行网络操作、实现人–机对话的重要工具，有时也称为客户机、工作站等。它可以通过主机联入网内，也可以通过通信控制处理机联入网内。

（3）通信控制处理机。主要负责主机与网络的信息传输控制，其主要功能包括线路传输控制、错误检测与恢复、代码转换等。

（4）传输介质。指传输数据信号的物理通道，可将各种设备相互连接起来。网络中的传输介质是多种多样的，可以是无线传输介质（如微波），也可以是有线传输介质（如双绞线）。

（5）网络连接设备。用来实现网络中各计算机之间的连接、网络与网络之间的互联、数据信号的变换和路由选择，如交换机、路由器、调制解调器、无线通信接收和发送器、用于光纤通信的编码解码器等。

2. 网络软件

网络的正常工作需要网络软件的支持。网络软件一方面授权用户访问网络资源，帮助用户方便、快速地访问资源；另一方面，管理和调度网络资源，提供通信和用户所需要的各种网络服务。网络软件一般包括网络操作系统、网络协议软件、网络管理软件、网络通信软件、网络应用软件五部分。

（1）网络操作系统。网络操作系统是网络软件中最基本的软件，用于实现不同主机之间的用户通信，以及全网硬件和软件资源的共享，并向用户提供统一的、方便的网络接口，便于用户使用网络。常用的网络操作系统有Linux、UNIX、NetWare和Windows NT。目前，局域网中使用最广泛的是Windows NT网络操作系统。

（2）网络协议软件。网络协议是网络通信的数据传输规范，网络协议软件是用于实现网络协议功能的软件。目前，典型的网络协议有TCP/IP协议、IPX/SPX协议、IEEE802标准协议系列等。

（3）网络管理软件。网络管理软件是用来对网络资源进行管理以及对网络进行维护的软件，如性能管理、配置管理、故障管理、计费管理、安全管理、网络运行状态监视与统计等。

（4）网络通信软件。网络通信软件是用于实现网络中各种设备之间进行通信的软件，使用户能够在不必详细了解通信控制规程的情况下，控制应用程序与多个站点进行通信，并对大量的通信数据进行加工和管理。

（5）网络应用软件。网络应用软件是指为用户提供各种服务的软件。比如现在同学们常使用的即时通信程序QQ、微信等都属于网络应用软件。

二、Internet 基本原理

（一）Internet的产生与发展

20世纪60年代初，美国国防部领导的远景研究规划局ARPA（Advanced Research Project Agency）提出要研制一种生存性很强的网络。

传统的电路交换的电信网有一个缺点：正在通信的电路中有一个交换机或有一条链路被

炸毁，则整个通信电路就要中断。如要改用其他迂回电路，必须重新拨号建立连接，这将要延误一些时间。网络用于计算机之间的数据传送，而不是为了打电话。网络能够连接不同类型的计算机，不局限于单一类型的计算机。所有的网络节点都同等重要，因而大大提高了网络的生存性。计算机在进行通信时，必须有冗余的路由。网络的结构应当尽可能的简单，同时还能够非常可靠地传送数据。

（二）TCP/IP协议

在计算机网络与信息通信领域里，人们经常提及“协议”一词。互联网中常用的协议有HTTP、TCP、IP等。简单来说，协议就是计算机与计算机之间通过网络通信时，事先达成的一种“约定”。这种“约定”使不同厂商的设备、不同的CPU以及不同操作系统组成的计算机之间，只要遵循相同的协议就能够实现通信。这就好比一个中国人说汉语一个外国人说英语，使用不同的语言进行沟通，怎么也无法理解。如果两个人约定好都说中文或英文，就可以互相沟通。协议分为很多种，每一种协议都明确界定了它的行为规范。两台计算机必须能够支持相同的协议，并遵循相同的协议进行处理，这样才能实现相互通信。

TCP/IP协议（Transmission Control Protocol/Internet Protocol，传输控制协议/网际协议）是用于互联网（Internet）的通信协议，是对计算机必须遵守的规则的描述，只有遵守这些规则，计算机之间才能进行通信。TCP/IP协议不仅仅指的是TCP和IP两个协议，而是指一个由FTP、SMTP、TCP、UDP、IP等协议构成的协议簇，只是因为TCP协议和IP协议更具代表性，所以被称为TCP/IP协议。TCP/IP协议是Internet赖以存在的基础，在TCP/IP通信体系中，通信双方均使用TCP/IP通信协议及相应的应用程序。

（三）IP地址与域名

IP地址是指互联网协议地址，又译为网际协议地址，是IP协议提供的一种统一的地址格式，它为互联网上的每一个网络和每一台主机分配一个逻辑地址，以此来屏蔽物理地址的差异。

IP地址由32位二进制数组成。在实际应用中，将这32位二进制数分成4段，每段包含8位二进制数。为了便于应用，采用点分十进制表示法，将每段都转换为十进制数，段与段之间用“.”号隔开，例如202.403.96.68。IP地址采用两级结构：网络标识（表示主机所属的网络）和主机标识（代表主机）。

现有的互联网是在IPv4协议的基础上运行的。由于互联网的蓬勃发展，IP位址的需求量越来越大，2019年全球所有43亿个IPv4地址已全部分配完毕。为了扩大地址空间，通过IPv6重新定义地址空间，IPv6采用128位地址长度，几乎可以不受限制地提供地址。按保守方法估算IPv6实际可分配的地址，整个地球的每平方米面积上仍可分配1000多个地址。在IPv6的设计过程中除解决了地址短缺问题以外，还考虑了在IPv4中解决不好的其他一些问题，主要有端到端IP连接、服务质量、安全性、多播、移动性、即插即用等。

1. IP 地址分类

考虑到不同规模网络的需要，为充分利用IP地址空间，IP协议定义了5类地址，即A类至E类，其中A、B、C三类由InterNIC（互联网信息中心）在全球范围内统一分配，D（多播或组播）、E（保留）类为特殊地址。IP地址采用高位字节的高位来标识地址类别。IP地址编码方案及A、B、C类地址格式如表2-1 ~ 表2-4所示。

表 2-1 IP 地址编码方案

地址类别	高位字节	最高字节范围	可支持网络数目	网络主机数
A	0	1~126	126	16777214
B	10	128~191	16384	65534
C	110	192~223	2097152	254

表 2-2 A 类地址格式（保留地址 10.0.0.1 ~ 10.255.255.254）

1 位	7 位	24 位
0~	网络 ID	主机 ID

表 2-3 B 类地址格式（保留地址 172.13.0.1 ~ 172.32.255.254）

2 位	14 位	16 位
10	网络 ID	主机 ID

表 2-4 C 类地址格式（保留地址 192.168.0.1 ~ 192.168.255.254）

3 位	21 位	8 位
110	网络 ID	主机 ID

2. 域名

为了使用和记忆方便，互联网还采用了域名管理系统，简称DNS（Domain Name System）。在IP地址之外，网上的计算机还有另一种表示法：域名，它由代表一定意义的英文单词的缩写构成。域名是一种按一定规律书写的、用户容易理解、容易记忆的Internet地址。Internet上一台主机的主机名是由它所属的各级域的域名和分配给该主机的名字共同构成的。书写的时候，顶级域名放在最右面，各级名字之间由“.”隔开。

域名是有层次的，Internet主机域名的一般格式为：四级域名.三级域名.二级域名.顶级域名（并不一定分四级），如：www.sina.com.cn。

顶级域名常见的有两类：国家级顶级域名、通用顶级域名，关系如图2-2、表2-5、表2-6所示。

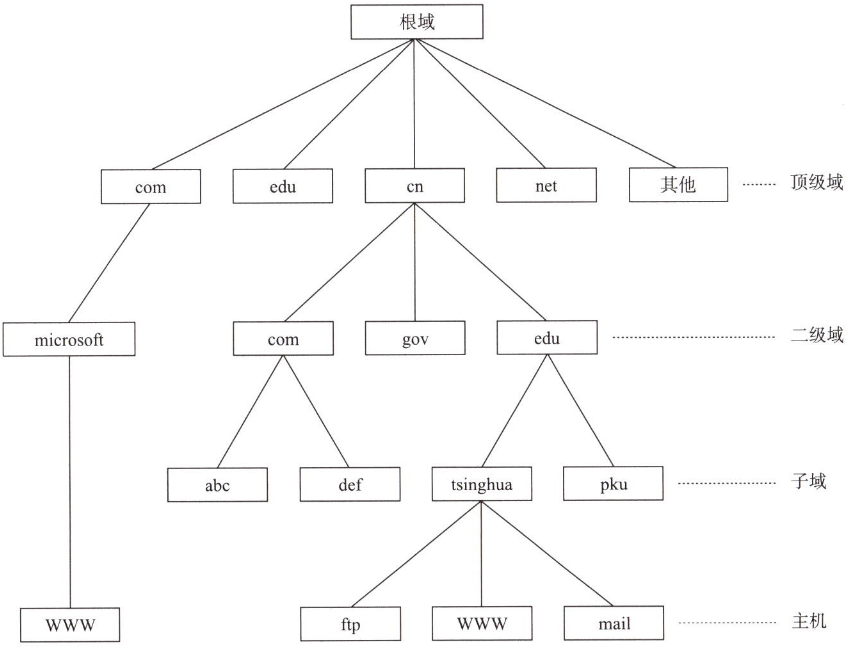

图2-2　计算机网络构成图

表 2-5　国家级顶级域名（地理模式）

顶级域名	所表示的国家	顶级域名	所表示的国家	顶级域名	所表示的国家
au	澳大利亚	ca	加拿大	De	德国
cn	中国	cu	古巴	fr	法国
dk	丹麦	es	西班牙	It	意大利
jp	日本	in	印度	se	瑞典
sg	新加坡	ch	瑞士	us	美国

表 2-6　通用的顶级域名（组织模式）

顶级域名	表示的网络属性	顶级域名	表示的网络属性	顶级域名	表示的网络属性
com	盈利的商业实体	mil	军事机构或组织	store	商场

续表

顶级域名	表示的网络属性	顶级域名	表示的网络属性	顶级域名	表示的网络属性
edu	教育机构或设施	net	网络资源或组织	wb	和 WWW 有关的实体
gov	非军事性政府或组织	org	非营利性组织机构	arts	文化娱乐
int	国际性机构	firm	商业或公司	arc	消遣性娱乐

三、Internet 基本应用

（一）WWW服务

WWW（World Wide Web）服务是一种建立在超文本基础上的浏览、查询互联网信息的方式，它以交互方式查询并且访问存放于远程计算机的信息，为多种互联网浏览与检索访问提供一个单独一致的访问机制。Web页将文本、超媒体、图形和声音结合在一起，是一个包含HTML标签的纯文本文件，它可以存放在世界某个角落的某一台计算机中，是万维网中的一“页”，是超文本标记语言格式（标准通用标记语言的一个应用，文件扩展名为.html或.htm）。网页要通过网页浏览器来阅读。

在WWW上，每一个Web页都有统一的且在网上唯一的地址，该地址就叫URL（Uniform Resource Locator，统一资源定位符），它是WWW的统一资源定位标志，也叫网址。

一般情况下URL格式基本包含模式（或称协议）、服务器名称（或IP地址）、路径和文件，可以理解为网页的绝对路径，即（协议）：//（主机名）：（端口号）/（文件路径）/（文件名），例如http://www.baidu.com/index.html。常用的协议有：HTTP、FTP等。常用的浏览器有IE、Microsoft Edge、360浏览器、QQ浏览器、谷歌浏览器Chrome、UC浏览器、FireFox浏览器等。

打开一个网页实际上是进行如下步骤：

①在浏览器地址栏里输入网址；

②浏览器根据域名查找到对应的IP地址；

③浏览器向Web服务器发送HTTP请求；

④服务器根据收到的请求返回响应给浏览器，显示内容。

（二）浏览器的基础设置

为了使得浏览器的使用更适应个人的使用习惯，可以对浏览器进行一些基础的设置。

1. 配置浏览器的用户数据

首先打开Edge浏览器，点击右上角登录图标 ，进入用户配置向导，如图2-3所示，根据向导完成用户数据配置。

图2-3　用户配置图

2. 设置和登录个人账号

如果浏览器是在自己常用的电脑上使用，还可以设置自己的个人账号并登录账号，这样浏览器可以记住用户的一些使用习惯和信息。设置操作：首先点击浏览器右上角登录图标 ，然后点击该页面下“登录同步数据”，进入登录界面或注册账号界面，根据向导完成登录或注册，有账号的完成登录，没有账号的话一般用邮箱直接注册一个账号并完成登录，如图2-4所示。

图2-4 用户账户注册

图2-5 设置主页

3. 设置主页

打开Microsoft Edge浏览器，选择右上角的更多图标即：…，选择“设置”，来到Edge浏览器的设置页面，单击左侧“开始、主页和新建标签页”并根据向导进行设置，如图2-5所示。

4. 设置文件下载保存位置

在设置界面，左侧栏可以看到下载标签，点击就可以看到下载文件保存的位置，点击右侧的更改，调整到需要保存的位置即可，如图2-6所示。

图2-6 设置下载文件的保存地址

（三）电子邮件

电子邮件是一种用电子手段提供信息交换的通信方式，是互联网应用最广的服务。通过网络的电子邮件系统，用户可以以非常低廉的价格、非常快速的方式，与世界上任何一个角落的网络用户联系。电子邮件可以是文字、图像、声音等多种数据形式。电子邮件服务由专门的服务器提供，如网易邮箱，新浪邮箱，QQ邮箱等。

电子邮件在Internet上发送和接收的原理可以很形象地用日常生活中的邮寄包裹来形容：当我们要寄一个包裹时，我们首先要找到任何一个有这项业务的邮局，在填写完收件人姓名、地址等之后包裹就寄出而到了收件人所在地的邮局，那么对方取包裹的时候就必须去这个邮局才能取出。同样地，当我们发送电子邮件时，这封邮件是由邮件发送服务器（任何一个都可以）发出，并根据收信人的地址判断对方的邮件接收服务器而将这封信发送到该服务器上，收信人要收取邮件也只能访问这个服务器才能完成。

1. 电子邮件发送协议

邮件发送需要服务器遵循邮件发送协议SMTP（Simple Mail Transfer Protocol）。该协议主要负责底层的邮件系统如何将邮件从一台机器传至另外一台机器，是维护传输秩序、规定邮件服务器之间进行哪些工作的协议，它的目标是可靠、高效地传送电子邮件。SMTP独立于传送子系统，并且能够接力传送邮件。

2. 电子邮件接收协议

目前主要的邮件接收协议有两种：POP协议和IMAP协议。

POP（Post Office Protocol）：版本为POP3，POP3是把邮件从电子邮箱中传输到本地计算机的协议。

IMAP（Internet Message Access Protocol）：版本为IMAP4，是POP3的一种替代协议，提供了邮件检索和邮件处理的新功能，这样用户可以完全不必下载邮件正文就可以看到邮件的标题摘要，从邮件客户端软件就可以对服务器上的邮件和文件夹目录等进行操作。IMAP协议增强了电子邮件的灵活性，同时也减少了垃圾邮件对本地系统的直接危害，同时相对节省了用户查看电子邮件的时间。除此之外，IMAP协议可以记忆用户在脱机状态下对邮件的操作（例如移动邮件，删除邮件等），在下一次打开网络连接的时候会自动执行。

目前大多数流行的电子邮件客户端程序里面都集成了对SSL连接的支持。很多加密技术也应用到电子邮件的发送、接收和阅读过程中。它们可以提供128位到2048位不等的加密强度。无论是单向加密还是对称密钥加密也都得到了广泛支持。

3. 电子邮件的应用

在用户应用电子邮件之前，首先要选择一个邮件服务商。要根据自己不同的目的有针对性地去选择。如果经常和国外的客户联系，建议使用国外的电子邮箱。如果是想当作网络硬盘使用，经常存放一些图片资料等，那么就应该选择存储量大的邮箱，如网易163邮箱，网易126邮箱，139邮箱，QQ邮箱等都是不错的选择。

如果自己有计算机，想把邮件保存在自己的电脑上，那么最好选择支持POP/SMTP协议的邮箱，可以通过Outlook，Foxmail等邮件客户端软件将邮件下载到自己的硬盘上，这样就不用担心邮箱的大小不够用，同时还能避免别人窃取密码以后偷看你的信件。

在发送电子邮件之前必须注册一个邮箱账号。电子邮箱账号由账号名称+@+邮箱后缀域名组成。邮箱账号注册在邮件服务器界面根据向导要求就可以完成。

第二节 新兴技术

一、大数据

当下是互联网高速发展的时代，科技发达，信息流通，人们在互联网上的行为越来越密切，互联网公司在日常运营中生成、累积的用户网络行为数据越来越庞大，以至于不能用G或T来衡量。2012年以来人们提出了大数据一词，人们用它来描述和定义信息爆炸时代产生的海量数据，并命名与之相关的技术发展与创新。

（一）大数据的定义

大数据是IT行业术语，是指无法在一定时间范围内用常规软件工具进行捕捉、管理和处理的数据集合，是需要新处理模式才能具有更强的决策力、洞察发现力和流程优化能力的海量、高增长率和多样化的信息资产。

大数据指高速（Velocity）涌现的大量（Volume）多样化（Variety）数据，其特性可简单概括为3V。简而言之，大数据指非常庞大、复杂的数据集，特别是来自新数据源的数据集，其规模之大令传统数据处理软件束手无策，却能帮助我们解决以往非常棘手的业务难题。

麦肯锡全球研究所给出的定义是：一种规模大到在获取、存储、管理、分析方面大大超出了传统数据库软件工具能力范围的数据集合，具有海量的数据规模、快速的数据流转、多样的数据类型和价值密度低四大特征。

随着云时代的来临，大数据也吸引了越来越多的关注。大数据分析常和云计算联系到一起，因为实时的大型数据集分析需要像MapReduce一样的框架来向数十、数百甚至数千的电脑分配工作。

在现今的社会，大数据的应用越来越彰显它的优势，它占领的领域也越来越大，电子商务、O2O、物流配送等，各种利用大数据进行发展的领域正在协助企业不断地发展新业务，创新运营模式。有了大数据这个概念，对于消费者行为的判断，产品销售量的预测，精确的营销范围以及存货的补给已经得到全面的改善与优化。

（二）大数据的5V特性

1. 大量（Volume）

大数据的“大”首先体现在数据量上，包括采集、存储、管理、分析的数据量都很大，超出了传统数据库软件工具的能力范围。在实际应用中，大数据的数据量计量单位至少是PB（千T），EB（百万T）或ZB（十亿T）。

2. 高速（Velocity）

大数据的“高速”要求实时分析与数据处理及丢弃，而非事后批处理，数据通常直接流入内存而非写入磁盘。在实际应用中，某些联网的智能产品需要实时或近乎实时地运行，要求基于数据实时评估和操作，而大数据只有具备“高速”特性才能满足这些要求。

3. 多样化（Variety）

数据种类和来源多样性，包括不同种类的数据，比如文本、图像、音频、视频、定位等，以及各种结构化、半结构化、非结构化数据，不连贯的语义或句意。据调查，企业数据中80%为非结构化数据。这对数据处理能力提出了更高的要求。

4. 价值（Value）

海量信息中的价值密度相对较低，如何在大数据中条分缕析，进行分析预测，找到数据的意义和价值所在，是机器学习和人工智能努力的方向。单位数据的价值低，如同蚂蚁，但聚合后的大数据却是蚁兵，战斗力惊人。

5. 真实性（Veracity）

指大数据的质量，大数据的内容是与真实世界息息相关的，真实不一定代表准确，但一定不是虚假数据，这也是数据分析的基础。基于真实的交易与行为产生的数据才有意义。

（三）大数据的工作原理

1. 数据收集

大数据首先需要将来自不同来源和应用的数据汇集在一起，然而传统的数据集成机制，例如提取、转换和加载，通常无法胜任这一工作。换言之，我们需要新的策略和技术来分析TB甚至PB级的大数据集。在集成时，需要导入和处理数据、执行格式化操作，以符合业务分析师要求的形式整理数据。

2. 数据存储管理

大数据对存储要求较高。存储解决方案可以部署在本地，也可以部署在云端。其次，可以采用任何形式存储数据，根据需要为数据集设置处理要求，引入必要的处理引擎。目前，许多客户都不得不根据数据当前所在位置来选择存储方案。对此，云解决方案不仅能够满足客户当前的计算需求，同时还支持用户按需、快速地访问所有数据，越来越受到人们的青睐。

3. 数据分析

可以通过对各种数据集进行可视化分析以获得全新理解；进一步探索数据以获得全新洞察；与他人分享洞察结果；结合机器学习和人工智能构建数据模型；只有真正分析数据并基于数据洞察采取有效行动，大数据投资才会取得回报。

4. 大数据基本工作流程

大数据处理流程（图2-7）主要包括数据收集、数据预处理、数据存储、数据处理与分析、数据可视化、数据应用等环节，其中数据质量贯穿于整个大数据流程，每一个数据处理环节都会对大数据质量产生影响。

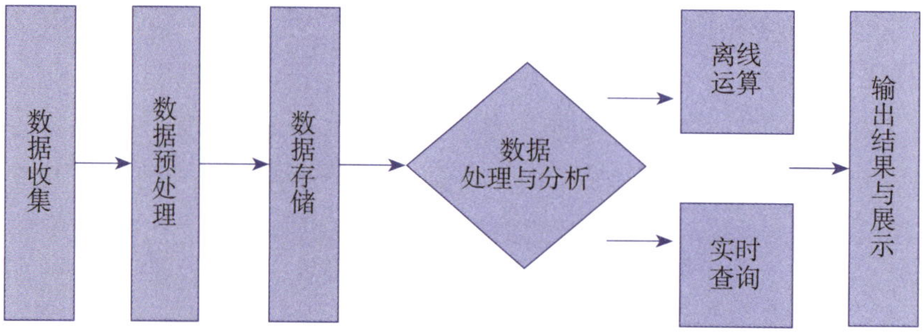

图2-7 大数据工作原理图

（四）大数据处理相关技术

1. 大数据采集技术

大数据采集是指通过RFID射频数据、传感器数据、社交网络交互数据及移动互联网数据等方式获得的各种类型的结构化、半结构化（或称之为弱结构化）及非结构化的海量数据。大数据采集一般分为大数据智能感知层：主要包括数据传感体系、网络通信体系、传感适配体系、智能识别体系及软硬件资源接入系统，实现对结构化、半结构化、非结构化的海量数据的智能化识别、定位、跟踪、接入、传输、信号转换、监控、初步处理和管理等。必须着重攻克针对大数据源的智能识别、感知、适配、传输、接入等技术。基础支撑层：提供大数据服务平台所需的虚拟服务器，结构化、半结构化及非结构化数据的数据库及物联网络资源等基础支撑环境。重点攻克分布式虚拟存储技术，大数据获取、存储、组织、分析和决策操作的可视化接口技术，大数据的网络传输与压缩技术，大数据隐私保护技术等。

2. 大数据预处理技术

主要完成对已接收数据的辨析、抽取、清洗等操作。因获取的数据可能具有多种结构和类型，数据抽取过程可以帮助我们将这些复杂的数据转化为单一的或者便于处理的构型，以达到快速分析处理的目的。对于大数据，并不全是有价值的，有些数据并不是我们所关心的内容，而另一些数据则是完全错误的干扰项，因此要对数据通过过滤“去噪”，进行数据清洗从而提取出有效数据。

3. 大数据存储及管理技术

大数据存储与管理要用存储器把采集到的数据存储起来，建立相应的数据库，并进行管理和调用，主要解决大数据的可存储、可表示、可处理、可靠性及有效传输等几个关键问题。开发可靠的分布式文件系统（DFS）、能效优化的存储、计算融入存储、大数据的去冗余及高效低成本的大数据存储技术；突破分布式非关系型大数据管理与处理技术，异构数据的数据融合技术，数据组织技术，研究大数据建模技术；突破大数据索引技术；突破大数据移动、备份、复制等技术；开发大数据可视化技术。

开发新型数据库技术，数据库分为关系型数据库、非关系型数据库以及数据库缓存系统。其中，非关系型数据库主要指的是NoSQL数据库，分为键值数据库、列存数据库、图存数据库以及文档数据库等类型。关系型数据库包含了传统关系数据库系统以及NewSQL数据库。

开发大数据安全技术，改进数据销毁、透明加解密、分布式访问控制、数据审计等技术；突破隐私保护和推理控制、数据真伪识别和取证、数据持有完整性验证等技术。

4. 大数据分析及挖掘技术

改进已有数据挖掘和机器学习技术；从大量的、不完全的、有噪声的、模糊的、随机的实际应用数据中，提取隐含在其中的、人们事先不知道的，但又是潜在有用的信息和知识的过程。

（1）大数据分析技术。改进已有数据挖掘和机器学习技术；开发数据网络挖掘、特异群组挖掘、图像挖掘等新型数据挖掘技术；突破基于对象的数据连接、相似性连接等大数据融合技术；突破用户兴趣分析、网络行为分析、情感语义分析等面向领域的大数据挖掘技术。

（2）数据挖掘就是从大量的、不完全的、有噪声的、模糊的、随机的实际应用数据中，提取隐含在其中的、人们事先不知道的，但又是潜在有用的信息和知识的过程。数据挖掘涉及的技术方法很多，有多种分类法。

大数据展现与应用技术：大数据技术能够将隐藏于海量数据中的信息和知识挖掘出来，为人类的社会经济活动提供依据，从而提高各个领域的运行效率，大大提高整个社会经济的集约化程度。

二、云计算

云计算（Cloud Computing）是分布式计算的一种，指的是通过网络“云”将巨大的数据计算处理程序分解成无数个小程序，然后，通过多部服务器组成的系统进行处理和分析这些小程序得到结果并返回给用户。云计算早期就是简单的分布式计算，解决任务分发，并进行计算结果的合并。因而，云计算又称为网格计算。通过这项技术，可以在很短的时间内（几秒钟）完成对数以万计的数据的处理，从而达到强大的网络服务。

现阶段所说的云服务已经不单单是一种分布式计算，而是分布式计算、效用计算、负载均衡、并行计算、网络存储、热备份冗杂和虚拟化等计算机技术混合演进并跃升的结果。

云计算指通过计算机网络（多指互联网）形成的计算能力极强的系统，可存储、集合相关资源并可按需配置，向用户提供个性化服务。

（一）云计算的特征

与传统的网络应用模式相比，云计算具有很多优势，包括以下几个方面。

1. 超大规模

大多数云计算中心都具有相当的规模，主流的公有云计算平台均拥有几十万台甚至上百万台服务器，比如云计算中心已经有几百万台服务器，而Amaon、IBM、微软、Yahoo等企业所掌控的云计算规模也毫不逊色，并且云计算中心能通过整合和管理这些数目庞大的计算机集群来赋予用户前所未有的计算和存储能力。

2. 通用性好

云计算不针对特定的一个应用，在“云”的支撑下可以搭建出不同的应用。

3. 可靠性高

云计算对于可靠性要求很高，在软硬件层面采用了诸如数据多副本容错、心跳检测和计算节点同构可互换等措施来保障服务的高可靠性，还在设施层面上的能源、制冷和网络连接等方面采用了冗余设计来进一步确保服务的可靠性。倘若服务器故障也不影响计算与应用的正常运行，因为单点服务器出现故障可以通过虚拟化技术将分布在不同物理服务器上面的应用进行恢复或利用动态扩展功能部署新的服务器进行计算。

4. 按需服务

计算机包含了许多应用、程序软件等，不同的应用对应的数据资源库不同，因地制宜，因人而异，云计算平台能够根据用户的需求快速配备计算能力及资源。

5. 性价比高

云计算的自动化集中式管理使用户无须负担日益高昂的数据中心管理成本，即可享受超额的云计算资源与服务；私有云用户也可以在私有云服务商中甄选到符合具体需求的解决方案，小规模起步，按需扩展。

6. 高扩展性

云计算具有高扩展性，其规模可以根据其应用的需要进行调整和动态伸缩，以满足用户应用和大规模增长的需要。用户可以利用应用软件的快速部署条件来更为简单快捷地将自身所需的已有业务以及新业务进行扩展。如，计算机云计算系统中出现设备故障，对于用户来说，无论是在计算机层面上，抑或是在具体运用上均不会受到阻碍，可以利用计算机云计算具有的动态扩展功能来对其他服务器开展有效扩展。这样一来就能够确保任务得以有序完成。在对虚拟化资源进行动态扩展的情况下，同时能够高效扩展应用，提高计算机云计算的操作水平。

（二）云计算的应用

目前云计算技术已经普遍应用于现如今的互联网服务中，最为常见的就是网络搜索引擎和网络邮箱。大家熟悉搜索引擎谷歌和百度，在任何时刻，只要用移动终端就可以在搜索引擎上搜索任何自己想要的资源，通过云端共享数据资源。而网络邮箱也是如此，只要一个终端，连上互联网就可以实现实时的邮件的发送和接收。

云计算技术已经融入现今的社会生活。平时常用的那些App或网站，基本都已经离不开“云计算”作为背后的强大服务支持，比如当前主流的电商平台淘宝、京东，社交平台微信、微博等都有云计算技术的支持，目前云计算的使用范畴有存储云，医疗云，金融云，教育云，制作云，云游戏，云会议，云交际，云安全，云交通等。

1. 存储云

存储云又叫云存储。存储云是指经过集群使用、网格技术或分布式文件体系等功能，将网络中很多各种不同类型的存储设备经过使用软件集合起来协同工作，共同对外供给数据存储和业务访问功能的一个体系。用户可以将本地的资源上传至云端上，可以在任何地方连入互联网来获取云上的资源。大家所熟知的谷歌、微软等大型网络公司均有云存储的服务，在国内，百度云和微云则是市场占有量较大的存储云。存储云向用户提供了存储容器服务、备份服务、归档服务和记录管理服务等，大大方便了使用者对资源的管理。

2. 医疗云

医疗云，是指在云计算、移动技术、多媒体、4G通信、大数据，以及物联网等新技术基础上，结合医疗技术，使用“云计算”来创建医疗健康服务云平台，实现了医疗资源的共享和医疗范围的扩大。因为云计算技术的运用与结合，医疗云提高了医疗机构的效率，方便居民就医。像现在医院的预约挂号、电子病历、医保等都是云计算与医疗领域结合的产物，医疗云还具有数据安全、信息共享、动态扩展、布局全国的优势。

3. 金融云

金融云是利用云核算的模型构成原理，将金融产品、信息、服务涣散到庞大分支机构所构成的云网络当中，提高金融机构敏捷发现并解决问题的才能，提升整体工作效率，改善流程，降低运营成本，从而解决现有问题并且达到高效、低成本的目标。

4. 教育云

教育云，实质上是指教育信息化的一种发展。具体地，教育云可以将所需要的任何教育硬件资源虚拟化，然后将其传入互联网，以向教育机构和学生、老师提供一个方便快捷的平台。现在流行的慕课就是教育云的一种应用。慕课MOOC，指的是大规模开放的在线课程。

5. 制作云

制作云是云核算向制作业信息化范畴延伸与开展后的落地与完成，用户经过网络和终端就能随时按需获取制作资源与才能服务，从而才智地完成其制作全生命周期的各类活动。

6. 云游戏

云游戏是以云核算为基础的游戏方法，在云游戏的运行形式下，一切游戏都在服务器端运行，并将烘托结束后的游戏画面紧缩后经过网络传送给用户。

7. 云会议

云会议是基于云核算技术的一种高效、快捷、低成本的会议形式。使用者只需要经过互联网界面，进行简单易用的操作，便可快速高效地与全球各地团队及客户同步分享语音、数据文件及视频。

8. 云交际

云交际是一种物联网、云核算和移动互联网交互使用的虚拟交际使用形式，以建立著名的“资源分享关系图谱”示意图，从而展开网络交际。

9. 云安全

云安全经过网状的很多客户端对网络中软件行为的反常进行监测，获取互联网中木马、恶意程序的新信息，推送到Server端进行自动分析和处理，再把病毒和木马的解决方案分发到每一个客户端。

10. 云交通

云交通是指在云核算之中整合现有资源，并能够针对未来的交通职业开展整合将来所需求的各种硬件、软件和数据。

三、物联网

（一）物联网的定义和特征

物联网（Internet of Things，IOT）即物物相连的互联网，是指通过信息传感器、射频识别技术、全球定位系统、红外感应器、激光扫描器等各种装置与技术，实时采集任何需要监控、连接、互动的物体或过程，采集其声、光、热、电、力学、化学、生物、位置等各种需要的信息，通过各类可能的网络接入，实现物与物、物与人的泛在连接，实现对物品和过程的智能化感知、识别和管理。物联网是一个基于互联网、传统电信网等的信息承载体，它让所有能够被独立寻址的普通物理对象形成互联互通的网络。

物联网的基本特征从通信对象和过程来看，物与物、人与物之间的信息交互是物联网的核心。物联网的基本特征可概括为整体感知、可靠传输和智能处理。

整体感知：可以利用射频识别、二维码、智能传感器等感知设备感知获取物体的各类信息。

可靠传输：通过对互联网、无线网络的融合，将物体的信息实时、准确地传送，以便信息交流、分享。

智能处理：使用各种智能技术，对感知和传送的数据、信息进行分析处理，实现监测与控制的智能化。根据物联网的以上特征，结合信息科学的观点，围绕信息的流动过程，可以归纳出物联网处理信息的功能：

（1）获取信息的功能。主要是信息的感知、识别，信息的感知是指对事物属性状态及其变化方式的知觉和敏感；信息的识别指能把所感受到的事物状态用一定方式表示出来。

（2）传送信息的功能。主要是信息发送、传输、接收等环节，最后把获取的事物状态信息及其变化的方式从时间（或空间）上的一点传送到另一点，这就是常说的通信过程。

（3）处理信息的功能。指信息的加工过程，利用已有的信息或感知的信息产生新的信息，实际是制定决策的过程。

（4）施效信息的功能。指信息最终发挥效用的过程，有很多的表现形式，比较重要的是通过调节对象事物的状态及其变换方式，始终使对象处于预先设计的状态。

（二）物联网的应用

物联网的应用领域涉及方方面面，在工业、农业、环境、交通、物流、安保等基础设施领域的应用，有效地推动了这些方面的智能化发展，使得有限的资源更加合理地使用分配，从而提高了行业效率、效益。在家居、医疗健康、教育、金融与服务业、旅游业等与生活息息相关的领域的应用，从服务范围、服务方式到服务的质量等方面都有了极大的改进，大大地提高了人们的生活质量；在涉及国防军事领域方面，虽然还处在研究探索阶段，但物联网应用带来的影响也不可小觑，大到卫星、导弹、飞机、潜艇等装备系统，小到单兵作战装备，物联网技术的嵌入有效提升了军事智能化、信息化、精准化，极大提升了军事战斗力，是未来军事变革的关键。

1. 智能交通

物联网技术在道路交通方面的应用比较成熟。随着社会车辆越来越普及，交通拥堵甚至瘫痪已成为城市的一大问题。对道路交通状况实时监控并将信息及时传递给驾驶人，让驾驶人及时做出出行调整，有效缓解了交通压力；高速路口设置道路自动收费系统（简称ETC），免去进出口取卡、还卡的时间，提升车辆的通行效率；公交车上安装定位系统，能及时了解公交车行驶路线及到站时间，乘客可以根据搭乘路线确定出行，免去不必要的时间浪费。社会车辆增多，除了会带来交通压力外，停车难也日益成为一个突出问题，不少城市推出了智慧路边停车管理系统，该系统基于云计算平台，结合物联网技术与移动支付技术，共享车位资源，提高车位利用率和用户的方便程度。该系统可以兼容手机模式和射频识别模式，通过手机端App软件可以实现及时了解车位信息、车位位置，提前做好预定并实现交费等操作，很大程度上解决了“停车难、难停车”的问题。

2. 智能家居

智能家居是物联网在家庭中的基础应用，随着宽带业务的普及，智能家居产品涉及方方面面。家中无人，可利用手机等产品客户端远程操作智能空调，调节室温，甚至还可以学习用户的使用习惯，从而实现全自动的温控操作，使用户在炎炎夏季回家就能享受到冰爽带来的惬意；通过客户端实现智能灯泡的开关、调控灯泡的亮度和颜色等；插座内置Wi-Fi，可实现遥控插座定时通断电流，甚至可以监测设备用电情况，生成用电图表让你对用电情况一目了然，安排资源使用及开支预算；智能体重秤，监测运动效果。智能摄像头、窗户传感器、智能门铃、烟雾探测器、智能报警器等都是家庭不可少的安全监控设备，你即使出门在外，也可以在任意时间、地方查看家中任何一角的实时状况。看似烦琐的种种家居生活因为物联网变得更加轻松、美好。

3. 公共安全

近年来全球气候异常情况频发，灾害的突发性和危害性进一步加大，互联网可以实时监测环境的不安全性情况，提前预防、实时预警、及时采取应对措施，降低灾害对人类生命财产的威胁。美国布法罗大学早在2013年就提出研究深海互联网项目，通过特殊处理的感应装置置于深海处，分析水下相关情况，海洋污染的防治、海底资源的探测，甚至对海啸也可以提供更加可靠的预警。该项目在当地湖水中进行试验，获得成功，为进一步扩大使用范围提供了基础。利用物联网技术可以智能感知大气、土壤、森林、水资源等方面各指标数据，对于改善人类生活环境发挥巨大作用。

四、人工智能

（一）人工智能定义

人工智能（Artificial Intelligence，AI）是研究、开发用于模拟、延伸和扩展人的智能的理论、方法、技术及应用系统的一门新的技术科学。人工智能是计算机科学的一个分支，它企图了解智能的实质，并生产出一种新的能以人类智能相似的方式做出反应的智能机器，该领域的研究包括机器人、语言识别、图像识别、自然语言处理和专家系统等。人工智能从诞生以来，理论和技术日益成熟，应用领域也不断扩大，可以设想，未来人工智能带来的科技产品，将会是人类智慧的“容器”。人工智能可以对人的意识、思维的信息过程进行模拟。人工智能不是人的智能，但能像人那样思考，也可能超过人的智能。

人工智能是一门极富挑战性的科学，涉及的学科包括哲学和认知科学、数学、神经生理学、心理学、计算机科学、信息论、控制论、不定性论等。从事这项工作的人研究范畴很广：包括自然语言处理、知识表现、智能搜索、推理、规划、机器学习、知识获取、组合调度问题、感知问题、模式识别、逻辑程序设计软计算、不精确和不确定的管理、人工生命、神经网络、复杂系统、遗传算法等。

人工智能就其本质而言，是对人的思维的信息过程的模拟。对于人的思维模拟可以从两条道路进行：一是结构模拟，仿照人脑的结构机制，制造出“类人脑”的机器；二是功能模拟，暂时撇开人脑的内部结构，而从其功能过程进行模拟。现代电子计算机的产生便是对人脑思维功能的模拟，是对人脑思维的信息过程的模拟。人工智能研究的一个主要目标是使机器能够胜任一些通常需要人类智能才能完成的复杂工作。

（二）人工智能应用

人工智能的实际应用非常广泛，包括机器视觉，指纹识别，人脸识别，视网膜识别，虹膜识别，掌纹识别，专家系统，自动规划，智能搜索，定理证明，博弈，自动程序设计，智能控制，机器人，语言和图像理解，遗传编程等。

技能训练

实训任务　云物大智技术认知与体验

本章介绍了大数据、云计算、物联网、人工智能的概念和特征以及相关应用领域，请根据实际情况做调查，填写大数据、云计算、人工智能的实际应用情况具体案例。

项目	实际应用案例
大数据	
云计算	
人工智能	

课后习题

1．目前遍布于校园的校园网属于（　　）。

A．局域网　　B．城域网　　C．广域网　　D．混合网络

2．下面（　　）既标识了一个网络，又标识了该网络上的一个特定主机。

A．主机名　　B．MAC地址　　C．IP地址　　D．物理地址

3．A类地址第一个字节的范围是（　　）。

A．0～126　　B．0～127　　C．1～126　　D．1～127

4．下列各项中，（　　）不能作为Internet的IP地址。

A．202.96.12.14　　B．202.196.72.140　　C．112.256.23.8　　D．201.124.38.79

5．中国的顶级域名是（　　）。

A．cn　　B．jp　　C．edu　　D．com

6．计算机接入Internet时不需要考虑的因素有（　　）。

A．单机还是多机　　B．接入网络的选择

C．ISP的选择　　D．接入网络距离要接入的计算机的距离

7．电子邮件的特点之一是（　　）。

A．采用存储—转发方式在网络上逐步传递信息，不像电话那样直接、即时，但费用低

B．在通信双方的计算机都开机工作的情况下方可快速传递数字信息

C．比邮政信函、电报、电话、传真都更快

D．只要在通信双方的计算机之间建立起直接的通信线路后，便可快速传递数字信息

8．大数据最显著的特点是（　　）。

A．数据规模十分庞大　　B．数据类型多种多样

C．数据处理速度快　　D．数据容易泄露

9．大数据时代数据的使用关键是（　　）。

A．数据收集　　B．数据再利用　　C．数据存储　　D．数据分析

10．云计算是对（　　）技术的发展与运用。

A．并行计算　　B．网格计算　　C．分布式计算　　D．以上都是

总结与提高

本项目主要学习了电子商务的技术基础，包括网络技术基础和互联网的基本应用等电子商务基础知识，建议学生应充分了解网络技术和互联网基础应用，熟练使用网络查找信息、交流信息，为后续专业学习奠定基础。

项目三

B2B 电子商务

学习目标

目标类型	目标内容
知识目标	掌握 B2B 电子商务的概念 掌握企业自营 B2B 电子商务 掌握 B2B 电子商务平台
技能目标	能掌握 B2B 盈利模式 能掌握在 B2B 电子商务平台交易
素养目标	增强学习电子商务的自信 增强获取信息处理信息的能力 增强专业素养

思维导图

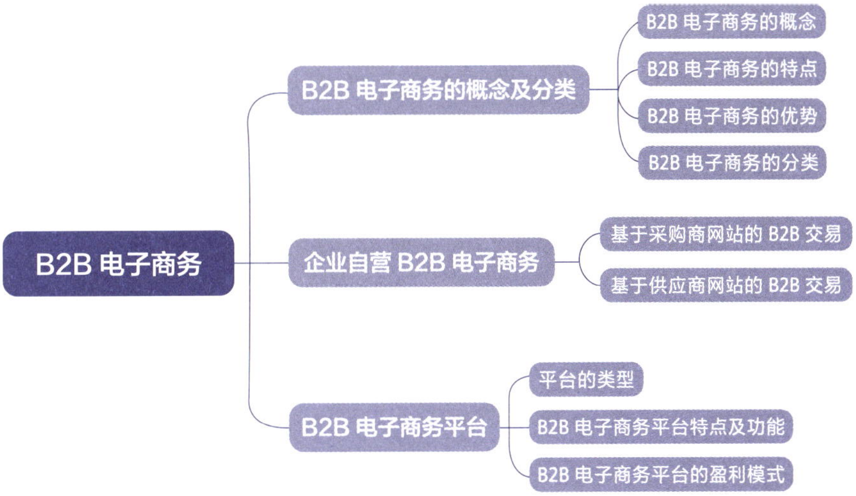

案例导入

国内 B2B 电子商务服务提供商：慧聪网

慧聪网成立于1992年，是国内领先的B2B电子商务服务提供商，拥有海量产业用户沉淀和数据积累，致力于为客服提供线上线下全方位服务，为中小企业搭建供需平台、提供全方位电子商务服务，以行业专业性和整合行业上下游产业链著称。随着互联网的深入发展，慧聪网从以资讯为主的B2B平台向以交易为主的B2B综合服务商转型，围绕产业链打造不同垂直领域子公司，不断探索B2B新模式，进一步深化平台交易属性。比如在2020年11月，聚合慧聪网商机及360精准B端垂直流量，全新B2B信息聚合平台“慧优采”上线，旨在为用户提供快速搜寻全网商品方法，匹配买卖双方真实需求。在不断撮合线上交易的基础上，与百度、谷歌、搜狗等平台合作探索“B2B+搜索引擎营销”模式，不断提升品牌满意度和提高企业核心竞争力。截至2020年8月，累计注册用户超2700万，日均分发采购线索量数达十万条，目前整体市场份额紧接于阿里巴巴，具有“南阿里，北慧聪”的说法。慧聪网站如图3-1所示。

资料来源：https://baike.baidu.com/item/

图3-1 慧聪网

案例思考

1. 什么是B2B电子商务?
2. B2B电子商务的特点有哪些?

第一节 B2B电子商务的概念及分类

一、B2B电子商务的概念

B2B（Business to Business），是指企业与企业之间通过互联网或私有网络方式进行的电子商务活动，亦称为商家或商业机构之间以电子化方式开展的商务活动。目前主要的B2B电商平台有：中国制造网、阿里巴巴、中国化工网、环球资源网、马可波罗网、中国网库、中国供应商、慧聪网、敦煌网等。

二、B2B电子商务的特点

（一）交易次数少，交易金额大

B2B是企业与供应商、客户之间的大宗货物交易，相对于以个人消费者为交易对象的B2C交易而言次数相对较少，因为B2C电子商务多为单笔交易，购买的数量和交易的金额都较小，而B2B电子商务交易的金额相对较大。

（二）交易对象具有广泛性

B2B电子商务活动的交易对象广泛，可以是任何一种产品，包括原材料、半成品或成品，范围涉及石油化工、水电、运输、仓储、航空、国防、建筑等许多领域，而B2C和C2C电子商务多以消费品为主。

（三）交易过程具有复杂性

B2B电子商务活动是各类电子商务交易中最复杂的，人员上涉及多个部门和不同层次，同时企业间信息交互和沟通非常多，企业间的交易主要包括相应的信息查询、交易谈判、合同签订、货款结算、单证交换、库存管理和物品运输等，如果是跨国交易还要涉及外汇结算、商检、海关、国际运输等业务。

（四）交易操作具有规范性

B2B电子商务交易过程具有规范性，对合同及各种单证的格式要求更为规范和严谨，同时也比较注重法律的有效性。与之相比，B2C电子商务交易操作简单，随意性较大，相关的法律条文相对较少。

三、B2B 电子商务的优势

B2B电子商务模式主要有降低采购成本、降低库存成本、节省周转时间、扩大市场机会等优势，这种优势可以从商务成本、供应链管理、产销周期方面体现出来。

1. 降低企业商务成本

企业成本包括库存成本和采购成本。传统贸易往往需要花费大量的资源和时间，而B2B电子商务模式能够提高商务活动效率，企业通过与上游供应商和下游客户之间建立商业联系，双方可以在线上完成商务交易，减少了人力、物力成本。同时，企业可以优化内部采购体系和库存体系，通过批量采购的方式进行更好的管理，使传统消费企业的商务运作效率能够大幅度提高。

2. 优化供应链管理

传统商务活动是由多个中间环节组成的供应链完成的，这些中间环节必然要耗费大量的物质资源，B2B电子商务模式下，企业可以明确获悉商品的情况，进行预计和控制市场供求信息，对库存和物流进行更科学的规划和管理，降低周转与管理成本，缩短供应链的长度，减少中间环节与周转，节省物质资源的损耗。

3. 缩短产销周期

在传统商务模式下，商品从设计、生产、上架到出售，需要经过很多环节，周期较长，而电子商务模式下可以突破时间地理的限制，一天24小时不间断运作，加快各个环节间的流动，从而有效地缩短了整个生产和销售的周期。

四、B2B 电子商务的分类

按平台构建主体划分，可分为基于第三方平台的B2B电子商务模式和基于企业自有网站的B2B电子商务模式。

（一）基于第三方平台的B2B电子商务模式

基于第三方平台的B2B电子商务模式是由第三方网站提供电子商务交易服务平台，买卖双方借助该平台进行交易，它是将采购方和供应商集聚在一起，提供交易机会而平台本身并不参与交易。B2B电子商务模式架构如图3-2所示，其交易流程如下：

（1）供应企业和采购企业在B2B平台注册，进行用户认证。

（2）供应企业在平台上发布商品，平台进行审核，采购企业通过平台浏览商品，确定购买意向。

（3）采购企业通过平台向供应企业发出订单，可通过议价达到合议价格，在供应企业确认订单后，采购企业向平台支付货款。

（4）平台对物流进行管理，在确认物流公司无问题后，供应企业向采购企业发货。

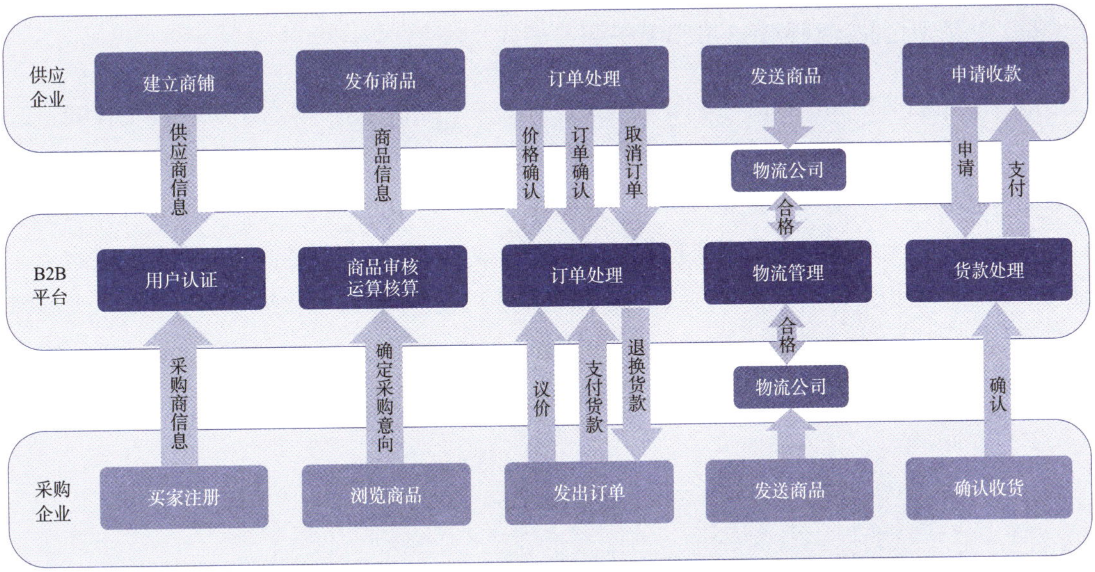

图3-2　B2B电子商务模式架构

（5）供应企业向平台申请支付货款，采购企业确认收货后，由平台支付货款给供应企业。

按照第三方B2B电商平台面向的业务范围来划分，又可以进一步分为水平模式和垂直模式。

1. 水平模式

水平模式也称为综合模式，它是面向多个行业的，将各行业中相近的交易过程集中到一个场所，为企业采购方和供应方提供交易机会。这类平台行业覆盖面广，例如阿里巴巴商品种类丰富，覆盖全面，在品牌知名度、跨行业、用户数等方面具有优势。

2. 垂直模式

垂直B2B是面向同一行业的，垂直模式又可以分为上游和下游两个方向，生产商或零售商与上游的供应商形成供货关系；生产商与下游的经销商形成销货关系。例如中国化工网就是以提供商机信息供求服务为主的垂直行业网站，其主要收入来源是广告费和会员费。相较于水平B2B电商平台而言，垂直B2B电商平台在用户精准度和行业服务深度方面更具优势。水平模式B2B与垂直模式B2B两者的比较如表3-1所示。

表 3-1　水平模式 B2B 与垂直模式 B2B 比较

	水平模式 B2B	垂直模式 B2B
特点	行业范围广，不同行业可以在同一个平台进行交易，面向不同行业的从业者	针对某一行业，面向某一行业内的从业者，将特定产业的上下游企业集聚在一起
优点	• 网站追求“全”，行业全、服务全，潜在用户群体较大 • 能够迅速获得利益	• 专业性强，吸引针对性较强的用户 • 易建立忠实客户群，用户黏度较高
缺点	• 用户群体不稳定 • 需要承担每个行业可能做不好的风险，被模仿的风险	• 短期内不能快速获得利益 • 较难向多元化经营或其他领域渗透

（二）基于企业自有网站的B2B电子商务模式

基于企业自有网站的B2B电子商务模式是指由一个买家与多个卖家之间交易的模式，这种模式一般以有实体经营的传统企业网站为基础，其网站主要为自用。这种模式实现了采购过程公开化，信息共享，节省交易费用，同时通过这一网站可以优化客户关系管理和供应链管理从而提升企业形象，满足企业采购、营销等商务活动。这一类的网站有海尔企业购，这是海尔面向企业用户、工程客户的线上交互、交易、交付平台。平台集结海尔旗下六大品牌（统帅、海尔、卡萨帝、GE Appliances、AQUA、斐雪派克），通过“采购租赁+方案定制+创客社群”创新模式为企业用户提供个性化解决方案和采购服务。

第二节 企业自营 B2B 电子商务

企业自营的B2B电子商务网站是依托于传统企业自有网站，也叫面向制造业或面向商业的垂直B2B网站，可分为基于采购商网站的B2B交易和基于供应商网站的B2B交易。

一、基于采购商网站的 B2B 交易

基于采购商网站的B2B交易是以买家为主导，与上游供应商企业的网络采购，即是买家通过互联网发布采购信息、接受供应商网上投标报价、网上开标及中标结果的全过程。网络采购的方式通常有以下几种。

1. 网上招投标

网上招投标是在市场经济条件下进行大宗货物买卖、工程建设项目的发包与承包，以及服务项目的采购与提供时所采取的一种交易方式，主要包括公开招投标和邀请招投标两种形式。

（1）公开招投标是指采购人按照法定程序，通过发布招标公告，邀请不特定的供应商（不少于7家）参加投标，采购人通过某种事先确定的标准，从所有投标供应商中择优评选出中标供应商。

（2）邀请招投标也称选择性招标，是由采购人根据供应商或承包商的资信和业绩，选择一定数目的法人或其他组织（不能少于3家），向其发出投标邀请书，邀请他们参加投标竞争，从中选定中标供应商的一种采购方式。

例如海尔集团网上招标主要通过海尔招标网（图3-3）为海尔系列产品的原材料等进行网络招标采购。采购方可以在海尔招标网上发布采购预告再发布招标公告；供应商可在登录

后点击“采购公告”查看相关信息然后进行投标；时间截止后海尔采购方发布中标公告，中标供应商与采购方订立交易合同，最后达成交易。

图3-3 海尔招标网

2. 集中目录采购

集中目录采购是指大企业预先编制集中采购目录，在集中采购目录中的项目必须由企业统一集中采购，其他项目可由采购人自行采购，其具体操作是将供应商目录集中到公司的服务器上，买者可以通过搜索引擎找到所需要的产品，了解货存情况和配送时间，填写电子点货单。

3. 团体采购

团体采购也称为“团购”，是指来自多个购买者的订单集中到一起从而加大与供应商的谈判能力，根据薄利多销、量大价优的原理，从供应商处获得更低的价格和服务。网络团购在国际上也称为B2T（Business To Team）。

4. 易货交易

易货交易是指在不使用金钱的基础上交换货物和服务的活动，即企业将自己剩余的物资提交给交易所，然后获得积点来购买自己所需的产品，电子易货具有客户越多，速度越快，佣金越低的特点。

二、基于供应商网站的B2B交易

基于供应商网站的B2B交易是以卖方为主导，与其下游企业开展的以电子化分销或网络直销为核心的各种商务活动。

基于供应商网站的B2B电子交易流程如图3-4所示，其流程如下：

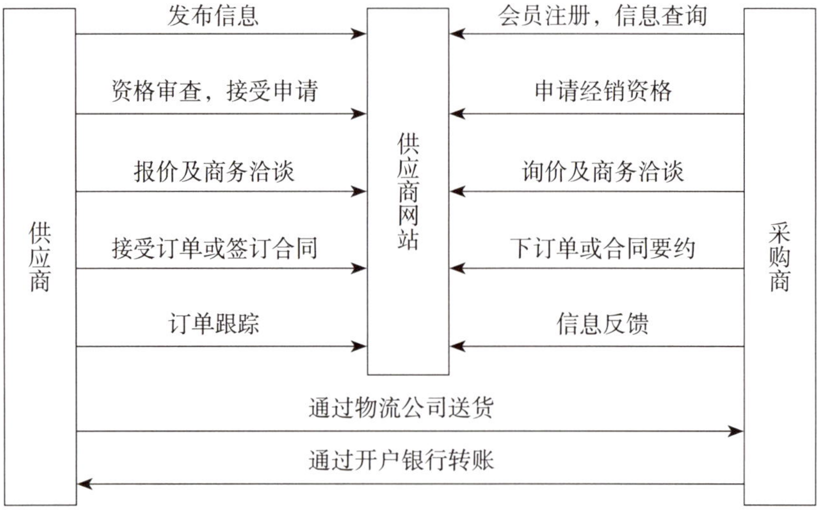

图3-4　基于供应商网站的B2B电子交易流程

（1）供应商利用自己的平台发布买卖、合作等信息，采购商通过在供应商网站进行会员注册，可查询相关交易信息。

（2）采购商提出经销申请，供应商进行资格审查后做出是否接受申请的决定。

（3）采购商通过供应商网站进行询价，供应商报价，在与供应商进行商务谈判后采购商可通过供应商网站下订单或合同要约，采购商下订单后，供应商接受订单，如有必要双方还需签订合同。

（4）采购商和供应商通过供应商网站可以进行信息反馈与订单跟踪。

（5）供应商通过物流公司将货物派送给采购商。

（6）采购商根据交易约定将货款结转给供应商。

第三节　B2B 电子商务平台

一、平台的类型

B2B电子商务平台根据其不同的商业模式又可以划分为不同的网站分类，主要包括综合性B2B电子商务网站、行业性B2B电子商务网站、关联性B2B电子商务网站及“仓单模式”。

1. 综合性 B2B 电子商务网站

综合性B2B网站可以为多个行业与领域提供电子商务平台服务，这类B2B电子商务网站的行业覆盖面广、品牌知名度高；例如：中国制造网是一个中国产品信息荟萃的网上世界，它创建于1998年，是由焦点科技股份有限公司运营的国内领先的综合性第三方B2B电子商务服务平台，面向全球提供中国产品的电子商务服务，旨在利用互联网将中国制造的产品介绍给全球采购商。

2. 行业性 B2B 电子商务网站

行业性B2B电子商务网站是指专注服务于一个行业的B2B网站，以行业聚集性的B2B网站服务商居多，这类B2B电子商务网站大多以会员费、广告费为盈利方式，较为典型的B2B网站服务的行业有：化工、服装、纺织、医药、电器、软件等。这类B2B电子商务网站相比综合性B2B网站，行业内容与服务上都有很强的专业性，但同时也存在着产业规模相对较小，上下游产业链、供应链难以打通的缺点。

3. 关联性 B2B 电子商务网站

也可以叫联盟B2B电子商务网站，是一种整合垂直B2B网站和综合性B2B网站的优势而建立起来的跨行业的B2B平台，是行业有相关性的B2B电子商务网站，其综合了综合性和行业性的B2B网站的优势，整合相应资源，提供全面性、专业性、精细化的服务，实现相关行业交易信息的广泛推广，充分发挥B2B电子商务网站的价值。

4. “仓单模式”

这种B2B电子商务网站适合标准化在线交易活动，而且成交量比较大，且提供多样化的收费模式，其盈利模式除了会员费、交易佣金外，初步实现了物流、资金流、信息流封闭循环运作。

二、B2B 电子商务平台特点及功能

B2B平台一般具有独立性、专业化、依托网络的特点。

（1）独立性。B2B电子商务平台不是买家也不是卖家，而是作为交易的平台，像实体买卖中的交易市场。

（2）专业化。B2B电子商务平台需要更加专业的技术，包括订单管理、支付安全、物流管理等能够为买卖双方提供安全便捷的服务。

（3）依托网络。B2B电子商务平台是随着B2B电子商务的发展而出现的，它必须依托于网络才能发挥其作用。

B2B电商平台的主要功能包括：

（1）提供行业信息、供求信息服务。买卖双方需要在网站上注册发布供应信息或采购需

求，平台为企业提供行业信息，市场动态等，根据客户的浏览习惯和消费情况将客户关心的货物信息推送给客户。

（2）提供定价机制服务。平台为双方提供网上交易沟通渠道的同时也提供协商议价、降价拍卖等交易手段满足买卖双方的价格需求，促成交易。

（3）提供与交易相配套的服务。比如物流管理服务、网上支付服务、网上签订买卖合同服务等。

三、B2B 电子商务平台的盈利模式

B2B电子商务平台的盈利模式主要有以下几种。

（一）会员费

会员费在B2B电子商务网站盈利模式中占据主要地位，企业注册成为B2B网站会员之后，才能通过B2B平台参与电子商务交易活动，有的B2B电子商务网站需要会员企业每年缴纳一定的会员费，才能享受网站提供的各种服务，例如中国化工网收取的会员费在第一年为12000元，以后每年为6000元；阿里巴巴网站按服务项目不同收取的中国供应商会员费每年为4万～8万元。目前会员费已是中国B2B电子商务网站主要的收入来源之一。

（二）广告费

广告费也是B2B电子商务网站主要的收入来源之一。B2B网站的广告根据广告在首页位置及广告类型来收费，有弹出广告、漂浮广告、BANNER广告、文字广告等多种表现形式可供用户选择。广告方式包括文字、图片、动态Flash等。

（三）增值服务

B2B网站通常除了为企业提供贸易供求信息以外，电子商务平台还会提供一些独特的增值服务，包括企业认证，独立域名，提供行业数据分析报告，搜索引擎优化，下载电子杂志，博客文章查阅服务，高级商友俱乐部收费服务和线下服务等。B2B电商网站根据不同的行业特性寻找到客户的需求然后提供有针对性的增值服务。

（四）商务合作服务

B2B电子商务网站为商家企业提供商务合作服务，包括广告联盟，政府、行业协会合作，传统媒体的合作等。广告联盟通常是网络广告联盟，亚马逊通过这个方式已经取得了不错的成效，但在我国，联盟营销还处于萌芽阶段，大部分B2B电子商务网站对于联盟营销还比较陌生。国内做得比较成熟的广告联盟有百度联盟。

（五）交易佣金

交易佣金是指B2B网站在买卖双方交易成功之后收取的费用，例如敦煌网向买方收取交易佣金，为交易金额的3%～12%。

（六）自有产品销售

自有产品销售是指第三方B2B电子商务平台通常会有B2B网店的管理软件，网站会员等级升级，企业网站建设等自身产品的销售，以此来盈利。

（七）询盘付费

询盘付费是专门针对从事国际贸易的B2B电子商务企业开发出来的一种盈利模式，不是按照时间来付费，而是按照海外推广带来的实际效果付费，也就是海外买家实际的有效询盘来付费，其中询盘是否有效，主动权在消费者手中，由消费者自行判断是否消费。询盘付费有四大特点：零首付、零风险；主动权、消费权；免费推、针对广；及时付、便利大。

（八）线下服务

B2B电子商务网站除了提供线上交易平台服务，还会为商家提供一些线下服务，包括展会、期刊、研讨会等，这是在原有的B2B电子商务网站盈利模式上的一种新发展。期刊主要是关于行业资讯等信息，期刊里也可以植入广告。通过展会，供应商和采购商面对面地交流，这种方式较受中小企业欢迎，这种服务在一些B2B电子商务网站中已经成为重要的盈利模式之一。

技能训练

B2B 电子商务体验

一、实训目的

通过本次实训，了解B2B电子商务的发展情况，掌握B2B电子商务网站的分类、主要功能、应用和盈利模式，掌握网上的采购流程。

二、实训素材

计算机、互联网。

三、实训内容

1．以阿里巴巴1688网站为例，尝试写出在平台上的采购流程。

采购流程：

（1）完成采购准备如图3-5所示，注册账户绑定支付宝并实名认证。

（2）在平台上寻找货源，通过寻找货源或找工厂选择合适的供应商，如图3-6所示。

（3）直接联系商家询价，也可以通过发布询价单等待商家回应，如图3-7所示，或直接发布新的寻源需求，如图3-8所示。

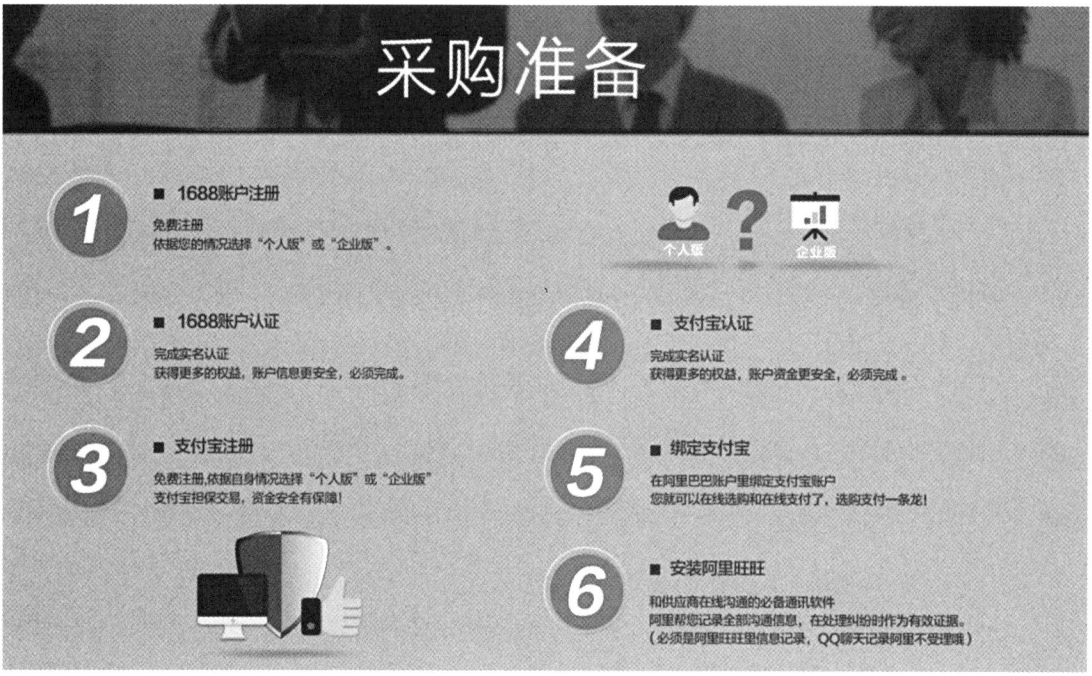

图3-5　采购准备

图3-6　网站搜索

图3-7　询价采购

图3-8　填写寻源需求

2．尝试分析2～3个B2B电子商务网站的商业模式与盈利模式，服务内容及目标用户，将相关内容填入表3-2。

表 3-2 B2B 电子商务网站分析

网站名称	网站网址	平台分类	目标用户	服务内容	盈利模式

课后习题

一、单项选择题

1. 以下属于B2B跨境电子商务平台的是（　　）。

A. 环球资源网　　B. 兰亭集势　　C. 全球速卖通　　D. 米兰网

2. B2B电子商务的盈利模式不包括（　　）。

A. 会员费　　B. 广告费　　C. 物流收益　　D. 交易佣金

3. 与水平B2B电子商务平台相比，属于垂直B2B电子商务平台的优点是（　　）。

A. 服务全　　B. 专业性强　　C. 行业全　　D. 内容丰富

4. 下列属于B2B电子商务平台的是（　　）。

A. 阿里巴巴国内站　　B. 淘宝网　　C. 京东网　　D. 当当网

5. B2B电子商务模式的特点是，商品流向是（　　），类似于电子化的批发商务。

A. 从企业到个人消费者　　B. 从企业到企业

C. 从个人消费者到企业　　D. 从企业到政府采购

二、不定项选择题

1. 网络采购的方式主要有（　　）。

A. 网上招投标　　B. 集中目录　　C. 团体购买　　D. 易货交易

2. B2B移动电商的运营模式包括（　　）。

A. 垂直模式　　B. 综合模式　　C. 自建模式　　D. 关联模式

3. B2B电子商务交易模式网站的特点是（　　）。

A. 可以把买方和卖方集中到一个市场上进行信息交流、广告、交易等活动

B. 是一种单一式B2B电子商务

C. 只为买卖双方提供一个交易的平台

D. 视为各大企业内部采购部门的延伸，其主要客户一般是大型企业

三、简答题

1. 简述B2B电子商务的概念和特点。
2. 简述B2B水平电子商务平台的优点。
3. 简述B2B电子商务的盈利模式。
4. 简述网上招投标的形式。

总结与提高

本项目主要学习了B2B电子商务的概念、B2B电子商务的特点，根据平台构建主体不同分为企业自营的B2B交易及基于第三方平台的B2B交易等B2B电子商务交易的基础知识，建议学生充分了解B2B电子商务的发展运营模式及其盈利模式，在选择交易平台及网上交易时充分考察诚信度、服务水平，保障交易安全。

项目四 B2C 电子商务

学习目标

目标类型	目标内容
知识目标	掌握 B2C 电子商务的概念 掌握 B2C 电子商务的分类 了解企业自营 B2C 电子商务的特性 了解国内热门 B2C 电子商务平台及其营销工具
技能目标	能掌握 B2C 电子商务的主要应用 能分析 B2C 电子商务的发展现状和趋势 能分析对比不同 B2C 电子商务平台的区别
素养目标	培养学生深入了解我国 B2C 电子商务现状的兴趣 增强学生的文化自信 增强网络文明意识

思维导图

- B2C 电子商务
  - B2C 电子商务的概念与分类
    - B2C 电子商务的概念
    - B2C 电子商务的主要商务模式
    - B2C 电子商务的分类
  - 企业自营 B2C 电子商务
  - B2C 电子商务平台
    - 天猫商城
    - 京东商城
    - 唯品会

案例导入

唯品会

图4-1　唯品会网站

唯品会成立于2008年，在中国开创了“名牌折扣+限时抢购+正品保障”的创新电商模式，并持续深化为“精选品牌+深度折扣+限时抢购”的正品时尚特卖模式，在线销售服饰、鞋包、美妆、母婴、居家等各类商品（图4-1）。

唯品会每天准点上线数百个正品品牌特卖，通过深度折扣、最高性价比，为用户创造最大的价值。唯品会率先在国内开创了特卖这一独特的商业模式，加上其“零库存”的物流管理以及与电子商务的无缝对接模式，唯品会得以在短时间内在电子商务领域生根发芽。

2019年7月，唯品会通过收购杉杉奥莱，深度整合线上特卖与线下特卖，进一步强化特卖体系。

资料来源：https://baike.baidu.com/item/%E5%94%AF%E5%93%81%E4%BC%9A/8403006?fr=aladdin

案例思考

1. 什么是B2C电子商务？
2. 你生活中接触使用过哪些B2C电子商务应用？

第一节 B2C电子商务的概念与分类

一、B2C电子商务的概念

B2C电子商务是按电子商务交易主体划分的一种电子商务模式，即表示企业对消费者的电子商务，具体是指通过信息网络以及电子数据信息的方式实现企业或商家机构与消费者之间的各种商务活动、交易活动、金融活动和综合服务活动，是消费者利用互联网直接参与经济活动的形式。

B2C是企业对消费者直接开展商业活动的一种电子商务模式。这种形式的电子商务一般以直接面向客户开展零售业务为主，主要借助于互联网开展在线销售活动，故又称为电子零售（电子销售）或网络销售。

在今天，B2C电子商务以完备的双向信息沟通、灵活的交易手段、快捷的物流配送、低成本高效益的运作方式等在各行业展现了其极强的生命力。B2C模式是我国最早产生的电子商务模式。

二、B2C电子商务的主要商务模式

（一）电子零售商

电子零售商即线上零售店，具有规模各异、内容相对丰富的特点，既有像当当网（图4-2）、京东一样大的网上购物商店，也有一些本地小商店。

图4-2 当当网首页

（二）内容提供商

内容提供商是通过信息中介商向最终消费者提供信息、数字产品、服务等内容的信息生产商，或直接给专门信息需求者提供定制信息的信息生产商，如优酷、芒果TV、爱奇艺（图4-3）等。

图4-3 爱奇艺首页

（三）交易经纪人

交易经纪人是指通过电话或者电子邮件为消费者处理个人交易的网站。金融服务、旅游服务以及职业介绍服务采用这种模式居多。

交易经纪人的盈利模式主要通过向每次交易收取佣金获得收益，比如携程网、智联招聘等。

（四）市场创建者

市场创建者建立了一个数字化的市场，使得买卖双方能够在此“会面”，展示产品，检索产品，并为产品定价。

市场创建者与交易经纪人是不一样的，交易经纪人主要是直接为他们的客户进行交易，其作用相当于较大规模市场中的代理人。但是在天猫商城中，买方和卖方都是他们自己的代理人。

（五）服务提供商

服务提供商则提供在线服务。有些在线服务是收费的，而有些则通过其他途径，如通过广告或通过收集对直销有用的个人信息获利，比如法律服务提供。

（六）社区服务商

社区服务商是指那些创建数字化在线环境的网站，有相似兴趣、经历以及需求的人们可以在社区中交易、交流以及共享信息。

社区服务商的盈利模式较为多样化，包括收取信息订阅费、获得销售收入、收取交易费用、会员推荐费用以及广告费等。

三、B2C电子商务的分类

（一）按企业与消费者之间的买卖关系分类

1. 卖方企业面向买方个人

商家出售商品和服务给消费者个人的电子商务模式，如京东商城。

2. 买方企业面向卖方个人

企业在网上向个人求购商品或服务的一种电子商务模式，如智联招聘。

（二）按交易客体分类

按交易客体分类，可以将B2C电子商务分为无形商品和服务的电子商务模式以及有形商品和服务的电子商务模式：

无形商品和服务的电子商务模式包含：网上订阅模式、广告支持模式、网上赠予模式。

有形商品和服务的电子商务模式包含：独立B2C网站、B2C电子化交易市场。

（三）按B2C网购模式分类

目前B2C电子商务模式主要是从网购模式角度来分类的。从B2C网购模式角度来分类，可以把B2C电子商务模式分为综合平台商城、综合独立商城、网络品牌商城、连锁购销商城等。

1. 综合平台商城

综合平台商城开放第三方卖家进驻，商品的采购、拍摄、上架、发货均由开店卖家全程自营、维护，平台不涉及具体商品采购和销售服务，便于平台商城做强、做大。卖家进驻平台需要缴纳一定的费用，卖家成本较大；同时平台难以控制商品的质量，其中的代表性平台为天猫商城。

2. 综合独立商城

商城自行经营，商品来源于正规渠道，自行采购、上架、仓储、发货、配送等。商城握有经营权，可以根据市场情况对销售的产品做出整体调整。此类平台商城规模庞大、竞争对手较多、线下投资巨大，其中的代表性商城为京东商城、当当网。

3. 网络品牌商城

此类网络品牌通常归在线商城，采用自主生产或贴标的形式进行销售，其优势是对市场趋势反应快速，拥有自身产品品牌；但通常商品线单一，毛利非常低，推广成本巨大，顾客认可度低，公司品类扩张困难。

4. 连锁购销商城

连锁购销商城采用“实体＋网销”模式，自主采购，独立运营，将丰富的零售经验与电子商务有机地结合起来，有效地整合传统零售业务的供应链及物流体系，与厂商有合作关系，具有较高品牌信誉度，品牌品类更丰富。商城需留意线上、线下价格不统一的威胁，避免对网络零售的理解有误，冲击现有的流通渠道与价格体系，其中的代表性商城为苏宁易购、国美网上商城。

（四）按B2C网购模式分类

1. 品牌型垂直电子商务商城

品牌型垂直电子商务商城销售单品类、单品牌产品。小米商城和华为商城均是小米和华为品牌为旗下产品建立的品牌型垂直电子商务商城。

2. 平台型综合电子商务商城

平台型综合电子商务商城销售的产品品类多样，每个品类下涉及多个品牌产品，如京东商城、天猫商城等均涵盖超过200个产品品类。此类商城通常在商品陈列展示、线上客服、物流配送体系等方面为进驻卖家提供较好的服务。

3. 平台型垂直电子商务商城

平台型垂直电子商务商城销售单一品类下多个品牌产品，如聚美优品，覆盖化妆品类多品牌产品。

第二节 企业自营B2C电子商务

即企业自己搭建B2C电子商务交易平台，企业自身从产品到销售再到售后，独立承担产品开发和生产、独立营销交易平台、独立完善物流和售后的模式，这一营销模式有以下特点：一是要求产品多元，二是要求优化品牌，三是要求服务精细，四是要求实力超强，所以一般采用这种B2C运行模式的基本都是大品牌企业，例如苹果（Apple）公司搭建具有线上零售功能的中国官网（图4-4）。

图4-4　Apple中国官网

企业自营B2C平台完全由企业自营，平台只销售自身品牌的产品，不需要第三方供应商露面。企业自营B2C平台是企业利用现有的资源，通过网络技术手段建立起来的一个新的销售渠道，是企业通过互联网销售商品和服务的网站。自营网站需要具备良好的网站设计、用户体验、商品内容、商品价格、商品图片、支付方式、配送方式、售后服务等要素。

消费者选择自营B2C网站购买商品的考虑因素有：

信任感：自营网站商家是企业或个人，背后有实力，相比平台商家，自营商家更容易让消费者产生信任感。

品质：自营网站的商品品质往往更好，更符合消费者的需求。

服务：自营网站的售后服务更加周到，能够更好地帮助消费者解决问题。

选择：自营网站的商品种类往往更加丰富。

平台的目标用户群是C端用户，所以品牌效应很关键；品牌效应足够大，产品体验好，则足以吸引更多有需求的用户。

在供应链部分，采购部门新品引进，相关资料审核，货品基础资料的建立；采购人员开具采购单，供应商货物配送；仓储质量验收员验收；入库员入库货物。

在网店管理部分，网商商品的图文编辑，上架；商品价格管控，用户浏览商品，付款生成订单。

在仓储部分，仓库人员针对有效的订单进行打包，打印快递单；扫码出库，减库存；快递人员前来取件，配送；用户收到货物验收，订单完成。

在财务部分，针对采购的订单，定期给供应商结算。

一般结算方式分为两种：其一是现结，指的是采购货物的同时，将货款结算给供应商，这种结算方式一般用于初期合作；其二是周期结算，这种采购方式一般为铺货，按商品的周期出库数量结算。

第三节　B2C电子商务平台

我国B2C电商平台配套的服务系统、支付系统和物流系统都十分完善，大到家具家电小到日用品都可以在B2C线上零售平台买到。

一、天猫商城

天猫商城简称天猫（图4-5），是阿里巴巴旗下的另一个B2C线上购物平台，整合了数千个品牌商家，天猫商城的进驻门槛相对较高，且要求入驻商家必须提供“7天无理由退换货”服务，基本能保证售出商品为官方正品。淘宝和天猫虽然是独立发展的两个购物平台，但两个平台的消费场景是互通的。天猫商城依托阿里巴巴旗下的营销产品平台阿里妈妈为商家提供多样的营销工具，如天猫直通车、超级钻展、淘宝客等（图4-6）。

图4-5　天猫商城Logo

图4-6　阿里妈妈营销产品平台

（一）天猫直通车

直通车是针对淘宝和天猫设计的搜索竞价模式营销产品，按点击付费。直通车的规则是每个商品可以设置200个关键字，在商家后台可以实时浏览各关键词的排名情况，卖家根据产品的营销需求自由选择关键词出价。当商家成功为宝贝设置了竞价词，买家通过淘宝搜索了这个竞价词或点击宝贝的相关类目时，该宝贝的广告就会出现在搜索结果页右侧广告位，此时假设买家点击了广告进入产品详情页，系统就会扣除此次广告的费用，竞价时的费用是多少即此次广告的费用即为多少。

直通车具有智能化投放、精准推送、可控制每日预算三大优势。为使商家快速掌握直通车的使用技巧，阿里妈妈推出了新手训练营，5个阶段性课程助力新手卖家成长。直通车包含标准推广和智能化推广两种投放模式。

标准推广模式下商家自行设定关键词出价、单日出价上限、针对营销的人群和展现创意，营销效果靠商家自行把握，需要商家具备一定的营销经验（图4-7）。

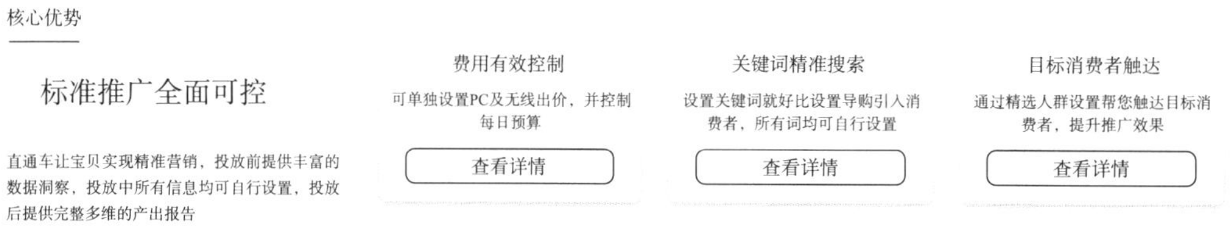

图4-7　直通车标准推广模式核心优势

智能推广模式使用门槛低，AI人工智能技术自动匹配搜索流量，让商家不再为营销技巧犯愁。在智能推广模式下，商家只需选择需推广的宝贝，及其单次点击出价上限，即可完成新建推广，AI会智能选择关键词、营销人群，可一次性批量选择30个宝贝建立智能推广计划，为商家大大提升推广效率（图4-8）。

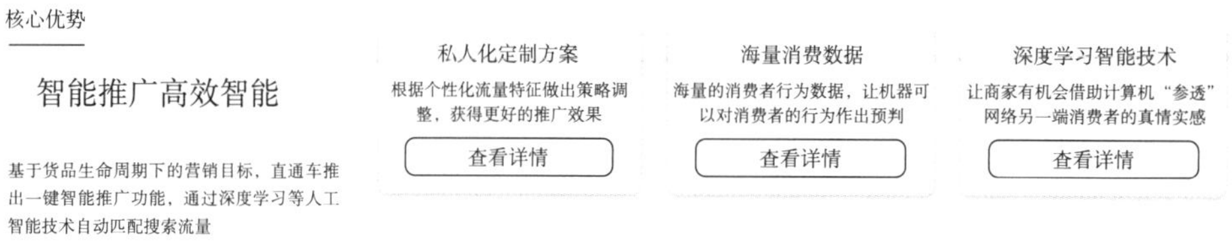

图4-8　直通车智能推广模式核心优势

（二）超级钻展

超级钻展一般被商家简称为钻展（图4-9），是淘宝的一种图片类竞价广告位，展位根据流量竞价，按CPM（每千次浏览单价）扣费，宝贝的图片链接按商家的出价从高到低展示。钻展包括淘宝首页、内页频道页、门户、帮派、画报等多个淘宝站内广告位，每天拥有超过8亿次的展现量，还可以帮助客户把广告投向站外。在手机淘宝首页焦点图为竖版，静态故事和动态视频结合给顾客一种视觉冲击。

图4-9　超级钻展首页

超级钻展能够针对不同圈层人群进行不同的投放策略和创意，实现差异化营销诉求。智能竞价体系依托阿里大数据+业界领先的deep reinforcement learning技术帮顾客在固定预算下给出营销计划，使营销效果最大化。

（三）引力魔方

阿里妈妈引力魔方，通过定向、购中下方展示位置或者以购后的展示位置推广产品，引力魔方的优势就在于可以利用圈选好的一类人群进行目标人群拓展。引力魔方主要融合了猜你喜欢信息流和焦点图的推广，猜你喜欢信息流是唤醒消费者需求的重要入口，全面覆盖了消费者购前、购中、购后的消费全链路；焦点图锁定了用户入淘第一视觉，覆盖了淘系全域人群，通过两者的有机结合，同时基于大数据和智能推荐算法，提升店铺整体流量和转化率（图4-10）。

图4-10　引力魔方核心优势

（四）直播

商家可以将店铺产品链接和直播间直接挂钩，在主播带货时直接通过链接导向产品详情页。商家可以直接开通店铺直播间，在店铺页内设置直播间入口，也可以与达人主播合作。消费者可以从手机天猫App首页直接进入天猫直播，也可以通过店铺首页或者是商品详情页的直播入口进入直播当中。直播的三种模式如图4-11所示。

图4-11　直播的三种模式

二、京东商城

京东商城（图4-12）创立于2004年，是我国颇有影响力的B2C线上购物平台，涵盖12大类数万个品牌千万种优质商品，手机京东设有iPhone、iPad、安卓（Android）手机等多种客户端。第三方卖家入驻京东商城成为供应商需要与京东签署在线协议，提交商家的企业基本信息、财务信息、资质信息等。

图4-12 京东商城Logo

京东商城分为京东自营和POP（Platform Open Plan）店两种经营模式，京东自营是B2B2C的销售模式，商家先将产品销售至京东（B2B），然后京东将产品销售至个人消费者（B2C），POP店则是第三方进驻商家直接将产品销售给消费者（B2C）。京东POP门店主要有官方旗舰店、经销店、专卖店三种类型。京东自营在多个城市有自己的仓库，且使用京东物流配送，配送时效较快、较规范，POP店为进驻商家自行选择物流快递自行发货。

（一）官方旗舰店

商家拥有在京东商城设立品牌旗舰店的专有授权文件，一般能设立旗舰店的都是知名品牌，店内只销售该知名品牌的产品，需要具备独家或现有的商标标识。

（二）经销店

商家拥有在京东商城设立经销店的知名品牌授权文件，店铺商标标识为R或TM，店铺只销售该品牌的产品。

（三）专卖店

商家在京东商城运营两个或两个以上的其他人或自主品牌的店铺（商标标识为R或TM），开店后，可以添加新的知名品牌。进驻条件如图4-13所示。

图4-13 京东商城商家进驻条件

京东为进驻商家设计了一系列丰富多样的店铺营销和产品营销工具来满足商家的营销需求。《京东营销工具操作手册》以产品介绍+操作指引+工具使用策略+常见问题答疑，帮助商家快速上手，取得效

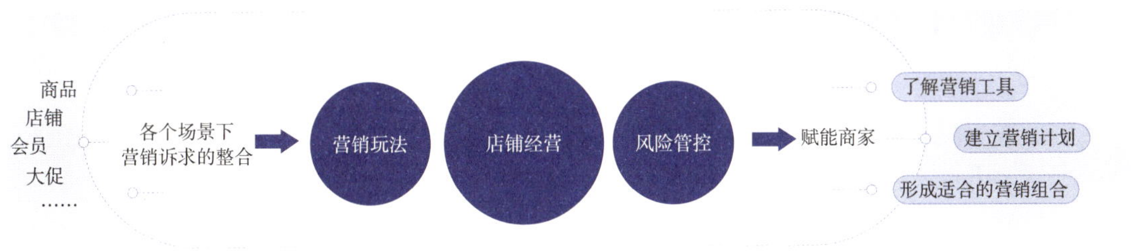

图4-14 京东商城整合营销

果（图4-14）。

京东商城营销工具主要有以下几种。

（一）京东快车

京东快车是一款为POP商家设计的网络营销系统，为商家提供一站式网络营销解决方案，投放渠道包括站内推广、联盟推广、邮件推广等。

（二）京东直投

京东直投是京东与腾讯合作开发的营销工具，依托腾讯流量为商家筛选核心消费者，并提供实时竞价类的广告服务，按点击收费。

（三）京挑客

京挑客是京东与第三方媒体合作的营销推广工具，为商家进行站外引流，由媒体选择商家商品信息在自己的资源上进行推广。京挑客运用CPS付费模式（按销售付费），商家自己设置佣金比例，当消费者从京挑客广告进入商家店铺购物成功后商家向媒体及平台支付佣金。

三、唯品会

唯品会（图4-15）是专注于销售品牌打折商品的线上B2C购物平台，分为唯品会自营和商家直营两种模式，唯品会自营商品由唯品会平台统一向品牌方采购后再上线销售，经过品牌方或一级代理商授权，平台负责审核供应商资质和产品检验。商家直营则是商家自主进驻唯品会平台，店铺的运营、销售、售后都由商家自行管理。

图4-15 唯品会Logo

(一)唯品会站内营销工具

图4-16 唯品会营销平台

汇集唯品会App内黄金位置，加强品牌在站内的曝光率，加深品牌印象，提高产品销售（图4-16）。

1. 唯智展

唯品会App首页的广告位、优惠券等广告黄金资源位置，可以使商家产品得到充分曝光，加深用户品牌记忆，使用CPM计费方式（收费方式以广告展现一千次曝光为单价计算）。

2. 唯触点

可将商家推广的商品展示在唯品会个人中心、收藏、购物车等页面的商品推荐场景，使用CPC计费方式（CPC即平均点击消耗，表示该广告在设定时间范围内的点击费用。CPC以每点击一次计费）。

3. 唯直达

商家通过对关键词出价，可将推广的商品展示在唯品会站内的搜索结果中，使用CPC计费方式。

(二)移动精选广告

唯品会自有程序化平台，对接各类流量资源，涉及工具、社交、新闻等各类应用。涵盖用户不同使用场景，覆盖5亿互联网用户。

1. 原生信息流

在今日头条、OPPO、vivo、Wi-Fi万能钥匙、UC浏览器等网站进行广告投放，广告即内容。

2. 开屏广告

通过360聚效、百度BES、科大讯飞等资源在应用投放开屏广告，使用CPM、CPC计费方式。

3. 插屏广告

通过Google Double Click、科大讯飞等资源在应用使用过程中呈现插屏广告，使用CPM、CPC计费方式。

4. 横幅广告

通过Google Double Click、inmobi等资源使广告呈现在内容文章页头部、底部等位置，使用CPM、CPC计费方式。

（三）腾讯广告

唯品会和腾讯达成深度合作，唯品会商家广告可以投放覆盖包括微信、QQ等腾讯旗下的强势社交产品及其他腾讯系移动生活各类应用，以下广告都使用CPM、CPC计费方式。

1. 微信公众号

唯品会商家广告可以文章内容的形式出现在微信公众号文章中，支持多维度组合定向投放，实现高效率转化。

2. QQ空间

QQ空间信息流广告是一种融入用户生成内容中的原生社交广告。

3. 腾讯视频

腾讯视频是国内移动视频领域第一入口，唯品会广告会通过定向技术精准触达用户，有针对性地展现在相关用户的腾讯视频网站或移动App端口页面内。

4. 腾讯新闻

腾讯新闻广告以原生方式出现在资讯信息流中，根据用户属性、历史浏览行为和兴趣爱好进行精准定向投放。目前支持网页推广、移动应用推广和电商推广。

（四）唯享客

唯享客App是唯品会旗下分享导购平台，支持专场和单品等不同推广目标。使用CPS计费模式（按销售付费），商家只需在通过广告成功产生订单时支付推广费用，产品广告曝光和用户点击链接不耗费广告费用。

技能训练

B2C电子商务认知实训

一、实训目的

通过本次实训，了解我国B2C电子商务的发展史，调查我国相关政策对B2C电商平台发展的扶持推动，掌握我国B2C电子商务平台的发展现状。

二、实训素材

计算机、互联网。

三、实训内容

B2C网站体验，访问表4-1中的B2C网站，并按照表中要求分析相关网站。

表 4-1　B2C 网站分析表

网站名称和网址	全球网站排名	中文网站排名	日均IP	总部所在地	主营产品	支付方式	配送方式	退换货	盈利模式
https://www.tmall.com（天猫商城）									
https://www.vip.com（唯品会）									
http://www.dangdang.com（当当）									
http://www.360buy.com（京东）									
http://www.suningshop.com（苏宁）									
http://www.ehaier.com/（海尔商城）									
http://www.e-lining.com（李宁商城）									
https://www.mi.com（小米商城）									
https://www.vmall.com（华为商城）									
https://www.51job.com（前程无忧）									
https://www.ctrip.com（携程网）									
https://www.zhaopin.com/（智联招聘）									

课后习题

一、不定项选择题

1. B2C电子商务中的B和C代表的是（　　）。

A. 企业和个人消费者　　B. 企业和企业

C. 企业和第三方平台　　D. 第三方平台和消费者

2. 下列不属于B2C电子商务平台的是（　　）。

A. 淘宝网　　B. 1688

C. 唯品会　　D. 京东网

3. 以下属于B2C电子商务平台提供的服务是（　　）。

A. 线上与商家交流　　B. 商品配送到家

C. 线上支付　　D. 线下与商家见面洽谈

二、简答题

1. 简述B2C电子商务的概念。

2. 简述B2C电子商务的分类。

总结与提高

本项目主要学习了B2C电子商务的概念与分类、企业自营B2C电子商务和第三方B2C电子商务平台的区别以及我国现今热门B2C电商平台的现状，建议学生不断关注我国B2C电商新闻及政策，了解我国B2C电商发展的趋势，为今后投入B2C电商行业做准备。

项目五 C2C 电子商务

学习目标

目标类型	目标内容
知识目标	掌握 C2C 电子商务的概念 熟悉 C2C 电子商务的特点 掌握 C2C 交易平台的运作模式分类 重点掌握网上开店的流程 了解网上开店应具备的能力
技能目标	能够熟练地在淘宝网开设和运营自己的店铺 培养网上开店的能力
素养目标	激发学生电商创业的启蒙意识 增强学生创业自信心

思维导图

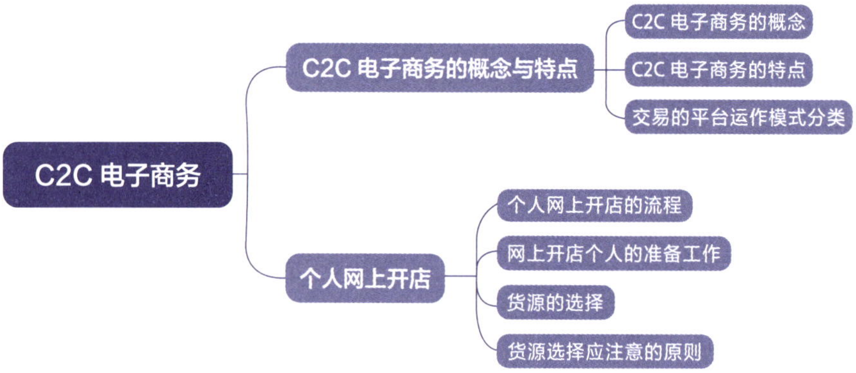

案例导入

“闲鱼”，一款闲置物品交易的 C2C 软件

1. 什么是“闲鱼”

闲鱼是一个规范化的闲置物品交易市场——不仅支持各种安全的同城及线上的担保交易，同时还有专业的第三方服务机构，使用户能放心地在闲鱼网上进行闲置物品交易。

闲鱼的市场宣传语——“让你的闲置游起来”，这也突出了闲鱼的基础市场定位是为人们提供一个闲置物品交易的可靠性平台。闲鱼网总经理也曾表示闲鱼的价值是环保的价值，社会进步的价值，让整个社会的闲置资源能够利用起来的价值，这也是闲鱼的初衷。

与此同时，闲鱼是一个以闲置物品交易为基础的社区交流平台——通过“鱼塘”这一社区交流功能模块，不同用户可以根据自身地理位置信息和兴趣爱好信息聚集在一起，在促进用户之间交流的同时也为用户在闲置物品交易上提供了便利。

2.“闲鱼”的由来

电商因物品选择范围极为丰富、用户体验不断攀升等原因快速发展，同时也导致闲置物品快速增加。许多人所购买的物品往往因使用价值并没有得到发挥被闲置下来，而解决这一问题的较好方法之一就是将这类闲置物品通过二手电商平台进行二次销售，进一步实现其使用价值。这也是二手交易市场得以繁荣的缘由。

根据阿里巴巴发布的一份用户调研显示，几乎人人（98%）都有闲置物品，而超过一半的用户倾向于让闲置物品放在一边不作处理。导致这种局面的原因，大部分用户认为卖闲置物品是件麻烦的事情，小半用户则是不清楚该去哪里卖闲置物品。

3.“闲鱼”的发展趋势

闲鱼自创立以来，一直以平台的各项优势拓展着相关业务边界。闲鱼最开始是以C2C闲置交易为主要业务，但闲鱼通过近几年的业务发展，已经完成了向开放式平台的转型。

为了将闲鱼打造为一个集购物、出售和社区交流为一体的二手交易平台，闲鱼在App中推出了“鱼塘”功能。闲鱼通过用户的生活圈、兴趣圈等依据打造了不同用户之间的社区分类，在提高用户流量细分的同时，还给用户提供了一个社区交流平台。“鱼塘”的出现成功地解决了二手市场无法解决的两个难题：真实性和平等，即真正的共享经济应该是社区，只有社区才能让闲置资源流动起来。

在实现上述两项市场定位的基础上，闲鱼还是专业的租房、回收和租赁服务机构。闲鱼目前已经推出了闲鱼租房的服务，用户可以在闲鱼上租赁或出租房屋。闲鱼还接入了多家回收、租赁品牌商，其中包括回收宝、衣二三、爱回收等，为闲鱼用户提供专业的家电、玩具、服装、手机等在内的全品类回收租赁服务。

案例思考

1. 分享一下自己或者身边是否有人开“闲鱼”的经历。
2. 二手市场除了“闲鱼”，你还知道哪些平台?

第一节 C2C电子商务的概念与特点

一、C2C电子商务的概念

C2C（Consumer to Consumer）是指个人与个人之间的电子商务。C2C电子商务平台是为买卖双方提供在线交易的中介平台，在该平台的支持下，卖方可以自行在平台售卖商品，而买方可以在平台上自主选择商品，并且以付款或者竞价的方式完成交易。

C2C电子商务模式类似于传统商务中的跳蚤市场，除了买卖双方外，还有一个重要的参与者就是电子商务交易平台供应商，类似于现实中的跳蚤市场场地提供者和管理员。在C2C电子商务模式中，电子商务平台供应商的作用非常大：第一，它扮演着监督和管理的角色，负责对买卖双方的诚信进行监督和管理，保障买卖双方的权益，最大限度地避免欺诈行为的发生；第二，它把买卖双方聚集在一起，为他们提供一个交易的平台；第三，它能够为买卖双方提供技术支持服务，如帮助卖方建立个人店铺、发布产品信息、制定定价策略，还能为买卖双方提供信贷、保险等金融类服务。

目前，我国主要的C2C在线交易平台包括淘宝、易趣、拍拍、有啊；而国外包括易贝，洋码头等。随着电商物品选择范围增大、用户体验不断攀升，我国衍生出二手在线交易平台，目前市面上的二手交易网站或App有闲鱼、转转、优品拍拍、换换回收等。

C2C电子商务平台的盈利方式有以下几种。

（一）会员费

是指对注册交易平台的成员收取会员服务费，C2C网站为会员提供网上店铺出租、公司认证、产品信息推荐等多种服务组合而收取的服务费，由于提供的服务能灵活适应会员的需求，因此这种模式的收费比较稳定。费用一般第一年缴纳，第二年到期时需要客户续费，续费后再进行下一年的服务，不续费的会员将恢复为免费会员，不再享受多种服务。

（二）交易提成

交易提成是C2C网站的主要利润来源，它为交易双方提供机会，在交易中收取提成是其市场本性的体现。

（三）广告费

企业在网站上把有价值的位置用于放置各类型广告，根据网站流量和网站人群精度标定广告位价格，然后再通过各种形式向客户出售。

（四）折叠搜索排名竞价

C2C网站商品的丰富性决定了购买者搜索行为的频繁性，搜索的大量应用就决定了商品信息在搜索结果中排名的重要性。用户可以为某关键字提出自己认为合适的价格，最终由出价最高者竞得。

（五）折叠支付环节收费

在C2C交易平台中，买家可以先把预付款通过网上银行打到支付公司的个人专用账户，待收到卖家发出的货物后，再通知支付公司把货款打入卖家账户，这样买家不用担心收不到货还要付款，卖家也不用担心发了货而收不到款，而支付公司就按成交额的一定比例收取手续费。

二、C2C 电子商务的特点

（1）C2C电子商务模式为买卖双方进行网上交易提供信息交流平台。
（2）第三方交易平台为买卖双方的网上交易提供一系列的配套服务。
（3）用户数量多，并且身兼多种角色，可以是买方也可以是卖方。
（4）商品信息多，且商品质量参差不齐。
（5）交易次数多，但每次交易的成交额较小。

三、交易的平台运作模式分类

C2C电子商务的运作模式包括拍卖平台运作模式和店铺平台运作模式两种。

（一）拍卖平台运作模式

拍卖平台运作模式是C2C电子商务典型的运作模式，也就是在线拍卖，其过程为：由商品提供者在网站上上传商品的名称、规格、价格、投标时限、运送方式、支付方式等信息，等待竞标者的到来。在招标期限内，提出最高价格的竞标者中标，中标者通过电子邮件或在线聊天等方式同商品提供者取得联系，进行商品和货款的交换。

按照拍卖网站所卖商品的不同，可以把拍卖平台分成以下几种形式。

（1）专业性拍卖平台。专业性拍卖平台主要经营一些种类较少的特殊商品。这种只针对某一类商品的拍卖平台的特点是：拍卖的物品通常价格昂贵且不容易鉴别，需要专家的鉴定，或者是有一个对该类物品狂热追求的虚拟社群，不仅可以在网上拍卖交易商品，还可以借此形成讨论区，如古董、二手汽车、艺术品、邮票、钱币等。

（2）综合性拍卖平台。综合性拍卖平台拍卖的商品种类范围广且多，凡是合法物品都可以在网上拍卖，它可以充分满足人们寻宝的动机和收集物品的嗜好。在综合性拍卖平台上，车、古董、邮票、电影、音乐、家电、计算机软硬件、陶瓷、运动休闲用品、玩具、电子器材、衣服、房产等应有尽有，易趣、淘宝都属于此类拍卖平台。

目前竞标拍卖已经成为决定稀有物价格较有效率的方法之一，只要是需求大于供给的物品，如古董、名人物品、稀有邮票等，都可以使用拍卖的模式决定最佳市场价格。

（二）店铺平台运作模式

C2C电子商务另一个比较典型的运作模式就是店铺平台运作模式。比如淘宝，就扮演着市场的角色，提供一个虚拟的交易场所，每个人都可以在平台上开设网店，为了保障消费者的权益，平台要求商家缴纳保证金，如果消费者权益受损，平台以降低店铺信用等级或者强制用保证金赔偿用户，以此来监督商家。如果消费者违规，平台也会取消消费者部分权限，约束消费者，以此来营造一个相对安全的交易环境，使买卖双方合法权益得到保障。在平台上，各式各样的类目都有，实体类目中大到彩电、冰箱，小到储存卡、邮票都一应俱全；其中还包括虚拟类目，包括门票、电话充值等。平台突破了时间和空间的限制，推出7天无理由退换货服务，由于大部分商品推出包邮服务，消费者24小时都可以在平台上买到心仪的产品，无须支付中间费用，极大方便了消费者，推动了电子商务的发展。

第二节 个人网上开店

一、个人网上开店的流程

个人网上开店是指卖家以个人身份在买卖交易平台注册个人信息，开设店铺，并上架产品供买家在线购买的模式，如图5-1所示，为C2C店铺平台买卖双方的操作流程。

（一）C2C开店流程

（1）卖家注册。卖家首次登录C2C电商交易平台进行注册时，要先阅读平台规则并勾选同意，通过手机验证码完成用户注册和绑定银行卡信息。

（2）开设店铺。在完成注册后，打开C2C电商交易平台，选择“我要开店”模块，进行身份认证和选择收款的银行账号。

（3）添加商品。开店前做好货源准备，对商品完成美工等视觉创意后，在开设的店铺上架商品。

（4）定价销售。对需要上架的产品设置规格和相应的价格。销售价格要把商品成本、利润和促销价包含在内。

（5）到账发货。对于已付款成功的产品，通过第三方物流把商品寄给客户。

（6）对销售成功的商品订单进行评价。

（二）C2C购买流程

（1）买家注册。买家首次登录C2C电商交易平台进行注册时，要先阅读平台规则并勾选同意，通过手机验证码完成用户注册并绑定银行卡信息。

（2）搜索商品。进入C2C电商交易平台后，在平台搜索框输入商品关键词进行查找。

（3）挑选商品。在已出现的商品页面挑选符合自己需求的商品并添加到购物车。

（4）购物成功。打开平台购物页面，对已成功挑选的商品在线支付，也可在商品页面直接跳转支付页面支付。

（5）收货和评价。对已经支付成功的商品，等待商家发货，通过第三方物流公司送达，并且对已经送达的商品进行售后评价。

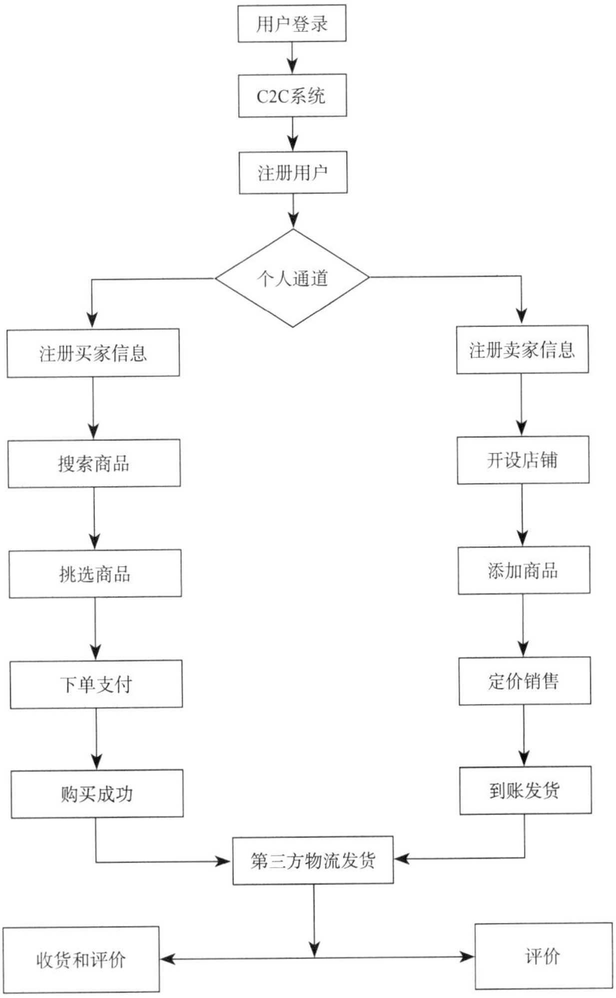

图5-1　C2C店铺平台买卖双方的操作流程

二、网上开店个人的准备工作

随着人们购物方式的转变，越来越多的消费者选择到线上挑选心仪的产品，因此很多人选择在网上开店，而做好充足的准备，才能事半功倍。

（一）选品能力

电商的第一步就是选品。选好了产品，就相当于电商成功了一半。如果选品错了，电商就很难成功。不是什么产品都适合做电商，对于优质的电商产品来说，应该要符合以下几个条件。

1. 商品应该是大众化普及产品

90%的消费者都会使用的产品才是大众普及的产品。销售这样的产品，获客成本会很低，流量获取成本会很小。如果你的产品只是少数人才使用，那么，你要想获得客户认知的成本就会很高，获取流量的成本就会很大。

2. 商品价格要具有普惠特点

选择产品的时候，尽量不要选择那些客单价动不动就几百、几千、几万元的产品。比如说，客单价超过300元的，你只能选择在京东和天猫开店，其他平台基本卖不动。如果客单价低于30元的产品，拼多多、淘宝、天猫、京东，以及主流电商平台之外的所有电商平台都可以销售。

3. 产品要有价格优势

相同质量的情况下，只要价格低于竞争对手，销售优势和推广优势就体现出来了。

4. 产品要有卖点

电商发展到今天，顾客购买的不仅只是单纯的价格，顾客最终购买的是产品和服务。所以，保持价格优势的时候，还要保证产品质量和产品的创新、卖点。

5. 产品要有知识产权保护

对于线上电商来说，知识产权的维权成本非常低，别人只要出示证据投诉，产品立刻会被下架，如果48小时内，卖家无法举证证明没有侵权或者跟对方协调失败的话，那么你的爆款会被立刻删除，甚至还可能会带来一系列的处罚和追诉。

（二）稳定的货源

稳定的货源是开店必不可少的。一个爆款产品如果因为货源不足而被迫下架，也未免太过于可惜。因为一旦下架，不仅之前积累的产品权重会下降，商家也会为下一个产品货源发愁。所以，稳定的货源不仅可以带动你的销量，帮你赚取更多的利润，还让你不再为货源担心，让你对自己的店铺也充满信心。

（三）美工创意的能力

顾客在网上挑选产品，因为看不到实物，所以需要通过各种主图、详情图、海报图等图片感知产品和营销等各种信息。图片是否吸引顾客，对店铺的点击率尤为重要。顾客只有通过图片信息点击进入产品页面，才能提高转化，促进成交。

（四）运营能力

运营是整个店铺的核心，一个成功的店铺，必然少不了成功的运营人员。市场是瞬息万变的，任何产品的生命周期都有进入期、成长期、饱和期和衰退期。作为一个电商运营人员，一定要有自己的见解，不能人云亦云，要随时根据市场的走向和店铺数据信息，调整店铺的产品范围和营销活动。同时，要有策划能力，实时调整产品的标题以及做好产品评价和买家秀的布局。

（五）售后服务

满意的服务是店铺能长久发展的本源。首先，作为商家，一定要有服务意识，虽然店铺出售的是商品，但是在电商平台，重复的产品非常多，这让买家有了更多的挑选空间，这时买家也会根据附加值来考虑到底在哪家店铺购买。与大卖家相比，价格与信誉无法抗衡的时候，就只能比服务。其次，质量不过关是产生退货的首要因素，想要减少售后问题，就要做好对产品质量的把控。

三、货源的选择

由于线上商品供过于求的现象十分严重，要如何在众多店铺中赢得消费者的青睐，其中，货源的选择是网上开店成功的关键。

（一）常见的货源平台

1. 阿里巴巴

阿里巴巴是国内较大的采购批发商，页面端口分为电脑端和手机端，页面界面与淘宝相似，操作简单，涵盖了服饰、百货、食品、母婴、数码、建材、化工等12个大类目的产品。找货源入口一般有四种方式，第一，通过关键词或者图片直接搜索；第二，通过类目直接进入；第三，通过淘货源进入；第四，通过伙拼进入。因为阿里巴巴支持一件代发的功能，甚至有一些商品支持7天无理由退换货，15天换货以及赊账，极大地方便了网上开店的卖家，但众多的卖家入驻导致阿里巴巴平台上商品的质量难以把控，商家产品供应链也有待商榷。因此，在阿里巴巴挑选货源时，需要从是否加入诚信通、阿里巴巴的入驻年限、供应等级、是否实力商家、是否加入买家保障来判断，如图5-2所示为阿里巴巴货源平台。

图5-2　阿里巴巴货源平台

2. 天猫供销平台

天猫供销平台上提供的都是有品牌的商品，品质有保障，并且图片是高清原图。但是，采购门槛相对较高，要求销售商信用等级达到一个钻以上，好评率达到99%。另外，供应商对销售价格也有所控制，利润空间有限。

3. 一起做网店

一起做网店简称17网，主要以服装批发为主，致力于打造功能强大的网店货源平台，该平台全自动更新各档口数据，排除传统的手动上传宝贝的麻烦，并且支持一键式上传宝贝、Web生成数据多种选择，简单上传到自己的店铺。在搜索宝贝中，支持关键字搜索和以图搜图，可以快捷轻松找到目标款式。该网站在电脑端可实现登录，也支持手机端，随时随地想搜就搜，如图5-3所示。

4. 网商园

杭州网商园是国内第一家获淘宝官方正式授权、地方政府合作共建、为电商提供配套支持、市场培育服务等资源的综合性平台。网商园建设公共服务平台的模式帮助想入驻电商的商家整合资源，降低运营成本，提升运营效率。该平台支持一键上传、一件发货、15天可退等一系列服务，货源主要来源于杭州、织里、石狮等地的各大档口，如图5-4所示。

图5-3 一起做网店货源平台

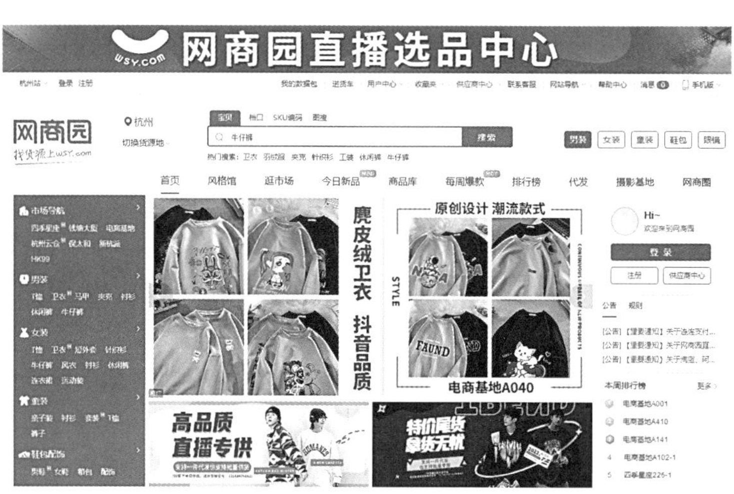

图5-4 网商园货源平台

5. 包牛牛

包牛牛是一个专业的箱包产地货源网站，为广大网销卖家提供一站式的箱包类商家信息、货源信息等，各类箱包款式实时更新，每天上新数百款箱包，卖家通过一键发货应用即可将厂家的商品发布到淘宝、拼多多、阿里、虾皮等第三方电商平台，如图5-5所示。

图5-5 包牛牛货源平台

（二）线下批发市场

除了线上批发网站，线下批发市场也是挑选货源的重要渠道，小商品批发有八足塘国际库存专业街、义乌江北下朱电商小镇，服装饰品有五爱库存街淘货、广大服装商贸城、银马国际服装城等，线下产品品种多、款式更新快，但容易出现断货的风险。

（三）家乡特色产品

每个地方都有各自的家乡特色产品，比如阳澄湖的大闸蟹、陕西的核桃、云南的褚橙、海南的椰子，这类产品地域知名度高，货源稳定。

四、货源选择应注意的原则

（一）就近选择产品

可以关注本地特产，货源充足且品质有保证，具有地方特色还可以打造自己的品牌。或者在附近规模较大的批发市场找产品，进货方便，产品质量容易把控。

（二）代销分销

资金不足可以选择代销分销，要选择正规的，最好是官方支持的平台，如阿里巴巴和天猫分销。这类平台一般支持一件代发，可以减少后顾之忧。建议尽量选择大类目、有实力的供应商，防止假货、断货等现象发生。

（三）产品质量

不管卖什么，最终的竞争力必然是产品质量。建议经营自己比较熟悉的产品，有利于对产品进行品质控制，坚决不能让自己的店铺成为劣质产品的通道。店铺要做大做强，诚信是唯一标准。

（四）选择产品要果断

不少新手店主，选择产品时一再犹豫，不是怕竞争大就是担心市场太小，这个产品利润低那个产品难经营。俗话说得好：万能的淘宝，只要产品质量好，经营有道，什么产品都不愁没销量。

（五）库存有保证

电商爆款起量快，在你打造爆款、参加大型促销活动前，都需要有科学的库存计划。自己进货的，需要合理补充库存，分销代销的需要跟供应商充分沟通，确保产品卖出去了，能够及时发货。只有这样，才能留住顾客，避免因发货慢而造成中差评和店铺动态评分下降。

（六）选好快递

好的快递能够使产品及时送达，赢得更好的顾客消费体验。不要贪图便宜而选择了一些不正规的快递渠道，一旦发生问题，退货投诉等问题会让客户得不偿失。

技能训练

网上店铺开设实训

一、实训目的

通过本次实训，了解C2C平台淘宝的开店流程，在完成网上店铺开设后，对店铺进行简单装修，发布5件以上的商品，并完成第一笔交易。

二、实训素材

计算机、互联网、身份证、手机。

三、实训内容

请参照如下流程，完成淘宝店铺开设。

1．淘宝开店入口

打开淘宝电脑端，单击右上角的【免费开店】或手机淘宝搜索“开店”进入淘宝开店入口，如图5-6所示。

2．选择开店身份

普通商家：非达人/品牌商/大学生外的

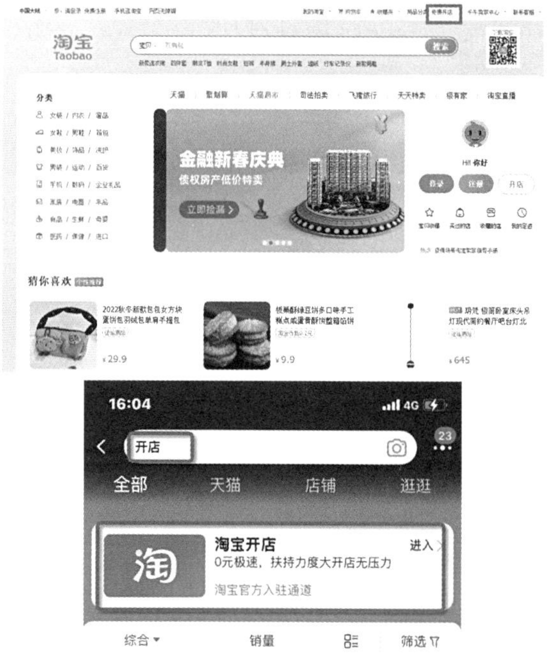

图5-6　淘宝电脑端及手机端开店入口

其他商家。

达人商家：抖音、快手、bilibili、微博等平台的主播/达人/明星/UP主（个人或机构）有一定的粉丝量基础。

品牌商家：自有或独有品牌，有商标注册证。

知名品牌推荐开天猫店，新创品牌推荐开淘宝店并进行品牌认证。

选择开店身份的页面如图5-7所示。

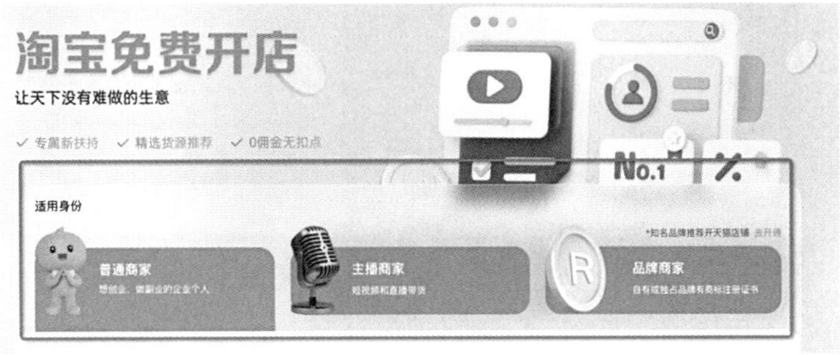

图5-7　开店身份的页面

3．选择店铺主体类型

个人商家：适用于个人，需提供个人身份证、个人支付宝。

个体工商户商家：营业执照类型为“个体工商户”，需提供营业执照、法人身份证正反面照片、个人或企业支付宝等资料。

企业商家：营业执照类型为“×××公司/企业/农民专用合作社”等，需提供营业执照、法人身份证正反面照片、企业支付宝等资料。

图5-8　店铺主体类型的页面

选择店铺主体类型的电脑端和手机端页面如图5-8所示。

4．登录淘宝账号

（1）若没有淘宝账号，手机验证码登录之后会自动生成淘宝账号。

（2）填写店铺名。

①店铺名可修改，无须纠结。

②勾选协议，单击“0元开店”。

以下为登录淘宝账号的电脑端和手机端页面选择，如图5-9所示。

图5-9　登录淘宝账号的页面

5．认证支付宝

完成支付宝认证，点击“去认证”或“去绑定”，按照电脑端或手机端提示流程图5-10完成支付宝认证。

图5-10　支付宝认证流程

6．登记主体信息

个人商家：需登记个人证件图、经营地址、姓名、证件号等信息。

企业商家：需登记营业执照图、营业执照证件号、营业执照有效期、法人证件图、法人证件号、法人姓名、法人证件类型等信息。

以下为登记主体信息的电脑端和手机端页面选择，如图5-11所示。

图5-11 登记主体信息

7. 实名认证

淘宝/千牛App扫码进入人脸识别系统，登录的淘宝账号需要跟申请的淘宝账号一致。

个人开店：需信息登记的证件持有人本人刷脸认证。

企业开店：法人认证，需信息登记的法人证件持有人本人刷脸认证；非法人认证，需店铺实际经营人上传身份证件图片后完成刷脸认证。

实人认证的电脑端和手机端页面选择如图5-12所示。

8. 开店成功

（1）完成商家创业档案。

商家创业档案，可以让平台全面了解你的信息，为你推荐更好的扶持策略和新商福利。

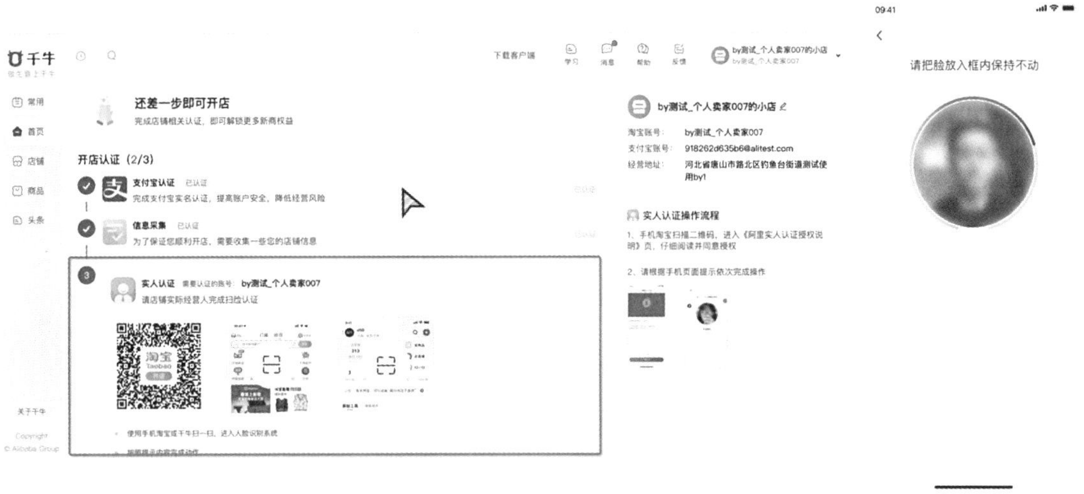

图5-12 实人认证页面选择

（2）发布商品。

开店成功后5周无商品店铺将自动释放，请及时发布商品经营店铺。以下为开店成功的电脑端和手机端页面，如图5-13所示。

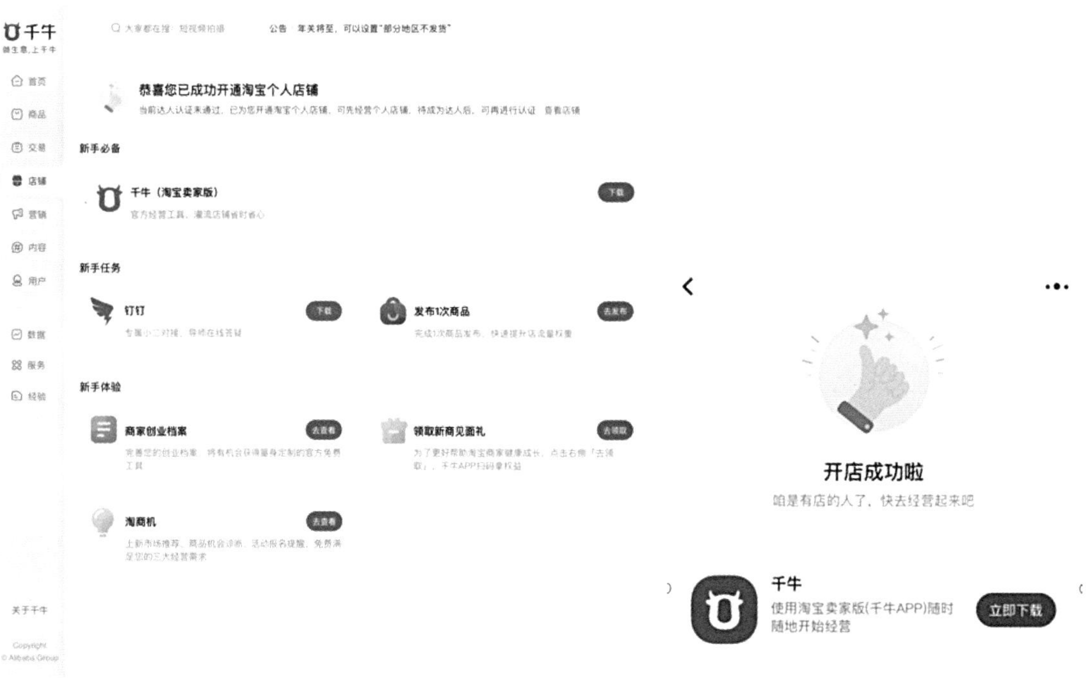

图5-13　开店成功页面

课后习题

一、不定项选择题

1. 网络拍卖网站的形式主要有（　　）。

A. 专业拍卖网站　B. 平台式拍卖网站　C. B2B拍卖网站　D. B2C拍卖网站

2. C2C电子商务的特点主要有（　　）。

A. 用户数量多　B. 交易的成交额较小

C. 商品质量参差不齐　D. 平台提供配套服务

3. 网上开店需要具备的能力有哪些（　　）。

A. 选品能力　B. 货源能力　C. 良好的售后服务　D. 稳定的货源

4. 常见的货源选择有哪些线上批发平台（　　）。

A. 阿里巴巴　B. 天猫供销平台　C. 生意参谋　D. 包牛牛

5. 货源选择应注意的原则有哪些（　　）。

A. 就近原则　B. 选择产品要果断　C. 库存要有保证　D. 尽可能便宜

二、简答题

1. 简述C2C电子商务的概念及其盈利模式。
2. 简述C2C电子商务的特点。
3. 简述C2C电子商务平台购买和开店的流程步骤。
4. 简述网上开店需要具备的能力。

总结与提高

本项目主要学习了C2C电子商务的概念及其特点，掌握C2C交易平台的运作模式分类和开店的流程，培养学生网上开店的能力，能够熟练地在淘宝网开设和运营自己的店铺，以此激发学生电商创业的启蒙意识和增强创业自信心。

项目六

跨境电子商务

学习目标

目标类型	目标内容
知识目标	掌握跨境电子商务的概念 掌握跨境电子商务的分类 掌握跨境电子商务的特点 了解跨境电子商务物流与支付系统的特点 了解跨境电子商务物流与支付系统的热门企业 了解时下跨境电商热门平台
技能目标	能掌握跨境电子商务的主要应用 能掌握跨境电子商务物流及支付的流程 能分析跨境电子商务行业的现状
素养目标	增强学习跨境电子商务的自信 为未来是否选择进入跨境电商行业有初步规划 增强学生的文化自信 增强网络文明意识

思维导图

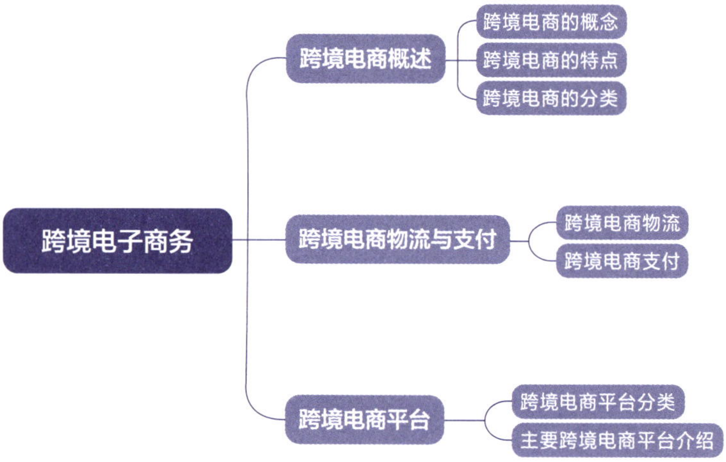

案例导入

2023跨境电商十大品牌

据CN10排行榜技术研究部门和CNPP品牌数据研究部门联合统计，2023跨境电商十大品牌是Amazon亚马逊、阿里巴巴国际站、shopify、TikTok Shop、temu、全球速卖通、ebay、SHEIN、Shopee、Lazada（图6-1）。跨境电商按客户情况亦可以分为B2C跨境电商和B2B跨境电商，根据使用终端分类也可以分为移动终端和PC端网站，按销售流向可分为进出口两种平台。近年来，跨境电商进口量迅速提高，但线上出口依然是主力军。随着网络技术的发展和经济全球化的进一步推动，我国线上销售军团早已逐步涌入跨境线上销售平台。

图6-1　2023跨境电商平台排行榜前十名

案例思考

1. 什么是跨境电商?
2. 跨境电商的主要平台有哪些?

第一节　跨境电商概述

一、跨境电商的概念

（一）跨境电商的定义

跨境电商作为一种国际贸易新业态，是将传统国际贸易加以网络化、电子化，以电子技术和物流为主要手段，以商务为核心，把传统的销售、购物渠道移到网上，打破国家与地区有形无形的壁垒，因其能减少中间环节，节约成本等优势，在全世界范围内迅速发展。

本书所说的跨境电商是通过线上平台将传统进出口贸易流程简化的一种跨境线上交易活动，其中需通过线上平台完成交易、支付、结算，依托跨境物流配送货物等流程。

按照商业模式进行划分，跨境电商可分为三大类：跨境C2C、跨境B2C、跨境B2B。

（二）跨境电商与传统进出口贸易的区别

1. 主体不同

在电子商务的交易中，包含着四种基本的“流”，即信息流、商品流、资金流、物流。传统外贸主体是信息流；在跨境电商的时代，商家依托网络将商品远销海外，因此，商品流逐渐成为跨境电商的主体。

2. 环节不同

传统外贸，商品需经过生产制造企业、出口商、进口商、渠道商、批发商、零售商转载多次到达消费者手中，环节繁多，成本增加。跨境电商贸易，客户通过跨境电商平台下单，实现了多国企业之间、企业与最终消费者之间的直接交易，减少环节，压缩时间成本、仓储成本、人力成本等。

3. 形式不同

传统外贸以线下交易为主；随着信息技术产业和互联网的快速发展，线上交易形式为主的跨境电商掀起了热潮。现今很多传统外贸企业也开始寻求转型，同时开展线下和线上跨境生意。

4. 税收不同

传统外贸涉及复杂的关税、增值税、消费税等；而跨境电商的税收一般为行邮税。跨境B2C和C2C进出口实物数量通常较小，一般被海关视作“物品”，以行邮（行李和邮件）方式监管；B2B进出口实物数量通常较大，视作“货物”，海关根据不同货物征收关税、增值税、消费税。

二、跨境电商的特点

（一）交易范围全球化

跨境电商依托线上平台交易，突破了时间和空间的限制，随着网络技术的发展，买卖双方通过线上平台可触达全球各地的资讯，线上店铺交易让地理限制的程度下降，易向全球拓展。

（二）线上交流即时化

商家与客户可以随时在线上聊天、交流，跟进交易流程。跨境电商平台配置线上实时聊天系统，让长距离沟通变得简便，部分平台甚至配置翻译功能，解决商家和买家语言不通的问题。

（三）交易渠道便捷化

跨境电商平台将交易的全部流程实时记录在线上，包括资讯交流、物流动态、资金流向等，交易信息在线上渠道对客户透明而又保持相对的私密性，平台的介入、中间商的减少使交易便捷化。

三、跨境电商的分类

跨境电子商务的交易对象主要为企业和个人，按交易主体的不同，跨境电商主要分为以下三种基本类型。

（一）跨境B2C

买卖双方为分属不同关境的企业和个人消费者，企业在境外开展线上销售活动，通过跨境电商平台与个人买家完成商品或服务交易。个人买家通过线上平台完成支付结算，商家使用跨境物流将商品送至客户手中，交易完成后双方可以在平台上互相评价。

（二）跨境C2C

买卖双方为分属不同关境的个人卖家和个人消费者，个人买卖双方在各自境内通过跨境线上电商平台完成销售和交易活动。个人卖家在第三方线上平台开店发布产品信息，个人消费者浏览网店筛选后完成选购、线上支付等动作，等待卖家使用跨境物流进行商品邮寄，最终完成交易，交易完成后双方亦可以在平台上互相评价。

（三）跨境B2B

买卖双方为分属不同关境的企业，商家通过第三方电商平台或自有企业网站与买方企业达成交易，完成支付和跨国物流，通常交易量较大，已被纳入海关一般外贸。

第二节 跨境电商物流与支付

一、跨境电商物流

跨境电商物流被定义为：在跨境电子商务环境下，依靠互联网、大数据、信息化与计算机等先进技术，物品从跨境电商企业流向跨境消费者的跨越不同国家或地区的物流活动。我国从事跨境电商物流的企业可分为以下几类。

（1）传统邮政。

（2）跨境电商物流企业，如FedEx等四大国际快递公司以及顺丰、申通等。

（3）电商企业自建物流，如京东物流等。

（4）跨境电商物流联盟企业，如菜鸟网络等。

（5）新兴跨境电商物流企业。

（一）邮政物流

邮政集团公司的业务主要为邮政普邮业务、速递物流业务、邮政储蓄银行三部分。

1. EMS中国邮政速递（即“Express Mail Service”）

万国邮联管理下的国际邮件快递服务，中国邮政速递物流与各国（地区）邮政合作开办，其业务在海关、航空等部门均享有优先处理权，它以高速度、高质量为用户传递国际、国内紧急信函、文件资料、金融票据、商品货样等各类文件资料和物品。

2. ePacket

俗称e邮宝，又称EUB，是邮政速递物流为适应跨境电商轻小件物品寄递需要推出的经济型国际速递业务，利用邮政渠道清关，进入合作邮政轻小件网络投递。

可达地区：美国、澳大利亚、英国、加拿大、法国和俄罗斯。

3. 中国邮政大、小包

中国邮政大包：

①价格非常低，且不计体积和无燃油附加费；②强大的查询功能，可以跟踪货物的每一个站点；③通达国多，可寄200多个国家，拥有超强的通关能力，手机、电池产品等都可以发。

中国邮政小包：

①亚洲邻国6～10天；欧美国家7～15天；其他国家7～30天；②国际小包=中国邮政平常小包+挂号小包。

4. 其他国家或地区的邮政小包

欧洲线路的时效较快，瑞士邮政小包价格较高，在欧洲通关能力强且申根国家免报关；

新加坡小包价格适中，服务质量高于邮政小包一般水平。

（二）商业物流

1. TNT 集团

TNT集团为全球领先的快递和邮政服务提供商，总部设在荷兰。它提供一系列独一无二的全球整合性物流解决方案，TNT还为澳大利亚以及欧洲、亚洲的许多主要国家提供业界领先的全国范围快递服务。2012年被UPS收购。

2. UPS 快递（UPS Express）

UPS（United Parcel Service，Inc. 美国联合包裹运送服务公司），1907年成立于美国华盛顿州西雅图。总部设于美国佐治亚州亚特兰大市，是全球最大的物流企业，提供包裹和货物运输、国际贸易便利化、先进技术部署等多种旨在提高全球业务管理效率的解决方案。

3. 联邦快递

联邦快递（FedEx）是一家国际性速递集团，提供隔夜快递、地面快递、重型货物运送、文件复印及物流服务，总部设于美国田纳西州孟菲斯，隶属于美国联邦快递集团（FedEx Corp.）。前身为FDX公司。现时联邦快递每天为210个城市的约300万名顾客服务。

4. DHL 快递

DHL为一家德国企业，是全球著名的邮递和物流集团Deutsche Post DHL旗下公司，主要包括以下几个业务部门：DHL Express、DHL Global Forwarding，Freight和DHL Supply Chain。

5. Toll 环球快递（又名拓领快递）

澳大利亚物流巨头——TOLL（拓领），是澳大利亚最大的运输和物流供应商，Toll的服务范围涉及公路、铁路、航空和海运，以及仓储、配送和搬运，是澳大利亚唯一的一体化完全物流供应商。

6. 顺丰速运

1993年在广东顺德成立，现总部位于深圳，是一家主要经营国际、国内快递业务的港资快递企业。顺丰速运是目前中国速递行业中投递速度较快的快递公司之一。顺丰是一家有网络规模优势的智能物流运营商，于2010年开展国际业务。

（三）电商企业自建物流

1. 京东物流

京东集团自建物流，建立了包含仓储网络、综合运输网络、最后一公里配送网络、大件网络、冷链物流网络和跨境物流网络在内的高度协同的六大网络，具备数字化、广泛和灵活的特点。

2. FBA亚马逊物流

包括仓储、拣货打包、派送、收款、客服与退货处理的一条龙式物流服务。头程费用：把货发到国内服务仓的费用+国内服务商运输货物到海外亚马逊仓库的费用。

优点：可提高排名，帮助抢占购物车和成为特色卖家；经验丰富，仓库遍布全球。

缺点：费用可能偏高；灵活性差。

（四）跨境电商物流联盟企业

菜鸟网络科技有限公司于2013年由阿里、顺丰、三通一达（申通、圆通、中通、韵达）等共同组建。该公司股权结构中，天猫投资21.5亿元，占股43%；圆通、顺丰、申通、韵达、中通各出资5000万元，占股1%。

（五）新兴跨境电商物流企业

极兔速递创立于2015年，是一家全球综合物流服务运营商，快递业务网络覆盖印度尼西亚、越南、马来西亚、菲律宾、泰国、柬埔寨、新加坡、中国、沙特阿拉伯、阿联酋、墨西哥、巴西、埃及共13个国家。

二、跨境电商支付

跨境支付（Cross-border Payment）是指通过一定的结算工具和支付系统实施资金在两个或两个以上国家或地区之间的转移，常发生于贸易或投资活动中。跨境电商支付一般包含跨境线上支付和跨境转账汇款。出口电商平台第三方支付机构收结汇业务流程如图6-2所示。

传统的跨境支付手段由于耗时较长，所需手续较多，无法很好地满足跨境电商商家和顾

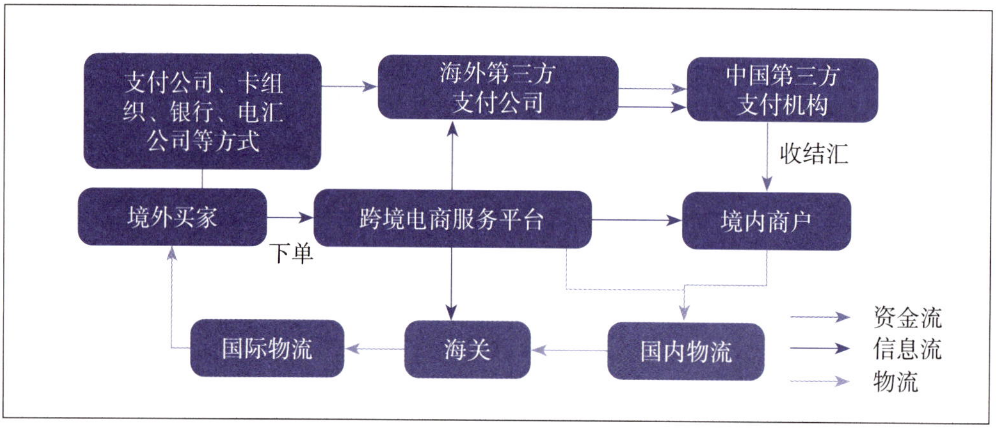

图6-2 出口电商平台第三方支付机构收结汇业务流程

客的需求，因此第三方跨境支付方式在跨境电商活动中显得十分有优势，其办理手续方便，且支持多平台交易。

在我国提供跨境支付服务的企业需要获得国家外管局发布的跨境支付牌照，目前在我国持有跨境支付牌照的第三方支付机构约30家，如图6-3所示为EqualOcean盘点的20家中国跨境支付平台。常见跨境电商支付方式有以下四种。

图6-3 EqualOcean盘点的20家中国跨境支付平台

（一）电汇

电汇是付款人将一定款项交存汇款银行，汇款银行通过电报或电话传给目的地的分行或代理行（汇入行），指示汇入行向收款人支付一定金额的交款方式。现逐渐由电子汇款取代。电汇适用于B2B付款模式，常用于大额交易。

（二）信用卡

跨境消费者可通过Visa、MasterCard等平台支持的银行信用卡付款。

（三）国际支付公司

国际支付公司在跨境支付市场登场已久，早已在国际市场拥有一定的认可度，基本都与跨境电商建立了合作关系，但费率较高，且很多缺少国内的支付牌照。

（四）第三方支付系统

常见的跨境电商第三方支付系统有支付宝、微信、PayPal、Payoneer等。

1. 支付宝

无论是境内消费者在境外消费，还是在境外跨境电子商务平台上购物，都可以通过支付宝付款。即便是境内用户跨境付款给境外商家、朋友或境外用户跨境支付给境内商家、朋友，也可以通过支付宝国际汇款实现，非常方便快捷。

2. 微信

微信支付早已开放了跨境电子商务支付功能。经过几年的发展，目前微信电子商务支付业务已经覆盖了东南亚、欧美、西亚、大洋洲的20多个国家和地区。

3. PayPal

PayPal是一种国际贸易支付工具，受到全球数亿用户的追捧，具有实时支付和全中文操作界面。它可以通过中国当地的银行轻松提取现金，并解决外贸托收问题。PayPal应用在跨境电商零售行业，几十到几百美元的小额交易更具成本优势。

4. Payoneer

Payoneer是在美国纽约成立的一个组织，它为消费者提供支付服务，其目标客户分布广泛，数量巨大。使用Payoneer支付非常简单和安全。Payoneer支付模式对于单一金额而言规模不大，对拥有广泛客户群的商家非常友好，可以为他们提供极大的便利。

第三节 跨境电商平台

一、跨境电商平台分类

（一）以经营类型来分

跨境电商平台主要分为以下三类。

外贸自营类：企业通过网络平台开拓海外直销渠道，例如兰亭集势、米兰网。

外贸代理类：销售平台向企业买断货物所有权，为企业代理出口，平台成为出口方，例如一达通。

第三方服务平台：第三方跨境电商平台，为企业提供跨境线上销售服务，可以理解为淘宝网的“跨境版本”，例如全球速卖通、阿里巴巴国际站和Shopee。

（二）以销售主体来分

跨境电商平台可以分为以下三类。

跨境B2C平台：买卖双方为分属不同关境的企业和个人消费者，例如Amazon、eBay、速卖通、Wish、TikTok、Shopee。

跨境B2B平台：买卖双方为分属不同关境的企业卖家和企业消费者，例如阿里巴巴国际站、敦煌网。

跨境C2C平台：买卖双方为分属不同关境的个人卖家和个人消费者，如Ebay，不过现已转型。

（三）以货物流通方向来分

跨境电商平台可以分为以下两类。

（1）进口跨境电商。可以理解为海淘，例如京东全球购、天猫国际平台。

（2）出口跨境电商。现今我国跨境电商的主流，国家出台大量扶持政策，从跨境电商平台到跨境物流企业和跨境支付企业均受益，阿里巴巴集团旗下全球速卖通和阿里巴巴国际站即为其中代表。

二、主要跨境电商平台介绍

（一）全球速卖通

全球速卖通AliExpress（图6-4）是阿里巴巴集团旗下的B2C跨境电商第三方服务平台，创立于2010年，业务面向全球200多个国家和地区，开通了18个语种的站点，号称国际版淘宝，成立至今已成为全球第三大英文在线购物网站，也是中国较大的出口B2C电商平台（图6-5）。

速卖通覆盖3C、服装、家居、饰品等共30个一级行业类目，中国卖家进驻便捷，只需要开设账号，填资料，缴纳年费即可开设一家属于自己的跨境店铺，但速卖通现不接受个人卖家账号，卖家需为在工商局注册的企业或个体工商户。入驻速卖通平台具有入驻门槛低、交易流程手续简便、跨境物流方案多样齐全、无关税支出等优点，适合国内新手跨境卖家。

图6-4　全球速卖通Logo

图6-6　阿里巴巴国际站Logo

图6-5　全球速卖通平台简介

（二）阿里巴巴国际站

阿里巴巴国际站（图6-6）是阿里巴巴集团旗下的B2B跨境电商第三方服务平台，创立于1999年，是全球较大的B2C跨境电商平台，全球站点超2600万活跃海外买家，通过平台出口的金额累计超1000亿美金。

阿里巴巴国际站曾号称“365天永不落幕的广交会”，为国内外贸企业提供一站式店铺装修、产品推广、生意洽谈、线上物流、在线翻译、直播带货等功能和服务，致力于扶持国内中小企业转型为跨境B2C企业，旨在数字化重构跨境贸易（图6-7）。

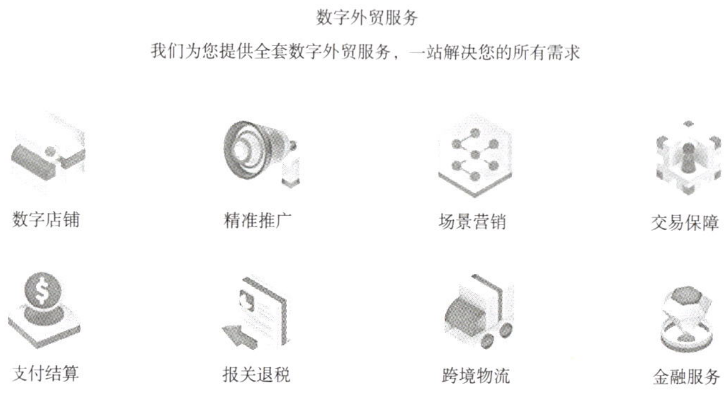

图6-7　阿里巴巴国际站简介

（三）亚马逊

亚马逊Amazon（图6-8）成立于1994年，是美国较大的电商企业，也是较早经营电子商务的公司之一，其总部位于华盛顿西雅图。创立之初，亚马逊是一家垂直类电商网站，只经营书籍销售的业务，后逐步扩张成为全球商品品类较多的B2C电商网站。2015年，亚马逊全球开店业务进入中国，目前全球已有18个国家和地区的站点向中国卖家开放进驻。新品牌进驻亚马逊流程如图6-9所示。

amazon

图6-8　亚马逊Logo

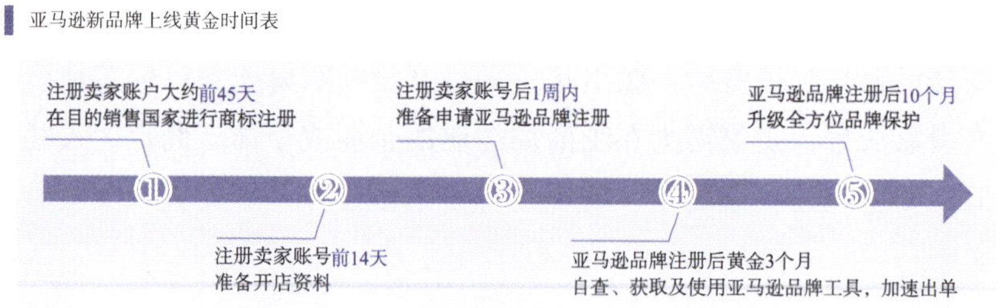

图6-9　新商品进驻亚马逊流程

（四）敦煌网

敦煌网（图6-10）成立于2004年，是国内为中小企业提供B2B网上交易的网站，也是美国较大的跨境出口B2B电商平台。敦煌网买家超过3640万，物流和海外仓服务体系完善，现已发展为B2B+B2C双赛道跨境电商平台，致力于帮助中国中小微企业出海。国内知名品牌联想、小米、OPPO等品牌均已进驻敦煌网（图6-11）。

DHgate.com

图6-10　敦煌网Logo

图6-11　进驻敦煌网知名品牌

（五）虾皮

虾皮Shopee（图6-12）是一家总部位于新加坡的跨境电商平台，创立于2015年，最初是C2C模式，后转变为B2C模式，是东南亚发展较快的电商平台。2016年，Shopee进入中国，总部设在深圳，为中国卖家开展跨境电商提供一站式跨境电商服务。

虾皮创立至今，相较于亚马逊等老牌跨境电商平台，其发展时间较短，但近年来业务发展上升速度迅速，移动App端下载量在东南亚地区购物平台中拔得头筹。Shopee专注于年轻人市场，以“社交”作为切入点，结合本地元素、流量明星、互动游戏、社交网络等方式，获取高黏性用户。

图6-12　虾皮Shopee Logo

（六）TikTok Shop

TikTok（图6-13）是字节跳动旗下的短视频平台，“海外版抖音”，2021年全球访问量较大的互联网网站。TikTok Shop是TikTok提供的电商服务平台。相较于其他的跨境电商平台，TikTok电商的优势在于自带流量。短视频带货和直播带货是TikTok商家的主流营销模式，TikTok电商在2022年仅上半年的商品交易总额已超10亿美元。

TikTok Shop也叫TikTok小店，其运营模式类似于国内的抖音小店，卖家通过自己的TikTok账号引流到店铺，进行产品销售（图6-14）。跨境TikTok小店对企业无属地要求，支持中国企业入驻。

图6-13　TikTok Shop Logo

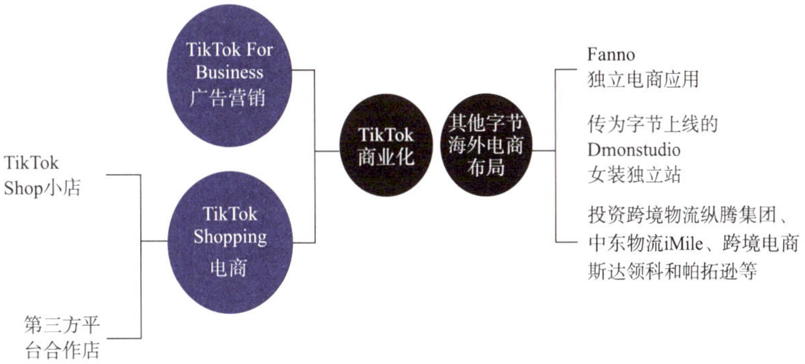

图6-14　TikTok电商简介

技能训练

跨境电子商务认知实训

一、实训目的

通过本次实训，调查跨境电商“国潮出海”相关新闻，掌握我国跨境电商的发展现状，熟悉主流跨境平台及主要特征。

二、实训素材

计算机、互联网。

三、实训内容

1．了解我国跨境电商的发展情况，调查跨境电商“国潮出海”相关新闻，简述3个新闻事件。

2．归纳比较阿里巴巴国际站、Amazon、ebay等跨境电商平台的特点（任选2个即可），填入表6-1。

表 6-1　跨境电商平台分析

平台名称	平台特点	备注
1. 开店门槛		
2. 开店需要的材料		
3. 开店的费用		
4. 店铺审核周期		
5. 对产品的限制		
6. 收款工具以及收费标准		
7. 销售品类		
8. 针对市场		

课后习题

一、不定项选择题

1．下列不属于跨境电商特点的是（　　）。

A．交易范围全球化　　B．线上交流即时化

C．线下展会常态化　　D．交易渠道便捷化

2．下列属于跨境B2C电子商务平台的是（　　）。

A．阿里巴巴国际站　　B．虾皮网　　C．亚马逊　　D．苏宁易购

3．以下属于跨境电商平台自建物流是（　　）。

A．京东物流　　B．顺丰　　C．FBA亚马逊物流　　D．DHL

二、简答题

1．简述跨境电商支付的概念。

2．简述我国跨境电商平台的分类。

总结与提高

本项目主要学习了跨境电商的概念与分类、跨境电商物流与支付系统的特点以及时下热门跨境电商平台等跨境电商基础知识，建议学生通过网络搜索时下新闻关注我国跨境电商平台及相关企业的发展情况，增强文化自信，熟悉我国跨境电商平台的运作模式，为后续职业发展奠定基础。

项目七

移动电子商务

学习目标

目标类型	目标内容
知识目标	掌握移动电子商务的概念 掌握移动电子商务的特点 了解移动电子商务的应用形式
技能目标	能掌握移动电子商务的主要应用 能分析移动网店新的形式有哪些
素养目标	增强学习移动电子商务的兴趣 培养学生对移动电子商务新环境的观察能力

思维导图

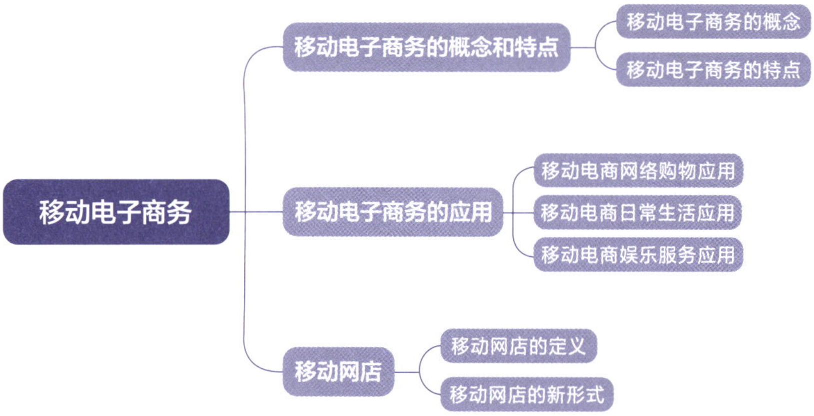

案例导入

拼多多“暖冬行动”走进广西贺州：“待销果”变成“暖心果”

贡柑，凭借着金黄的果实、出众的外形和甜蜜顺滑的口感，在北宋年间已成为朝廷御用贡品。但在广西，它有个更加广为人知的“霸气”名字——“皇帝柑”。

图7-1　贺州皇帝柑迎来丰收

作为皇帝柑的产地之一，广西壮族自治区贺州市八步区铺门镇群山环绕，土壤肥沃，光热条件优越。往年的金秋十月是皇帝柑成熟的季节，在铺门镇织女岗一片近600亩的皇帝柑园内，能看到这样一派生机勃勃的场景：果农们在茂密的果树中谈笑劳作，剪下成熟果柑放进筐中，称斤、打包、运走，行云流水般的操作之间，一筐筐漂亮的皇帝柑运往全国各地。但是今年，这样的情景生出了一些变化……

贺州皇帝柑成熟时往年的“热销果”变成了“待销果”，图7-1为贺州皇帝柑。

“现在已经12月了，你看，还有那么多果子在树上待摘……”果农小黎（化名）指着挂满皇帝柑的果树，轻轻地叹了一口气，“我们今年的果子清甜无渣，要比味道，我们还是这一个！”说完，小黎伸出大拇指给果子点个赞。但是今年，不但皇帝柑总体产量比去年少了三分之一，果子的“个头”也赶不上往年，“今年天气太不给力了！上半年涝，下半年旱，不仅收成比往年晚了，它该长个的时候也没有及时得到雨水滋润。”小黎说往年他们都和广州、深圳等地的收购商固定合作，商家8月份就会上门下订单，皇帝柑刚上市的时候收购价可以达到3.5到4元每斤。今年，不少之前合作过的收购商来到地里看到果子，给出的价格普遍偏低，甚至开出每斤七八毛的收购价。小黎无奈地摘下一个皇帝柑，剥开外皮，充盈的汁水立刻溢出，轻咬爆汁的果肉也并没有让他的眉头舒展。“今年果园老板怕是要亏了哦。”

贺州市八步区铺门镇副镇长表示，一定会帮助果农打开皇帝柑销路。为皇帝柑销路担忧的不止有果农，还有贺州市八步区铺门镇镇政府。10月以来，铺门镇镇政府的相关领导多次深入皇帝柑种植基地，查看皇帝柑长势，了解果农难处。“没有攻克不了的堡垒，办法总比困难多，相信我们。”铺门镇副镇长拍了拍小黎的肩膀，表明了决心。为打开皇帝柑的销售渠道，10月初，铺门镇镇党委就如何扩宽农产品销路问题召开专题会议，在全镇开展助农纾困稳进提质攻坚行动，出台了相应的真招实措：铺门镇一边详细统计皇帝柑的种植面积、产量、地点、果农联系电话，一边积极联系各地客商，到果地进行实地考察。“大家在商量如何将皇帝柑的销路打开的时候，有人建议可以通过网络销售平台把果子卖出去。”这个建议一下就打开了大家的思路，铺门镇副镇长告诉记者，过去，贺州市八步区铺门镇的皇帝柑没有网络销售的经验，现在网络购物平台那么发达，这个办法一定行。说干就干，大家开始通过网络寻找售果渠道。“12月2日，我们有同事看到人民日报和拼多多联合发出的‘暖冬行动’

爱心助农消息，就把我们这里皇帝柑的信息发到求助信箱，没想到他们很快就联系了我们。”12月3日，多多买菜工作人员和副镇长取得联系，表示愿意帮助铺门镇皇帝柑寻找商家进行收购。

2022年12月5日，拼多多“暖冬行动”专项团队来到了铺门镇皇帝柑种植基地，一同前来的还有来自平台的商家李远权。“皇帝柑属于农家优稀品种，最早的种植历史可以推算到唐代，且因肉质细嫩、皮薄核少双重优点，使得它在一众柑橘类水果中脱颖而出，不仅能在古代征服皇室味蕾成为朝廷专属贡品，还能在现代的水果大战中一骑绝尘，成为许多人喜爱的水果。”副镇长和果农在果地里向商家介绍，“除了能为人体补充多种维生素之外，还能生津止渴，为身体输送水分，包裹着果肉的‘橘络’可以帮助排毒活血，晒干的果皮还能变成陈皮，可消食与化痰。”在亲自尝到皇帝柑后，商家李老板很快和小黎签署了收购协议，收购当地约300万斤皇帝柑。“皇帝柑的口感那么好，不能就这样浪费在树上，让果农寒了心。”李远权表示为了尽量避免果农的损失，只要口感达标的果子都会进行收购，收购之后的皇帝柑会在拼多多平台进行官方大型宣传促销活动。采购人员也会不定期走访皇帝柑产区进行调查，遇到销售困难的果农会及时给予其帮助。“多亏了拼多多的暖冬活动，我们的果子有销路了。”看着一筐又一筐的皇帝柑上秤、装箱，小黎脸上的笑容不断，“真心希望广大网友们多多品尝一下我们贺州的皇帝柑，一定是又香又甜的。”

自从皇帝柑通过拼多多平台进行销售后，果农每天都要进行采摘、分装。

新电商助农，既是带货，也是在给乡亲们致富带路，更是乡村振兴的“助推器”。拼多多“暖冬行动”专项团队相关负责人表示，“暖冬行动”的初衷是帮助更多的农户在这个冬天实现增收增产，让更多种类的优质农产品走出田间地头，要把行动变成成果让消费者品尝到。副镇长也表示，“暖冬行动”不仅最大程度上解决了农户们正在面临的销售难题，将家乡的优质农产品销往全国各地，还为贺州皇帝柑提升知名度、打响本土品牌带来了机遇，在让农户增收增产的同时，也增强了种植皇帝柑的信心。针对此次“暖冬行动”，拼多多平台不仅上线“爱心助农”活动专区，加大流量、补贴资源包投入，积极推动各地应季待销农产品拓展销路，还为参与此次活动的涉农商家提供专项扶持政策，推动更多的商家、供应商参与到爱心助农中来。此外，拼多多旗下的多多买菜还成立了专项产销对接团队，主动深入各个农产区及田间地头，尝试从源头解决实际问题，打通多多买菜全国供应链体系的区域限制，为待销农产品特别开辟“绿色通道”，在保证农产品质量的同时以全国化大市场优先解决各地待销农产品的仓储、分拣、物流等问题。据了解，自2022年12月初启动以来，拼多多“暖冬行动”已先后深入四川宜宾、河南开封、宁夏永宁、云南大理、陕西大荔、湖北广水、贵州毕节、海南儋州、福建南平等20个地区。其中，在河南开封，“暖冬行动”团队3天内，便助力当地农户销售超过50万斤冰糖萝卜。在云南大理，“暖冬行动”团队向当地农户累计收购2000多吨紫皮大蒜。目前，“暖冬行动”仍在持续进行中。

案例来源：https://k.sina.com.cn/article_2092600603_7cba8d1b02001yoqj.html

案例思考

1. 案例中哪些措施运用了移动电子商务?
2. 你能想到日常生活中哪些行为属于移动电子商务？请举例说明。

第一节　移动电子商务的概念和特点

一、移动电子商务的概念

（一）移动电子商务的定义

移动电子商务就是利用手机及掌上电脑等无线终端进行的B2B、B2C或C2C的电子商务。它将互联网、移动通信技术、短距离通信技术及其他信息处理技术完美地结合，使人们可以在任何时间、任何地点进行各种商贸活动，实现随时随地、线上线下的购物与交易、在线电子支付以及各种交易活动、商务活动、金融活动和相关的综合服务活动等。移动电子商务是电子商务的一个新的分支，但是从应用角度来看，它的发展是对有线电子商务的整合与发展，是电子商务发展的新形态。移动电子商务将传统的商务和已经发展起来的、但是分散的电子商务整合起来，将各种业务流程从有线向无线转移和完善，是一种新的突破。

（二）移动电子商务的发展历程

随着移动通信技术和计算机的发展，移动电子商务经历了三代发展，如表7-1所示。

表 7-1　移动电子商务发展历程

第一代移动商务系统	以短信为基础的访问技术，这种技术存在着许多严重的缺陷，其中最严重的问题是实时性较差，查询请求不会立即得到回答。此外，由于短信信息长度的限制也使得一些查询无法得到一个完整的答案
第二代移动商务系统	采用基于 WAP 技术的方式，手机主要通过浏览器的方式来访问 WAP 网页，以实现信息的查询，部分地解决了第一代移动访问技术的问题。第二代移动访问技术的缺陷主要表现在 WAP 网页访问的交互能力极差，因此极大地限制了移动电子商务系统的灵活性和方便性。此外，WAP 网页访问的安全问题对于安全性要求极为严格的政务系统来说也是一个严重的问题
新三代移动商务系统	采用了基于 SOA 架构的 Web service、智能移动终端和移动 VPN 技术相结合的第三代移动访问和处理技术，使得系统的安全性和交互能力有了极大的提高。第三代移动商务系统同时融合了 3G 移动技术、智能移动终端、VPN、数据库同步、身份认证及 Web service 等多种移动通信、信息处理和计算机网络的最新前沿技术，以专网和无线通信技术为依托，为电子商务人员提供了一种安全、快速的现代化移动商务办公机制

二、移动电子商务的特点

（一）移动电子商务用户规模庞大

随着移动通信网络环境的不断完善以及智能手机的进一步普及，移动互联网应用逐渐渗透到用户的各类生活需求中，促进了手机上网使用率的增长，使网民的上网设备进一步向移动端集中。随着5G时代的全面到来，移动互联网用户规模将达到一个新的量级，移动互联网将基本实现对全体网民的覆盖，届时用户的互联网行为也将从“上线”变成“永远在线”。

（二）移动电子商务市场交易规模大幅增长

移动端用户体量趋于饱和，人们消费观念的转变及网上购物的便利，我国网络购物市场移动端渗透已经基本完成，成为用户进行网络购物最主要的渠道。

（三）能较好地确认用户身份

对于传统的电子商务而言，如何解决消费信用的瓶颈难以突破，而移动电子商务因为其手机号码具有唯一性，并且手机需要实名制，这就有了信用认证的基础。

（四）移动应用软件越来越丰富

移动应用软件的迅猛发展，满足了当今社会的发展和人们生活的需求，带给了人们方便和实用。以前，人们想要浏览网页、上网购物、查询资料只能通过浏览器来实现，但在当今这个快节奏的社会上，这种烦琐的浏览查询方式已满足不了客户的需求，而移动应用中不管是商品、游戏，还是翻译、图库等生活所涉及的，它都可以以客户端程序的形式呈现在你面前。

第二节 移动电子商务的应用

以移动网络和移动终端为载体的新型移动电商，丰富了人们的需求，给生活带来了便利。App是手机的各种应用程序或者应用软件，提供更快的移动应用和服务，移动电商对人们产生的影响大致分为网络购物、日常生活、教育服务和娱乐服务，并通过App为人们提供服务。

一、移动电商网络购物应用

生活在信息时代的我们，网络购物成为消费者的主流渠道，尤其移动电商越来越受到年轻人的追捧，它可以让消费者足不出户，便捷而轻松地购物，而且网站上可以浏览到众多的卖家，商品的选择范围广。目前，市面上有名的移动网络购物有以下平台。

（一）淘宝App

淘宝App是淘宝网官方出品的手机应用软件，类目范围是全网较大的，消费者想买的商品基本涵盖其中，而服装、母婴、家具、个人护肤、食品等类目较为出众。淘宝App首页如图7-2所示，除了淘宝直播、有好货、宝贝推荐等模块以外，还与聚划算、天猫超市、饿了么、淘鲜达、芭芭农场等App进行整合，形成闭环，极大刺激用户的消费欲望，在这里，消费者可以尽情享受购物的乐趣。

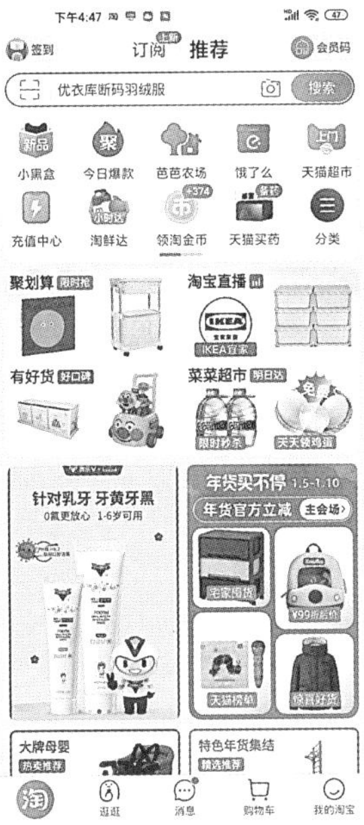

图7-2　淘宝App首页

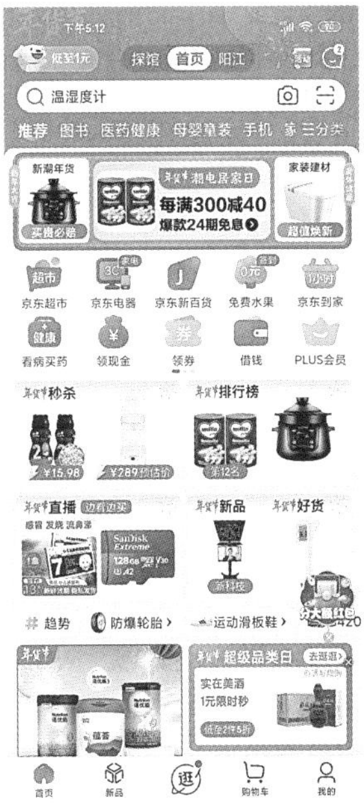

图7-3　京东App首页

（二）京东App

京东是专业的综合网上购物商城，销售超数万品牌，4020万种商品，涵盖家电、手机、电脑、服装、居家、健康、母婴、美妆、个护、食品、旅游等品类。京东App是京东官方出品的手机应用软件。京东相对于其他的电商平台来说，它的消费人群主要针对18～35岁，这个消费群体在购物时很直接，消费能力很强，同时消费客单价相对于其他平台也高。在物流方面，京东针对商家都是进行一对一的沟通联系，这是其他平台所没有的。迄今为止，也只有京东拥有自己的物流体系，大大提高了运送时效。如图7-3所示为京东App首页。

（三）拼多多App

拼多多作为新电商开创者，致力于将娱乐社交的元素融入电商运营中，通过“社交+电商”的模式，让更多的用户带着乐趣分享实惠，享受全新的共享式购物体验。区别于淘宝和京东，拼多多客户端目前只有移动端，暂不开设电脑端。拼多多能在众多移动网络购物中杀出重围，得益于它的产品价格优势。在拼多多中，相同产品比其他平台便宜，这得归功于它的C2M模式，没有中间商赚差价，能极大刺激消费者的购买欲。另外，拼多多也凭借着社交优势，拉近了消费者身边人与人的距离，以拼团和商品分享的营销模式，对消费者的人脉社交进行裂变传播，不管是平台还是产品，都获得了极大的曝光，很快把产品的知名度打出去。如图7-4所示为拼多多App首页。

（四）唯品会App

唯品会是品牌特卖网，该购物网站以一至七折超低折扣对全球各大品牌进行限时特卖，商品囊括服装、化妆品、家居、奢侈品等上千品牌。唯品会App是唯品会官方出品的手机应用软件。唯品会App的界面设计比较简洁、大气，人们在浏览商品的同时受到的干扰比较小。在物流方面，唯品会自建仓储或和当地两个以上有实力的公司签约，实现城市乡村无盲点快递覆盖。与其他移动网络平台有所不同的是，唯品会的宝贝页面没有买家评论和晒图功能，如图7-5所示。

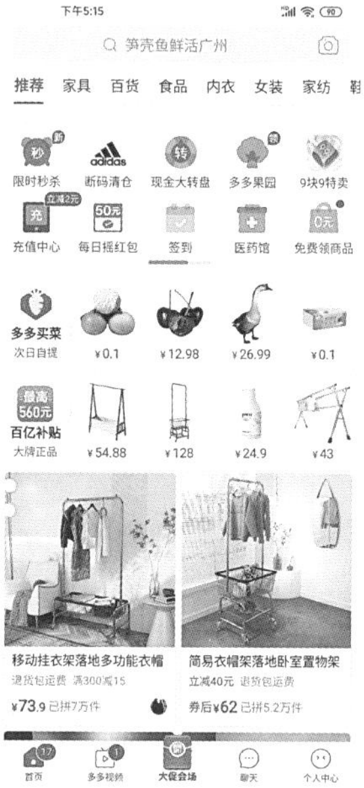

图7-4 拼多多App首页

图7-5 唯品会App首页

二、移动电商日常生活应用

下面介绍几款日常生活中常用到的移动电商平台。

（一）网约车App

随着科技的发展，以“滴滴出行”App为网约车代表的打车软件，改变了人们的出行方式，无论在寒冷的冬天还是炎热的夏天，我们只需要提前预约打车，网约车司机就可以在指定地点等待乘客上车，大大减少了我们的等待时间。“滴滴出行”业务板块中，同城的滴滴快车、跨城市的滴滴顺风车或滴滴代驾，都极大地方便了人们的出行。

（二）生活娱乐App

移动互联网的普及，丰富了人们的娱乐方式，不管身处哪里，都能通过一些生活娱乐App快速找到好吃、好玩的场所。以大众点评为例，作为一个独立第三方点评网站，以“发现好去处”为口号，可以为用户提供商户的信息和餐厅预订等交易服务，是一个热门的生活信息和交易平台，拥有庞大的流量。如图7-6所示，大众点评页面中有美食、周边景点、酒店、电影、美发、亲子乐园等资讯服务，另外，支持消费者在平台上写下自己的游玩体验，供想要体验的人参考，另外，平台还经常推出商家优惠券，帮助平台用户省钱。

图7-6 大众点评App首页

（三）跑腿服务App

现在人们的生活节奏越来越快，尤其是城市中的白领，由于工作繁忙，经常没有足够的时间外出吃饭，这时，只需要动动手指在外卖平台下单，餐馆就会做好一份美味的饭菜，让跑腿服务人员送到身边。其中，备受人们喜欢的外卖App是“美团外卖”和“饿了么”。又或者当我们不想去超市，但又急需一些日用品时，也可以在当地的线上超市下单，由跑腿工作人员送达。同理，一些重要文件也可以让跑腿工作人员送达。如图7-7所示为美团外卖App首页。

图7-7　美团外卖App首页

图7-8　58同城App首页

（四）生活服务App

移动互联网缩短了人与人之间的距离，生活中一些必要的服务，不用花大量的时间去线下寻找，比如，找工作，找房子等，可以在平台上轻松找到。以58同城App为例，如图7-8所示，该App页面涵盖了找工作、租房、二手房、二手商品、本地服务等多项生活服务，让人们足不出户就能享受到便捷的服务。

（五）教育服务App

智能手机的普及，使得用户开始利用移动平台接受在线教育。移动学习App的方便使用，其创新性和替代性的学习过程和教学方法有效提高了学生的学习质量，并使学生很快融入有趣的学习中去。另外，对于那些按照自己的计划来学习的人来说，这是一个福音，因为各种各样的限制，他们不能参加教育课程，而现在有了移动教育App，让他们能够随时随地地利用零碎时间学习。其中，中国大学MOOC（慕课）是国内优质的中文学习平台，由爱课程网携手网易云课堂打造，如图7-9所示，该平台拥有包括985高校在内提供的千余门课程，是首批获得认定的国家精品在线课程。另外，腾讯课堂App也是优质的专业在线教育平台，该平台是腾讯推出的专业在线教育平台，聚合大量优质教育机构和名师，下设职业培训、公务员考试、托福雅思、考证考级、英语口语、中小学教育等众多在线学习精品课程。以上两个平台的用户端口，既有电脑端也有移动端，方便人们随时随地切换学习。得到App也是不错的教育服务平台，平台内容包括人文、科学、艺术、商业、方法技能、互联网、创业、心理学、文化、职场等，它的口号是“知识就在得到”，旨在为用户提供“省时间的高效知识服务”，由罗辑思维团队出品，提倡碎片化学习方式，让用户短时间内获得有效的知识。

三、移动电商娱乐服务应用

大到了解国内外时事民生，小到休闲放松自娱自乐，移动电子商务的出现，使人们的娱乐选择更多样。在娱乐选择中，人们可以在手机中看短视频获取欢乐，也可以在自媒体平台发表观点，在某个休闲的时光，想要获得片刻放松，看剧或听音乐都是不错的选择。

图7-9 慕课大学App首页

图7-10 哔哩哔哩App首页

（一）短视频娱乐App

短视频指常在各种新媒体平台上播放、适合在移动状态和休闲状态下观看的视频内容，视频时长一般在15秒到5分钟之间。相对于文字图片来说，视频能够带给用户更好的视觉体验，在表达时也更加生动形象，能够将创作者希望传达的信息更真实、更生动地传达给受众。因为时间有限，短视频展示出来的内容往往都是精华，符合用户碎片化的阅读习惯，降低人们参与的时间成本。同时，用户在观看的同时也可以自己制作视频上传平台。目前，流量较大的短视频平台App包括抖音、快手、哔哩哔哩。如图7-10所示为哔哩哔哩App首页。

（二）自媒体娱乐App

自媒体是指普通大众通过网络等途径向外发布他们自身的事件和新闻的传播方式。在自媒体时代，人人都可发声。人们不再接受一个“统一的声音”告知对或错，每一个人都在独立获得咨迅中对事物做出判断。人们可以通过自媒体平台了解新闻时事、体育赛事、民生故事，也可以在平台上分享自己的日常，对别人的言论发表观点和学习知识技能。大众喜欢分享的自媒体平台App有今日头条、微信公众号、知乎和小红书等。如图7-11所示为今日头条App首页。

图7-11 今日头条App首页

（三）影视娱乐App

影视娱乐已成为每个人生活的一部分，各大看台业务可以为订购用户提供权威的最新影片信息，移动网络的普及和投屏等新兴技术的应用更是赋能影视娱乐发展，人们只需一部手机就能体验到电影院的大屏感受。比较出名的影视娱乐App包括优酷、爱奇艺、腾讯视频、芒果TV等。如图7-12所示为腾讯视频App首页。

图7-12　腾讯视频App首页

图7-13　QQ音乐App首页

（四）音乐音频分享App

音乐是表达或寄托人们感情的艺术语言，能带给人们美感和幸福，但随着娱乐元素的多样化，人们不再满足单一的音乐欣赏，市场开发的移动音乐产品，以歌单、大牌推荐、DJ节目、社交、地理位置为核心要素，主打发现和分享，比如QQ音乐、酷我音乐、网易云音乐等App。另外，还有音频分享平台，创作者用声音分享自己的故事、观点、知识，并因此收获粉丝、成就感或IP增值、商业变现的机会；同时，丰富的音频内容陪伴用户的每日生活，常见的移动音频分享App有喜马拉雅FM、懒人听书、蜻蜓FM、荔枝FM等。如图7-13所示为QQ音乐App首页。

第三节　移动网店

一、移动网店的定义

移动网店通常是指能够让人们通过智能手机、iPad等移动终端浏览商品，在线购买和支付完成交易的网站。

二、移动网店的新形式

移动电商应用充斥着我们生活的方方面面，处在新时代的每个人都离不开对移动平台的应用。随着平台流量的增加，很多平台创始人会意识到商机所在，纷纷拓展自己的网店业务，通过自建线上商店或者提供平台，鼓励平台用户开店的形式，开展移动网店业务。传统的移动网店除了上文提及的淘宝、京东、拼多多、唯品会等大型移动购物App店铺，还有一些新领域的移动网店平台正在不断涌现。

（一）大型企业自建移动网店App

许多大型企业的业务本来涉及电子商务领域，随着互联网的发展，这些企业用原有的电子商务业务为基础，各自推出了自己的移动网店App，网店App与企业原有的线下物流相结合，实施全方位的市场战略，从而拓宽产品渠道。比如苏宁，整合线下资源，如图7-14所示，建立苏宁易购App，给用户带来较好的全流程购物体验。又或者小米公司，除了在各大传统电商平台有自己的官方网站，也自建小米商城移动网店，在线下也建立自己的官方体验店，通过经营用户，沉淀粉丝社群，形成小米品牌生态文化圈。

（二）微信移动网店

微信是一款跨平台的通信工具。我们在微信中生活，在微信中维系感情，在微信中交流，通过微信去阅读，几乎每一部智能手机上都会下载微信App，微信因此坐拥亿万级流量，所以，很多人选择在微信上开设自己的移动网店。目前，在微信上开设移动网店有以下几种形式：开设微信网上商城、微店和微信小商店。消费者通过微信移动网店，就可以实现商品查询、选购、体验、互动、订购支付，是线上线下一体化服务模式。在开通店铺上，开设微信网上商城需要注册微信公众号、营业执照以及对公账户。而微店和微信小商店的开设步骤简单，只需要注册成为微信用户即可。微信移动网店商家可以把自己的店铺分享到朋友圈或通过链接微信公众号进行引流。如图7-15所示为微信微店App开店页面。

（三）短视频移动网店

短视频作为移动网络时代快速发展的产品类型，能聚合社交、电商等属性，覆盖人群规模不断扩大，并催生了抖音、快手两大超级应用。把出售的商品融合在欢快紧凑的视频中，能有效地刺激用户的购买欲望，在用户观看视频过程中，轻松购物，实现

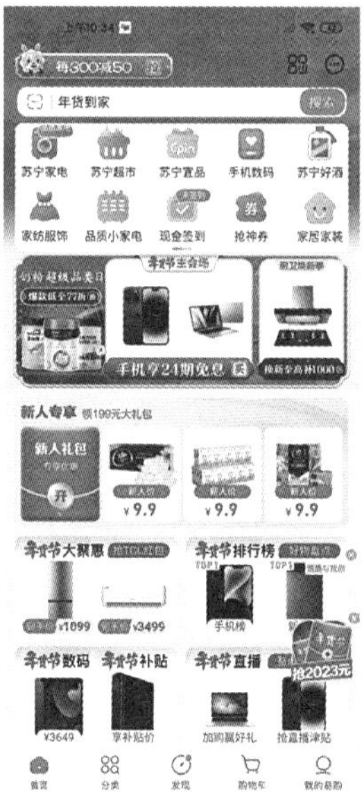

图7-14　苏宁易购App首页

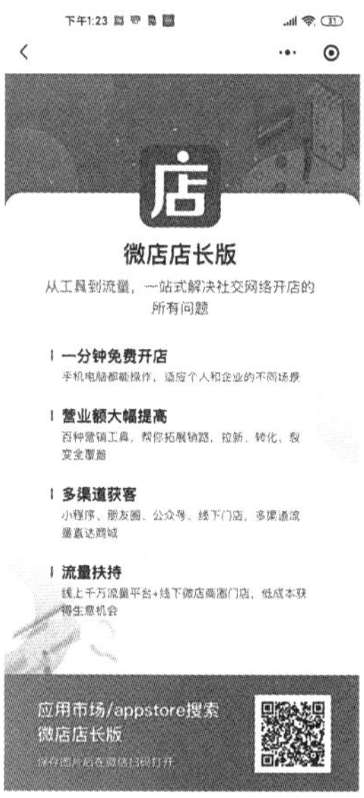

图7-15　微店App开店页面

边看边买的无缝衔接。在众多短视频移动网店中，抖音小店成为电商行业里的一匹黑马，吸引了很多创业者加入。其中，抖音推出的精选联盟，更是抖音新店的福音。新店可以免费加入精选联盟，挑选联盟上的产品上架到自己的小店出售，也可以把自己的货源上传到联盟，设置好佣金和商品关键词，和达人合作。

（四）新零售移动网店

有人认为新零售移动网店就是把传统零售网店中顾客的支付偏好、消费路径、消费习惯、会员信息等数据收集，进一步分析、整理，做到运营、营销、服务等优化升级。也有人认为新零售移动网店是线上移动网店与线下实体店的深度融合，再加上现代物流、大数据和云计算等创新科技构建出新零售移动网店。亦有人认为是分享经济，人们在某平台购买产品，使用后体验良好，在该平台创建自己的小店分享好物，赚取佣金。由于新零售是一个全新的概念，新零售移动网店按照每个人不同的理解，还在不断发展当中。

技能训练

移动电子商务认知实训

一、实训目的

通过本次实训，掌握电子商务移动网店的开设流程。

二、实训素材

手机、互联网。

三、实训内容

请同学们打开手机微信App，在微信搜索框搜索“微信小商店”，如图7-16所示，关注并打开公众号，了解微信小商店的开店步骤，学习相关的开店技巧，开设属于自己的个人移动网店，并在商店中上架不少于5个商品。

图7-16　微信小商店

课后习题

一、不定项选择题

1. 移动电子商务的特点有哪些（　　）。

A. 用户规模庞大　　B. 市场交易规模增长

C. 容易确认用户身份　　D. 移动应用软件丰富化

2. 以下哪些属于移动电商网络购物App（　　）。

A. 淘宝　　B. 小红书　　C. 唯品会　　D. 头条

3. 京东App出售的商品包括哪些（　　）。

A. 数码　　B. 母婴　　C. 活鱼　　D. 二手绘本

4. 以下哪些属于教育服务App（　　）。

A. 慕课　　B. 腾讯课堂　　C. 58同城　　D. 得到

5. 属于自建移动App的企业有哪些（　　）。

A. 小米　　B. 国美　　C. 苏宁　　D. 三只松鼠

二、简答题

1. 简述移动电子商务的定义及其发展历程。
2. 简述移动电子商务的特点。
3. 简述移动电子商务对我们的生活产生的影响。
4. 简述移动网店的定义及其新的发展形势有哪些。

总结与提高

本项目主要学习了移动电子商务的概念及其特点、了解移动电子商务对我们生活产生的影响，建议学生应充分了解我国移动电子商务不断发展的新形式，增强对移动电商发展新环境的观察能力，为后续职业发展奠定基础。

项目八

网络营销

学习目标

目标类型	目标内容
知识目标	掌握网络营销的概念及功能 掌握网络营销策略 掌握网络营销工具和方法
技能目标	能运用网络营销策略制定营销方案 能运用网络营销工具及方法做网络推广
素养目标	培养与人沟通、团结协作的团队精神 培养市场竞争意识 培养创新意识

思维导图

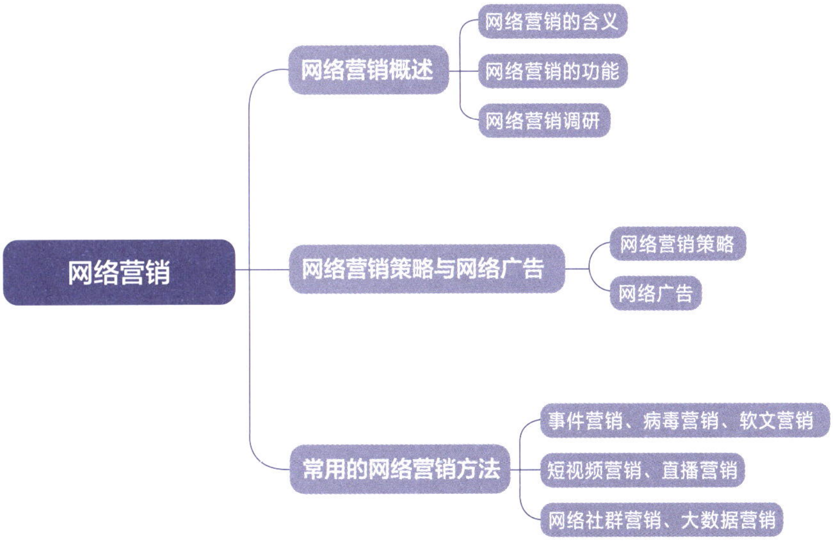

案例导入

如何进行网络营销——好利来

好利来是创建于1992年，以蛋糕等包装食品制造系统为核心的食品企业，其产品定位为高端市场，价格相对较高，有品质保障，产品风格较为年轻潮流，产品更新较快，客户以年轻白领、精致女性群体为主。针对自身的品牌定位及客户群体，好利来不断推陈出新，与多品牌进行跨界联名，好利来与喜茶推出联名款甜点和饮品，超74万件、410万枚的销量；好利来与阿华田相结合，单品天猫月销量超1万件；好利来还紧跟时代潮流，打造爆款话题，与热门动漫联名，如与宝可梦、美乐蒂等推出联名蛋糕；与迪士尼推出“草莓熊”系列新品，使其销量不断创新高。因其消费群体与小红书平台粉丝群体具有相同属性，好利来利用小红书平台推广自己的新品，铺量进行内容种草营销，结合抖音、公众号等平台落地，提取产品网红属性和系列概念店的特色风格，吸引各大博主打卡测评，从而进行二次传播，促使粉丝到店消费，提高产品销量。如图8-1所示，好利来就利用端午节、父亲节等节日在小红书推出节日系列新品。

资料来源：https://zhuanlan.zhihu.com/

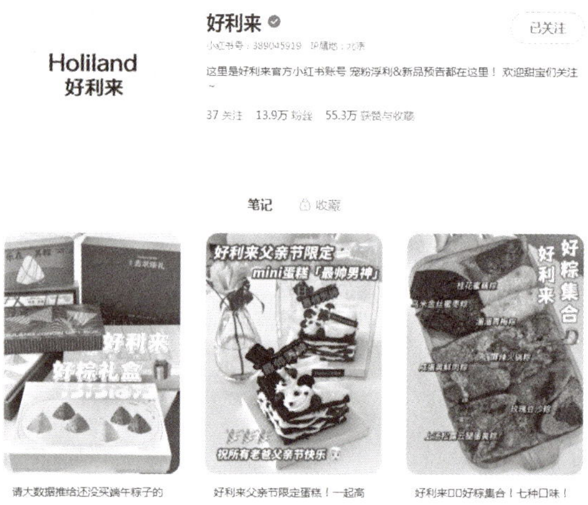

图8-1　小红书平台推广

案例思考

1. 什么是网络营销？
2. 好利来运用了哪些网络营销方法？

第一节　网络营销概述

网络营销诞生于20世纪90年代，是电子商务的重要应用，目前也成为企业重要的营销手段。我国网络营销起步虽晚但发展迅速，随着网络信息技术的不断发展，消费者观念的转变及激烈的市场竞争，企业开始利用互联网进行营销策划，探索出新的营销模式。1994年我国国际互联网开通，网络广告正式诞生，网络营销开始萌芽；2001年以后网络营销进入实际应用和发展阶段，主要表现在网站建设发展迅速，网络广告形式不断发展，搜索引擎营销深入发展，网络营销环境逐步完善；2010年以后网络营销进入全员营销时代，社会化媒体性质的网络营销、移动营销崛起；2016年以后自媒体直播经济等的出现加快了信息传播速度，网络营销方式更加多元化、信息化、社交化，用户价值、用户思维观念、社会资源、市场环境等成为影响网络营销的主要因素。

一、网络营销的含义

网络营销（Online Marketing或E-Marketing）是企业为了满足用户获取有价值的信息和服务的需求，以互联网为基本手段，利用数字化的信息和网络媒体的交互性来实现顾客价值及企业营销目标所进行的运营管理活动。从广义上来讲，所有利用互联网为主要手段进行的营销活动都是网络营销。每个互联网用户都可以是网络营销的对象，网络购物、网上订票或浏览新产品广告视频等都可以视为参与网络营销活动。

网络营销是企业营销战略的重要组成部分，其实际与市场营销相同，是传统营销的创新与发展，与传统营销相比，网络营销突破了时间和空间上的限制且能够实现商家与消费者有效、实时地互动，满足消费者的个性化需求，为消费者提供良好的购物体验。

二、网络营销的功能

（一）网络调研

网络调研是指企业可以通过网上调查问卷、电子邮件等方式了解客户信息、产品反馈信息等，也可以通过网站收集整理行业的相关信息，为企业制定网络营销战略提供依据。合理地利用网络调研对企业掌握市场行情、寻找潜在客户、开发新产品、开拓市场等具有重要作用。

（二）品牌建设推广

在互联网上建立并推广企业品牌是网络营销的重要任务之一。网络营销为企业树立品牌形象提供有利条件，企业可以通过互联网获得更多展现自己的机会，一些大型企业原本已经拥有一定的线下品牌基础，可以借助互联网开拓网上市场，使其品牌在线上和线下双向延伸，而另一些企业也可以通过互联网选择适合自己的方式展现品牌形象，除了建设自己的网站、开发软件，还可以通过一些社交平台注册企业账号等扩大品牌影响力。网络品牌价值是网络营销效果的一种表现，网络品牌价值可以提高客户的忠诚度，打造良好的企业口碑，从而提高企业的收益。

（三）信息发布

网络营销的实质是将有价值的营销信息通过互联网手段传递到目标用户当中，无论是使用哪种网络营销方法都是信息发布和传递的过程，信息发布是网络营销的基本职能之一。

（四）促进销售

网络营销的基本目的是促进销售，网络营销不仅对线上企业具有促进销售作用，对线下企业的销售也能起到相辅相成的影响，例如，发放线上优惠券、开展团购活动等对线下销量也具有促进作用，所以一些没有开展线上业务的企业也会使用网络营销的方法来促进销售。

（五）客户服务及管理

在线客户服务是网络营销的基本组成部分，客户服务的水平会影响网络营销的效果，不同的网络手段为企业与客户之间的沟通提供了便利性条件，企业开展线上客户服务能够及时高效地掌握客户的需求，促进营销。

客户关系管理对开发新客户和保留老客户都至关重要，客户关系资源是发挥企业竞争优势的基础保障。互联网为建立和维护客户关系提供了便捷的手段，企业可以通过电子邮件、信息、论坛、微博、微信等社交网络使企业和客户之间建立紧密的联系。

三、网络营销调研

网络营销调研是开展网络营销活动的前提，网络营销调研是指企业通过互联网开展收集市场信息、了解竞争者的情况以及调查消费者对产品或服务的意见等市场调研活动，并以此作为网络营销决策的数据支持和分析依据。

网络调研的内容包括消费者对产品的需求信息、企业现有产品或服务信息、目标市场信息、竞争对手信息及市场宏观环境信息。网络调研可采取网络问卷调查法、网络讨论法、网络观察法和网络文献法等。网络营销调研包括以下几个步骤。

（1）确定调研目标。明确调研目标是调研工作的开始，在制定目标的时候要充分考虑到调研结果的实效性，目标不能过大也不能过窄，只有制定了清晰的目标才能制订出后续的调研计划，选择合适的调研方法。

（2）制订调研计划。即确定资料来源、调研方法、调研对象及调研手段等。

（3）收集资料。企业对受访者的信息进行收集、归类、存档，或者直接在网上下载数据信息。

（4）分析资料。资料分析是网络营销调研中至关重要的一步，研究者如何分析提取信息对最终调研结果有直接影响。目前较为通用的统计分析工具有SPSS、SAS等，也可以用电子表格进行数据分析与处理。

（5）撰写调研报告。调研报告是将从调研资料当中分析得出的与市场营销决策相关的调研结论正式形成报告，调研报告一般包括标题、摘要、目录、正文、结语和附录。

第二节 网络营销策略与网络广告

一、网络营销策略

不同的企业由于所处的市场地位不同、发展战略不同，所以采取的网络营销策略也不尽相同，网络营销组合包括产品策略、价格策略、渠道策略和促销策略。

（一）产品策略

产品策略是指企业在制定营销战略时首先要明确企业能为客户提供哪些产品或服务以满足顾客的需求。网络营销产品是指人们通过购买而获得的能够满足某种欲望或需求的一切东西，包括有形的产品（日常消费品、珍藏品等）及无形的服务、咨询等。在网络营销中，产品概念可以分为五个层次，如图8-2所示，每个层次对应不同的策略。

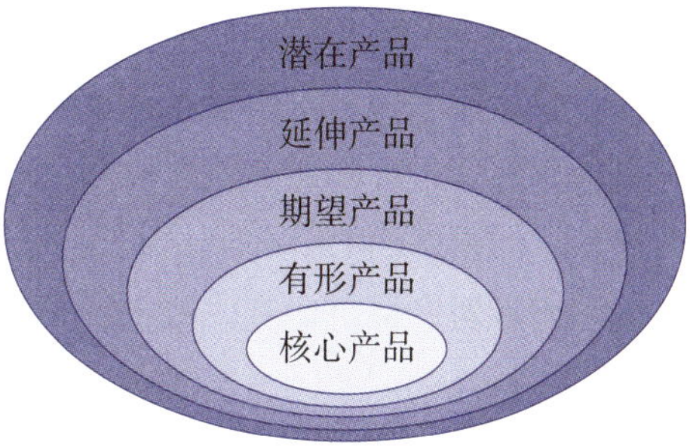

图8-2 网络营销产品层次

1. 核心产品层次

核心产品层次是核心产品或服务，即产品能够提供给消费者的基本效用和益处。例如消费者购买食品是为了饱腹；购买汽车是为了代步。因此，企业在进行产品开发和设计时要充分了解产品背后所提供给消费者的真正需求，明确产品价值，满足消费者的需要，才能使产品具有吸引力。

2. 有形产品层次

有形产品是核心产品的载体，产品的效用只能通过有形产品来体现，它是产品的形体、外观。例如音响，其有形产品包括它的造型、质量、款式、颜色等。

3. 期望产品层次

消费者在购买某种产品时会对某种产品的属性和条件形成一种期望，这种期望值就是期望产品，在网络营销中，期望产品对企业开发和设计核心产品和有形产品具有指导作用，由于不同的消费有不同的消费需求，为了满足多样化的消费需求，企业需要以消费者需求为主导来设计开发产品或提供服务，满足消费者对期望产品的需要。

4. 延伸产品层次

延伸产品是指消费者购买产品所得到的各种附加服务，比如安装服务、售后服务、质量保证等，其基本作用是使消费者能够更好地享受核心产品带来的效用。随着消费者要求的不断提高，延伸产品层次会成为重要的市场竞争手段。

5. 潜在产品层次

潜在产品层次在延伸产品层次之外，潜在产品是企业给消费者提供的产品能够满足消费者潜在的需求。与延伸产品不同，当消费者没有潜在产品需求时，消费者也能获得产品的核心利益，而当消费者获得潜在产品后会使其得到超额的满足感，因此，潜在产品其实是一种增值服务。

（二）价格策略

营销价格是指网络营销过程中买卖双方的成交价格。价格的形成和变动在经济活动中非常复杂，会受到成本、供求关系、竞争等多种因素的影响。因此，企业在制定价格策略时要综合考虑多种因素，从而采用相对应的策略，网络营销价格策略有以下几种。

1. 竞争定价策略

竞争定价策略是指企业在定价的过程中根据竞争对手的同类产品或服务的定价来调整自己的价格。采用这一策略时，企业除了要掌握竞争对手的定价外，还需要时刻关注潜在消费者的需求变化，才能使企业保持同类产品的相对价格优势。

2. 个性化定价策略

消费者对产品可能有一些个性化的需求，比如外观、颜色、款式等，企业利用互联网与消费者进行互动联系，了解消费者个性化的需求再来确定产品价格的策略称为个性化定价策略。网络的互动性和便利性使企业能实时掌握消费者需求，为个性化定价提供了基础。

3. 捆绑定价策略

捆绑销售是将两种或者两种以上的商品捆绑起来销售的方法，多用于配套的产品或服务，消费者只需要用一个价格就能购买多种商品。

4. 免费价格策略

免费定价策略是指企业将产品或服务以零价格或接近零价格的形式售卖给消费者，以满足消费者的需求。

5. 众筹自定价策略

众筹自定价策略是指众筹产品或服务的价格会根据参与众筹的消费者的数量而改变的定价策略，即消费者越多，平均每位消费者需要支付的就越少，消费者在该模式下对价格有主动权，可以去影响最终的价格，常见的众筹平台有淘宝众筹、京东众筹等。

（三）渠道策略

网络营销渠道是指借助互联网将产品或服务从生产者转移到消费者所经历的各个中间环节连接而成的路径。网络营销渠道策略分为渠道的推式策略、渠道的拉式策略和渠道的线上线下融合策略。

1. 渠道的推式策略

渠道的推式策略也称为高压策略，是指企业的销售人员主导推动分销渠道上的各环节人员推销的活动策略。常用的推销方法有走访推销法、服务推销法、示范推销法、网点销售法等。

2. 渠道的拉式策略

渠道的拉式策略也称吸引策略，是指由生产企业通过开展密集的广告宣传、销售促进等活动，引起消费者对产品的兴趣，消费者会向中间商寻购这些产品，中间商看到市场需求就会向生产企业进货，最终满足消费者的购买需求，达到促进销售的目的。常用的方法有广告宣传、产品代销、试销、产品展销会等。

3. 渠道的线上线下融合策略

“互联网+”时代给传统的渠道管理与运营带来了极大的挑战。消费者的生活与消费轨迹也日趋融合，因此，企业应整合线上线下渠道，结合两者的优势，拉近与消费者的距离，从各个方面提升消费者的购物体验。

（四）促销策略

网络促销是指通过互联网的形式来向市场传递有关产品或服务的信息，从而激发消费者的购买欲望使其产生购买行为。网络促销的形式有4种：网络广告、网站推广、销售促进和网络关系营销。

1. 网络广告

网络广告是指借助网络平台发布企业相关产品或服务信息，并进行宣传推广的方式。常见的有电子邮件广告、付费搜索广告、其他通过互联网媒介推销的商业广告等。

2. 网站推广

网站推广是指企业利用网络营销策略提高站点的知名度，增加网站流量以达到宣传和推广企业的产品或服务的目的。

3. 销售促进

销售促进是企业利用各种促销活动，如限时折扣、抽奖活动等或利用重大节日开展优惠来刺激消费者的购买，以达到促进网络销售的目的。

4. 网络关系营销

网络关系营销是指企业以互联网为渠道，与消费者、供应商、经销商等利益相关者建立密切的关系，为企业营造良好的环境，树立企业良好的形象，提高客户的忠诚度从而促进销售。常用的手段有事件营销、口碑营销、危机公关等。

二、网络广告

网络广告是指通过网站、网页、互联网应用程序等互联网媒介，以文字、图片、音频、视频或者其他形式，直接或者间接地推销商品或者提供服务的商业广告。

（一）网络广告的特点

1. 传播范围广

网络广告的传播范围广，不受时空的限制，可以通过互联网把广告信息全天候不间断地传播到世界各地。我国网民数量巨大，而且还在快速发展，这些网民是网络广告的受众，他们可以在世界上任何地方通过互联网随时随地地浏览广告，这种传播效果是传统媒体无法达到的。

2. 非强迫性传送资讯

众所周知，报纸广告、杂志广告、电视广告、广播广告、户外广告等都具有强迫性，都是强行灌输信息给受众。而网络广告则属于按需广告，具有报纸分类广告的性质，却不需要受众彻底浏览，可以自由查询，并根据潜在顾客的需要主动呈现和集中展示，既节省了受众的时间，又提高了广告的针对性和有效性。

3. 受众数量可准确统计

利用传统媒体做广告，很难准确地掌握多少受众接触到了广告信息，以报纸为例，虽然报纸的读者是可以统计的，但是刊登在报纸上的广告有多少人阅读却只能估计推测而不能精确统计。而在互联网上，可以通过权威、公正的访客流量统计系统，精确地统计每个广告的浏览人数以及这些用户的查阅时间和地域分布情况，从而有助于正确评估广告效果，进一步优化广告投放策略。

4. 具有灵活性

在传统媒体上做广告时，一旦推出后就很难更改，即使可更改往往也需要付出很大的经济代价。而在互联网上做广告能按需要及时更改广告内容，如果企业的经营策略有变化时，可以及时实施广告更改和推广。

5. 强烈的交互性和感官性

网络广告的载体基本都是多媒体文件，如果受众对产品感兴趣，仅需按动鼠标就能进一步了解更多、更详细、更生动的信息，如果用虚拟现实等新技术，更可以让顾客身临其境般感受商品或服务，并能在网上预订、交易、结算等，大大增加了网络广告的时效性。

（二）网络广告的形式

网络广告的形式复杂多样，主要有以下几种。

1. 横幅广告

横幅广告是最早的网络广告形式。它是以GIF、JPG等格式创建的图像文件，定位在网页中，大多用来展现广告内容。横幅广告具有通栏、旗帜、按钮、对联、浮动等表现形式。

2. 短视频广告

短视频广告指以时间较短的视频承载的广告，可以在社交软件、短视频App、新闻类App等指定界面实现在线播放。

3. 文本链接广告

文本链接广告是一行文字作为一个广告，是其他站点的文本链接。这是一种对浏览者干扰最少，但却极有效果的网络广告形式。由于文本传达的信息有限，要想起到良好的效果必须要有吸引人的创意内容。

4. 插播式广告

插播式广告也叫弹窗广告，是用户浏览网页时，强制插入一个广告页面或弹出一个广告窗口的广告形式。典型的插播式广告就是网页弹窗广告，它是强迫人们观看的，有些网站需要开通会员才能关闭这些广告窗口，插播式广告干扰用户浏览，用户体验感较差。

5. 搜索引擎广告

搜索引擎广告涉及多种方式，基本上是根据广告主支付的费用来换取搜索结果界面的优先排名位置。竞价排名是搜索引擎广告的主要形式。这是一种根据最高支付原则对购买相同关键字的网站进行排名的方法，竞价排名一般是按点击来付费，如果用户没有点击，则不收取广告费。在同一关键词广告中，单次点击出价最高的广告排在第一位，其他位置按照广告主出价不同，排名不同。如图8-3所示为百度的搜索引擎广告。

图8-3 百度的搜索引擎广告

6. 信息流广告

信息流广告又称原生广告，信息流广告以文字链接、图片、短视频等形式，以十分自然的方式融入用户所接受的信息当中，被认为是最不像广告的广告，用户触达率较高。这种广告基于大数据算法收集用户的行为数据和兴趣数据，将广告与用户的兴趣和需求进行精准匹配并推送给用户。信息流广告是最适合移动互联网时代的广告形式，如微信、微博、抖音、今日头条等都接入了信息流广告。如图8-4所示为微博的信息流广告。

7. 电子邮件广告

电子邮件广告是企业通过发送电子邮件的形式传播的广告，其具有目标精准、推广成本低、运作简单等特点，但也容易被客户所忽略或当作垃圾邮件处理。如图8-5所示为电子邮件广告。

8. 移动广告

移动广告是以移动终端如手机、平板电脑等为载体发布的广告，具有针对性强和交互性强、送达率高的特点。移动广告的表现形式丰富，包括图片、文字、视频等，还有在App上的创新广告形式，如开屏广告、激励广告等。如图8-6所示为微博的开屏广告。

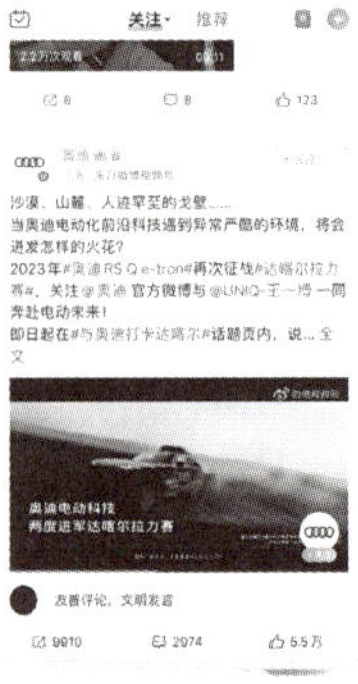

图8-4 微博的信息流广告

图8-5 电子邮件广告

图8-6 微博的开屏广告

第三节 常用的网络营销方法

网络营销的职能需要通过一种或者多种网络方法实现，下面简要介绍七种常见的网络营销方法。

一、事件营销

事件营销是企业通过策划、组织和利用具有名人效应、新闻价值及社会影响力的人物或事件，以网络为载体，吸引媒体、消费者的兴趣和关注，以建立、提高企业、产品或服务的知名度，树立良好的品牌形象并促成产品或服务的销售的营销方式。

事件营销主要分为两种模式：一种是企业将产品或服务与社会热点相结合，使消费者对热点话题的关注自然转移到企业的产品或服务上来；另一种是企业主动创造话题，并通过网络进行传播，使之成为消费者关注的热点话题。

网络事件营销的利益与风险并存，在事件营销开展后，企业要根据实际情况不断调整和评估风险，以做好应对的准备。

二、病毒营销

病毒营销是一种高效的网络信息传播方式，这种传播是用户之间自发的，鼓励目标受众把想要推广的信息像病毒一样传播给周围的人，让每个受众都成为传播者，使信息传播快速增长。

病毒营销的关键有三点，首先是要创建具有感染力的“病毒”；然后找到目标受众，这是指早期受众，可能是产品或服务的第一批体验者；最后确定传播渠道，可以通过微博、微信、QQ、论坛、短视频App等多种渠道传播。

三、软文营销

软文营销是指通过满足特定的概念诉求，以摆事实、讲道理的方式使消费者走进企业设定的思维圈以有针对性的心理攻势实现产品销售的网络营销方法。软文营销的关键是文笔好，引人入胜，使读者有持续阅读的冲动。营销的产品不同，软文的写作模式也不同，软文的撰写技巧如下：

（1）软文标题要具备吸引力。高质量的软文离不开用户的点击，标题是否有吸引力，往往是软文推广成功与否的一个关键因素。标题代表着文章的核心内容，好的标题会激发读者的阅读兴趣，如果没有吸引力的标题，软文内容写得再好，也无人点开。

（2）明确用户的需求和关注点。写作者需要认真研究目标受众的兴趣爱好和习惯特征，精准定位目标客户。软文的核心点就在于用户的需求和关注点，围绕核心去展开论述，用户看到想看的内容，软文才能发挥出价值。

（3）软文内容要做到主线逻辑条理清晰，正文排版合理，用户阅读体验感好。撰写的内容、分享的信息要有价值，植入的广告要自然融入。在撰写软文时可以制造热点、抓住热点或用流行词作为话题引入，融入观点和情感，强势宣传，使内容能引发话题和讨论，具有一定的争议性和共鸣。

四、短视频营销

短视频营销是指借助新媒体平台，发布优质的短视频内容来吸引用户、推广品牌、宣传产品等以实现促进产品销售的营销活动。短视频创作门槛较低，内容聚焦于技能分享、幽默搞笑、时尚潮流、街头访问、公益教育等人们感兴趣的话题，视频时长较短，从几秒到几分钟不等，用户可利用碎片化时间观看，也容易被用户分享，传播速度较快，社交性较强。目前比较常见的短视频平台有抖音、西瓜视频、快手等。

短视频营销的主要模式有广告植入、场景植入、情感共鸣等。广告植入就是将广告通过短视频传播给受众。场景植入是指企业通过短视频的方式营造特定的购物场景，营造一种身临其境的感觉并与顾客实时互动，以达到促销的目的。情感共鸣是企业从用户的情感需求出发，借助短视频引起用户在情感上的共鸣与反思，实现将情感基于营销当中的营销方式。短视频营销策略包括与关键意见领袖（KOL）合作，种草定向营销，发展网红经济；创作视频话题属性，推动视频社交；鼓励用户参与互动，比如积极参与内容创造，使品牌形象更加深入人心等。短视频营销的开展主要包括以下步骤。

（1）确定营销目标。在对产品和市场竞争环境、市场定位、市场细分和目标市场选择分析的基础上制定营销策略。

（2）选择短视频发布平台。分析不同平台的定位、用户规模和人群特征，选择与自身短视频定位相符的平台。

（3）制作短视频。包括短视频创意构思，脚本编写，拍摄和剪辑安排等。

（4）传播短视频。除了在平台上发布，还要充分利用其他渠道广泛传播，提高短视频的曝光率。

（5）粉丝开发与维护。主要是为了增加用户黏度，与粉丝积极互动交流等。

（6）分析短视频数据。数据分析包括平台推荐情况、用户观看次数、完播率、点赞、转发、评论情况等，为优化短视频提供数据基础。

五、直播营销

直播营销是企业或个人借助网络直播平台对产品进行多方位展示，并与用户进行实时互动交流，刺激用户的购买欲望，引导消费的营销模式。作为新型的网络营销方式，直播营销具有门槛低、投入少、覆盖面广、交互性强、真实性等特点。直播营销可以借助网络覆盖任何地点，极大地扩大了传播范围，发展潜在客户。在直播的过程中，主播可以全方位展示产品的性能优点，刺激顾客的消费欲望，根据营销场景不同甚至可以给顾客一种身临其境的体验。直播营销打破了传统的营销模式，是一种双向营销模式，改变了消费者的购物习惯，在直播当中直接及时与观众互动，及时解答观众的问题，满足消费者的猎奇心理，消除购买顾虑，同时也能更好地了解用户的意见和建议，为有效开展营销奠定基础。

直播平台主要有淘宝、抖音、快手等，常见的直播营销方式包括颜值营销：利用主播的颜值、才艺展示营销、对比营销、技能分享型营销、网红或名人营销等，下面简要介绍几种。

颜值营销：利用主播的颜值吸引粉丝进入直播间进行销售。

才艺展示营销：把直播间作为才艺展示舞台，例如吉他才艺展示，就可以和卖吉他的商家合作进行销售。

对比营销：将产品和上一代产品作对比分析，直观讲解新产品的优点，说服消费者购买。

技能分享型营销：主播分享知识或者技能，比如化妆技能分享、穿搭技巧分享等，让观众在学习的过程中提高产品的曝光度和刺激观众的购买欲望。

六、网络社群营销

网络社群营销是指通过互联网将有共同兴趣爱好的人聚集在一起，将一个兴趣圈打造成为消费家园，通过产品或服务来满足群体需求而产生的商业形态。网络社群营销是在网络社区营销及社会化媒体营销的基础上发展起来的用户连接及交流更为紧密的网络营销方式。社群营销的渠道包括微信、公众号、微博等，网络社群营销聚集的人群会通过各种关系延伸到陌生群体，最后形成一个庞大的市场。小米是应用网络社群营销的典范，小米利用微博获取新用户，利用论坛维持用户活跃度，利用微信做客服。微博平台可以为小米提供更多的新用户以及产品的关注度，获得巨大的浏览量，其中不乏有兴趣的浏览者购买产品，成为新用户。在进行新产品的设计时，小米会积极发布设计信息，与用户在微博、微信等平台进行讨论，增加用户的参与感，使人人成为设计的主角。

七、大数据营销

大数据营销是从电子商务平台获取海量数据并进行挖掘、分析用户的购买行为，寻找到目标客户并向其推送产品和服务，从而实现广告精准投放的网络营销方法。大数据营销的核心在于让网络广告在合适的时间通过合适的载体以合适的方式投放到合适的用户。

大数据营销具有时效性强、性价比高等特点，与传统广告相比，大数据营销可以最大限度地让广告投放做到有的放矢，避免广告资源浪费，还可以让企业准确找到顾客的需求点，更加有针对性地营销。然而，大数据营销可能会带来消费者个人隐私的泄露问题，消费者的身份信息、行为记录等隐私信息都有可能被大数据捕捉记录，在大数据时代更需要加强对平台的监管，避免任何平台非法收集、兜售数据。此外，还有大数据杀熟问题、网络信息安全问题等。

技能训练

实训任务 1　网络营销策划与实施

一、实训目的

通过本次实训，掌握网络营销的具体方法，并能够制定网络营销方案。

二、实训内容

江小白的成功之路

江小白是近年来白酒市场的网红产品，是重庆江小白酒业有限公司旗下品牌，于2012年注册商标，刚进入市场几年市场销售业绩就赶超一些老牌名酒，江小白坚守“简单包装、精制佳酿”的反奢侈主义产品理念，坚持“简单纯粹，特立独行”的品牌精神，以持续打造“我是江小白”品牌IP与用户进行互动沟通。

互联网时代，产品是营销的起点，互联网工具是连接好用户的支点。树立品牌形象，让品牌像人一样具有自己鲜明的个性，通过品牌故事、品牌形象、品牌文案等多样化地表现出来，抓住人心，抓住销量。江小白成功赋予品牌独特的个性，让江小白牢牢贴上“年轻人喝的”青春白酒这一标签。江小白的包装设计在白酒中是独一无二的，蓝色、白色的完美组合，打破传统白酒包装“酒坛”的形状以磨砂扁玻璃瓶装抓人眼球，赋予“江小白”青春的活力；江小白的卡通人物形象——戴眼镜系围巾的年轻小伙子的卡通形象，典型的“80后”“90后”的代表，将品牌拟人化，与现在的年轻人相符，追求的是简单快乐的生活。江小白的品牌建立之初，恰好是微博最为红火的时候。江小白在品牌精神上就留了大量的空白，让消费者来完成。江小白每一瓶白酒包装，均配上独树一帜的经典语录，这些看起来很文艺的语录，很多都是从粉丝那边征集而来，不过，却又能恰好击中他们心中的情感痛点，让语言的表达功能与消费者进行亲密的互动。此外，江小白推出的表达瓶，让企业和用户真正地互动了起来，“我有一瓶酒，我有话对你说”。只需要扫二维码，用户就可以定制自己的语录，分享朋友圈。江小白2.0版就是把产品变成像微博、微信朋友圈一样也成为表达自己态度和行为的载体，还可以发到朋友圈跟朋友炫耀，头像变成了江小白的广告语，成为它的代言人。

资料来源：https://baijiahao.baidu.com/

思考：

1. 分析江小白是如何通过网络营销“走红”的？

2. 根据所学的知识，以小组为单位，自选企业或品牌，通过查阅资料、网络市场调查等并借鉴江小白的网络营销策略，制定一份网络营销策划书。

实训任务2　短视频营销

一、实训目的

通过本次实训，掌握短视频营销的工作流程，熟悉短视频营销策略并分析短视频营销的优缺点。

二、实训内容

以小组为单位，自选一款产品，收集相关资料，制定短视频营销方案，包括选择合适的投放平台、确定短视频营销的目标和主题、短视频创作内容与方式、制定营销策略等，做成PPT展示。

课后习题

一、不定项选择题

1. 产品的整体概念分为（　　）。
   A. 核心利益层次　B. 有形产品层次　C. 期望产品层次
   D. 延伸产品层次　E. 潜在产品层次
2. 病毒性营销策略包括（　　）。
   A. 创建有感染力的“病毒”　B. 确定传播理由
   C. 找到目标受众　D. 选择初始传播渠道
3. 事件营销的切入点一般包括（　　）。
   A. 公益事件　B. 危机事件　C. 冷门事件　D. 聚焦事件
4. 直播营销的特点包括（　　）。
   A. 门槛低、投入少　B. 覆盖面广　C. 交互性强　D. 真实性
5. 网络营销的目标包括（　　）。
   A. 宣传企业　B. 推广产品　C. 促进销售　D. 研发产品
6. 大数据营销的核心是（　　）。
   A. 精准营销　B. 预测分析　C. 个性化营销　D. 移动互联网
7. 短视频营销的步骤包括（　　）。
   A. 制作短视频　B. 确定营销目标
   C. 选择发布平台　D. 分析短视频数据
8. 网络营销策略包括（　　）。
   A. 价格策略　B. 产品策略　C. 渠道策略　D. 促销策略

二、简答题

1. 简述网络营销的功能。
2. 简述网络广告的形式。
3. 简述网络营销的方法。
4. 简述直播营销的方式。

总结与提高

本项目主要学习了网络营销的含义及功能，网络市场调研的步骤，分析了网络营销策略，其中包括产品策略、价格策略、渠道策略及促销策略。介绍了网络广告及网络营销方法，具体包括事件营销、病毒营销、软文营销、短视频营销、直播营销、网络社群营销及大数据营销。通过学习，学生应充分掌握网络营销的方法和策略，能自主制定营销方案，做好网络推广。

项目九 网络直播

学习目标

目标类型	目标内容
知识目标	掌握直播电商的概念 了解直播电商的发展历程 了解网络直播平台的分类
技能目标	能掌握直播前的准备 能完成直播流程
素养目标	增强对网络直播的兴趣 培养学生开展网络直播的能力，增强直播自信

思维导图

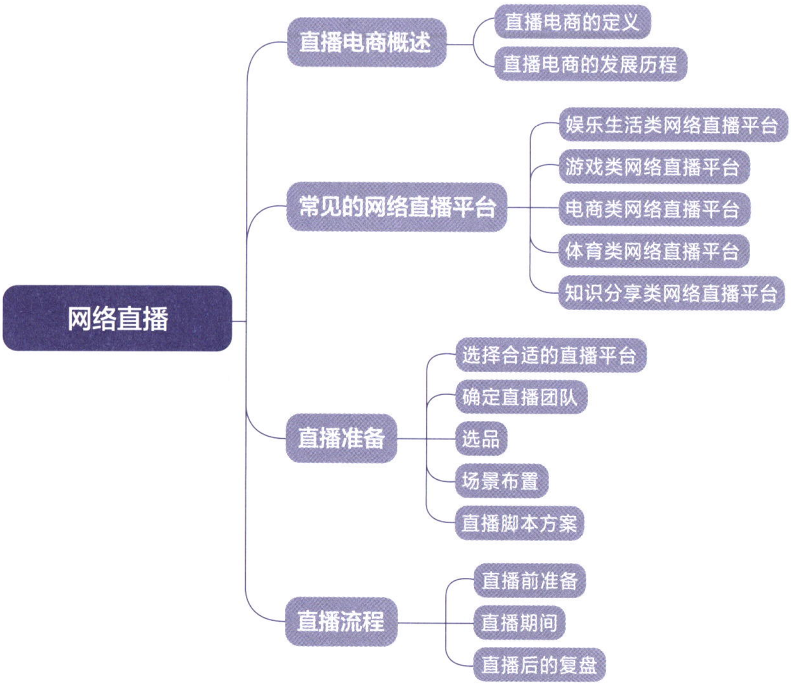

案例导入

3 小时 20 万单！茂名高州桂味荔枝在东方甄选直播间卖爆了

2023年6月17日，东方甄选溯源直播走进广东茂名市荔枝果园，推售桂味荔枝。刚开播五分钟，直播间就售出1万单荔枝，高峰时直播间同时在线人数一度突破5万人，茂名桂味荔枝受到全国网友追捧，如图9-1所示。

本次上架东方甄选直播间的茂名桂味荔枝规格为4.5斤净重，单果克重在16克以上，糖度在18以上，直播间折后售价为65.55元。“现在正是桂味荔枝的黄金赏味期！”东方甄选负责人“东方小孙”和人气主播“东方中灿”穿梭在挂满荔枝果的果园中，通过镜头向全国网友推介茂名桂味荔枝。

图9-1　茂名桂味荔枝直播截图

“我们的荔枝都是全程冷链发货，从采摘下来就进入冷链，非常新鲜。”东方甄选的主播一边卖力介绍，一边带网友“云体验”采摘荔枝，现场随手摘下荔枝测糖分，甜度均在19以上。国家荔枝龙眼产业技术体系茂名综合试验站钟站长也走进直播间，与两位主播一起向网友科普荔枝种植知识、介绍茂名荔枝产业情况。

在直播间评论区（图9-2），全国网友们的评论持续刷屏，纷纷表示已下单，与主播热情互动。

伴随着东方甄选主播热情、用心地推荐，短短三个多小时的直播，20万单茂名桂味荔枝全部售完。

资料来源：南方农村报

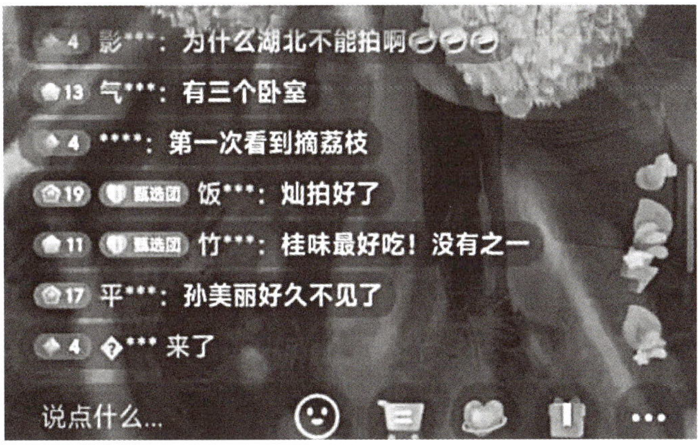

图9-2　直播间评论区

案例思考

1. 案例中的荔枝是怎么打开销路的？请列举2~3个优秀直播账号，这些直播号是如何引起你兴趣的？

2. 直播过程中如何吸引更多的流量？如何提升下单量？

第一节 直播电商概述

一、直播电商的定义

直播电商是以直播为渠道来达成营销目标的电商形式。它是数字化时代背景下直播与电商双向融合的产物，直播电商以直播为手段重构“人、货、场”三要素，但本质仍是电商。“人、货、场”三要素分别代表如下。

人，即直播间的顾客群体。了解顾客群体的人群画像，有助于精准营销。时代已经从“人找货”变成“货找人”。

货，即产品和供应链。首先，产品的卖点要吸引顾客，在竞争中凸显差异并脱颖而出。其次，直播带货表面上拼的是流量，本质上拼的还是产品供应链。

场，即直播间的场景搭建和场地。场景能够很好地营造氛围，场地是人们与货品沟通的媒介。

据网经社“电数宝”电商大数据库显示，如图9-3所示，直播电商渗透率（直播电商渗透率=直播电商交易规模/网络零售交易规模）在2022年达到25.3%，增长率为40.79%，增速放缓。

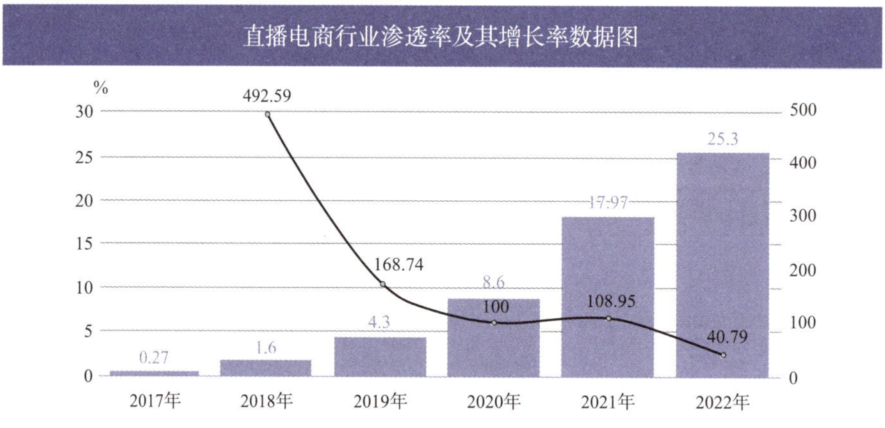

图9-3 直播电商行业渗透率及增长率数据图

二、直播电商的发展历程

（一）萌芽期

2016年，电商各行业布局电商直播，各大代表性的电商平台与短视频陆续上线直播功能，其中标志性事件有：1月，快手上线直播功能；3月，蘑菇街上线直播功能；5月，淘宝开通直播平台；9月，京东上线直播功能。“直播+电商”模式基本成型。

（二）探索期

2017年，电商各行业开始对“直播+电商”商业模式进行探索，其中标志性事件有：7月，苏宁App正式上线直播功能，蘑菇街直播功能加入女装小程序，组件商家联盟解决供应链问题；11月抖音上线直播功能；12月淘宝推出“超级IP入淘计划”，推动淘宝直播发展。这一年直播电商产业链更加完善，主播类型和带货商品种类也更加多元。

（三）蓄能期

2018年，电商各行业对“直播+电商”商业模式进行探索趋于成熟，其中标志性事件有：3月，抖音推出购物车功能，开启直播带货；5月，抖音上线店铺入口；6月快手与有赞合作推出“短视频导购”，增加“快手小店”；淘宝直播窗口显示在淘宝App首页。各平台纷纷孵化直播红人，整合供应链，加快闭环营销。

（四）爆发期

2019年，电商各行业“直播+电商”商业模式稳定发展。多方平台加入直播，直播电商进入爆发期，其中标志性事件有：微信公众号试运营直播带货；淘宝直播独立App上线；“双十一”直播电商成为各商家抢夺客户的重要营销模式；抖音加大直播投入，推出巨量鲁班工具。

（五）渗透期

2020年，直播电商生态逐渐形成了一套完整闭环，成为稳定的线上购物场景，直播电商基地初具雏形，商务部新闻发言人表示，据商务部大数据监测，2020年第一季度电商直播超过400万场，大规模明星参与直播带货，电视台加入直播带货大军。

（六）常态化

2021年，无论是品牌、达人，还是明星、普通素人都积极参与网络直播，全民电商形成，网络直播成为商家的重要营销手段。由于直播行业乱象频出，相关部门推出《网络直播营销管理（试行）》法律法规，完善网络直播市场。

第二节　常见的网络直播平台

经过近几年的发展，网络直播始终保持着上升的态势，通过对直播用户的分析，目前市场上常见的直播类型有以下几种：娱乐生活类、游戏类、电商类、体育类和知识分享类五大直播平台。

一、娱乐生活类网络直播平台

生活水平的提高使得人们更注重精神生活，而娱乐是提升人类精神生活的重要途径。人们通过娱乐类网络直播平台，可以实现“全民互动”，通过娱乐价值从而获取收益。娱乐生活类直播分为娱乐直播和生活直播两种。娱乐直播主要是主播才艺表演，比如弹琴、跳舞、画画、相声等，都可以在直播平台展示；生活直播包括逛街、做饭、出行等生活记录的方式，展现给用户。目前，在娱乐生活类网络直播平台处于领先地位的有抖音、快手、哔哩哔哩等。

二、游戏类网络直播平台

在当前各式各样的直播中，游戏直播无疑是十分热门的存在。游戏直播源于虚拟世界，内容丰富多彩，十分容易在社交网络传播。其中，游戏直播分为两个赛道：一个是端游直播，一个是手游直播。游戏直播的受众大多是青少年群体，这些忠实的粉丝不仅有超高的热情，而且有极强的消费能力，推动了游戏直播行业的发展，游戏开发商也会定时推出职业赛事，吸引用户参与。其中，较大的游戏直播平台是斗鱼和虎牙。

三、电商类网络直播平台

电商直播是基于直播形式的产品售卖，将原来线下及电商平台的消费场景转移到直播间。在网络消费环境中，直播间消费者可以得到商品的实时解答，快速打消对商品的疑虑。作为2022年电商直播具有影响力事件之一，东方甄选的走红不仅搅动了直播行业的风云，更是让不少谋求转型的企业看到了电商直播巨大的潜力，而其背后代表的时代浪潮是发展的必然。目前，作为第一梯队的电商直播平台有淘宝直播、快手直播和抖音直播。

四、体育类网络直播平台

体育直播是专业的赛事解说或体育知识的网络直播，在直播中，主播通过弹幕的形式与网友实时互动，在线为广大体育爱好者提供最新的体坛咨讯和赛场战况。随着越来越多的体育明星进驻直播平台，体育明星秀场直播浪潮趋势明显。对于体育明星而言，其价值要延续下去，也需要打造个人IP，这样才能将其巅峰时候的商业价值维持下去。其中，土猫直播、亚体直播都是用户喜爱的体育类网络直播平台。

五、知识分享类网络直播平台

随着时代的发展，人们对于知识的获取需求增大，许多知识分享类网络直播平台应运而生。知识在通过不断地沟通交流和思想碰撞中得到发展和创新。知识的分享只会使双方都受益，并促进社会经济不断发展，因此，知识分享类产品在市场发展中有非常广阔的发展前景。其中，知乎、头条是知识传播互动重要平台，它们是基于兴趣构建的问答社区，在这里，用户可以自由提问，参与讨论，也可以参与回答，并记录自己发表观点的过程。用户可以在平台中开直播或者观看别人的直播学习知识，也可以发表想法、写文章、传视频和开直播的形式分享知识。

第三节 直播准备

人们常说“不打无准备之仗”。对于任何工作而言，充分的准备工作都是十分有必要的。对于直播营销而言，准备工作的重要性尤为突出。因为准备工作越充分，直播成功的概率就越大。那直播前，我们应该做哪些准备呢？

一、选择合适的直播平台

每一个短视频平台在用户心中都有独一无二的定位。直播前要根据产品的人群定位，选择与之对应人群的直播平台，直播的成功率才能大大增加。以当前流量较大的直播平台淘宝直播和抖音直播为例，淘宝直播是通过向消费者提供与商品相关的视频内容，对商品进行补充，使商品展示更立体，影响其购买决策，从本质上说，消费者在有消费意愿后为了更了解产品或者以更低价格购买商品而进入淘宝直播。抖音直播的消费者大多以娱乐为主，顺带购买主播推荐的商品。因此，如果该公司平时以短视频业务为主，产品为辅，并且孵化了人气较高的主播，在电商直播时选择抖音直播；反之，如果公司以产品业务为主，娱乐视频为辅，则选择淘宝直播平台。

二、确定直播团队

在一场直播活动中，直播团队可大可小，大到几十人，小到只有主播一个人，而常见的主播团队则是由主播、副播、中控、运营组成的。主播是形象门面，所有幕后工作都需要主播呈现出来。主播职责是讲解产品、介绍活动、统筹全场、与粉丝互动。副播则随时关注直播的内容，配合主播，活跃气氛，负责促单配合、引导关注、提示活动和卖点提醒。中控在开播前要对相关软件硬件进行调试，操作直播后台和控制直播节奏，要随时关注台前的指令和台后的数据，及时上链接、对产品进行改价，进行库存核对等。运营则负责直播间活动的策划工作和团队协作，比如直播方法、产品销售策略、广告投放，以及团队内外的协调，比如封面图片的设计、奖品发放、仓库和售后等外部协调以及直播流程出现问题的内部协调等。

三、选品

直播带货是具有场景感、沉浸感的互动式带货。人都是视觉动物，好品相的产品也更能激发人们的购物欲望，所以，在选品上尽量选择外观、质地对人有视觉冲击力以及使用效果前后反差明显的产品。其次，直播间常见的产品结构分别是引流款、利润款和活动款。引流款是指为直播间引进流量的商品，通常是性价比高的产品；利润款是指盈利高的产品，质量高，有独特之处，用户对这类产品的价格敏感程度不高；活动款的目的是清库存、冲销量或者宣传品牌，为活动而存在，吸引对活动或价格敏感的人。

四、场景布置

在直播环境中，直播场景影响粉丝在直播间的时长。在直播间场景布置中，首先，要准备好直播设备及设备调试。直播设备包括补光灯、手机支架、摄像头、麦克风、声卡等，设备调试包括灯光、手机摄像头的位置、检查网络等。其次，要把商品在镜头前合理地摆放，刺激消费者的购买欲望。再次，如果有软装布置，也要适当地调整。最后，关注货品上镜展示的效果。因为，在现实中和在直播间中看产品的价值感存在差距。

五、直播脚本方案

一场成功的网络直播离不开好的直播脚本方案。直播脚本方案不只给主播看，而是要让所有的工作人员都提前了解直播脚本里的内容，明确自己要做哪些工作，让团队成员之间的信息保持同步，沟通顺畅，也让主播更好地掌控直播间的节奏，提高带货转化。表9-1是2小时的直播脚本方案范例。

表 9-1 直播脚本方案

××× 直播间脚本方案				
直播主题	×× 宠粉专场	直播目标		清仓换季服装，降低库存
开播时间	1 月 20 日 20：00~22：00	人员安排	主播	陈 ××
			副播	李 ××
			中控	关 ××
			运营	王 ××
准备工作	筹备直播需要的所有产品 / 推销技巧 / 内容 / 道具等			
时间节点	主题			
5 分钟	嘘寒问暖、抽奖暖场、剧透今天直播间活动			
30 分钟	秒第一波限量品 / 介绍产品			
10 分钟	抽奖、抽大额无门槛优惠券			
30 分钟	秒第二波限量品 / 介绍产品			
10 分钟	关注主播，抽免单			
30 分钟	秒第三波限量品 / 介绍产品			
5 分钟	剧透明天特价商品、关注主播，明天准时来有礼品、明天开播时间			

第四节 直播流程

随着直播行业的兴起，很多人纷纷入局直播行业。在直播流程中，一般分为直播前准备、直播期间和直播后的复盘。

一、直播前准备

（一）直播主题

在直播前要确认直播主题。直播主题一般包括娱乐生活直播、转化带货直播和知识分享直播。

（二）产品道具准备

首先，选择合适的产品在直播间销售，根据产品制定相应的营销方案。接着，制作产品的道具，比如产品尺码表、材质属性表、质检报告、其他平台的比价图来打消用户在购买时的顾虑，并用助播手机在直播间演示怎么点关注和参加互动，帮助转化。

（三）直播预告

正式开始直播前，拍摄视频在平台上预热、编写预告文案分享在微博或微信朋友圈等其他平台，进行站外引流，在账号头像的名字或账号简介上加入直播时间等多种方式推广。

（四）直播间功能设置

在直播间设置即将上架的产品、建立推广计划、选择相应的直播话题和提前设计直播间封面图。

（五）设置直播间敏感词

开直播的时候，可以自行设置屏蔽词，屏蔽掉不想让用户表达的评论，用户发布有屏蔽词的评论之后，只有用户自己能看到，直播间和其他观众看不到，消除直播间的不良反馈，避免过量杂乱的信息干扰，放大正面反馈，提高用户下单成交的欲望。

（六）脚本演练

在正式直播中没有重来的功能，所以要尽量避免在直播中出现错误。在直播前，所有工作人员根据全流程脚本排练梳理，发现问题及时改正或制定应急方案，每个人要清楚自己的职责和直播顺序，尤其是主播，要对即将上架的直播产品有充分的了解。

二、直播期间

（一）状态调整，节奏一致

开播时，所有团队人员都应该紧跟主播节奏，而不是各忙各的。直播中主播的状态要随时调整为最佳状态。

（二）直播后台配合

用户在镜头前看见只有一个主播在直播间，实则，镜头以外是“千军万马”的工作人员。工作人员在后台要负责上链接、放音乐、摆样品、检查发的红包账号是否有足够金额、直播间出现黑粉要及时处理、及时检查网络设备是否正常等工作。

（三）增加与粉丝互动频率

直播时与观众互动不够，容易出现冷场的情况。那么，应如何与粉丝进行有效的互动呢？第一，连麦直播。连麦直播不仅可以解决内容问题，缓解面对镜头的紧张焦虑，还可以调动粉丝的积极性。第二，与粉丝聊天。对于粉丝提出的问题要及时回答，回答问题时要有耐心，此外，也可以通过向粉丝提问来提高互动率，调动观众直播互动的热情。第三，记住几个好用的互动技巧。比如，直播开场的聊天技巧为“欢迎亲爱的宝贝们，没有关注主播的记得关注哦。”直播时遇到铁杆粉丝，可以说“×××人美话不多，每次来我直播间给我捧场，非常感谢。”在下播时，可以说“主播还有10分钟就要下播了，非常感谢大家的陪伴，今天和大家分享了×××产品，希望对你们有帮助。还没关注主播的记得给主播点点关注，这样明天才能第一时间收到主播的开播提醒哦。”第四，在直播间适当放点儿音乐，营造直播间的氛围感。

（四）数据监控

在直播期间，运营要实时监控直播后台数据指标，常见的指标有停留时间、关注率、互动率、转化率等，根据数据及时调整，提醒主播状态。如果数据出现较大问题，就要调整直播节奏和直播流程。

三、直播后的复盘

直播复盘就是在一场活动后，由主播和其他直播团队成员一起，针对此次直播活动进行回顾，并从不同角度进行分析、汇总、反思，从而达到查漏补缺、积累经验的目的。

（一）对直播团队人员的复盘

直播结束后，对直播团队人员在直播中的工作表现进行复盘，主播在直播间的精神状态是否能带动直播间的气氛、对产品卖点是否熟悉；副播配合主播的灵敏度和配合度是否合格；中控在直播后台操作，包括产品的上下架、价格修改、优惠券发放是否及时；运营的策划营销方案是否能提升产品转化等。

（二）对直播场景复盘

对直播场景进行复盘，包括灯光、产品陈列、设备、背景墙等，看是否还有改进空间。

（三）产品复盘

对直播中的选品复盘，通过直播中观众对产品的感兴趣程度、本场直播的关注度、主播过品的流程、产品营销策略、直播间的下单转化率等多个角度考察直播间的选品是否合理。

（四）数据复盘

直播数据能最直接地反映直播效果。在直播结束后，对数据大盘中停留时长、转化率、转粉率、互动率等进行考察。

技能训练

网络直播实训

一、实训目的

通过本次实训，掌握直播场景的搭建，了解直播团队中的主要工作岗位和能力要求。

二、实训素材

计算机、互联网。

三、实训内容

直播间一体化作为与用户直接交流的载体，通过在直播间布景、主播外貌、直播聊天技巧上最大化地承担定位的展现。

如果要高效强化账号定位，那么直播间的布景，就应该能够明确体现，这是一个卖什么的直播间，比如直播带货的产品为零食类目，直播间布置的背景墙面、商品的陈列都要传递出这是一个零食博主的直播间。其次在主播外貌上，打扮应为俏皮风，让人感觉就像一个爱吃零食的主播，与账号人设相符。最后在全程的直播中，聊天技巧应重复强调产品卖点和在直播间下单的优势，提高顾客对直播间产品的兴趣，从而促成下单。

1. 按照所学的知识和资料查询，选择一个产品类目，简述搭建一个直播场景必备的要素是什么，并尝试搭建起来。

2. 请组织直播团队，任选一个自己熟悉的直播平台，根据直播全流程的步骤，开始一场属于自己的直播。

课后习题

一、不定项选择题

1. 我们常见的网络直播平台有哪些（　　）。

A. 娱乐生活类　B. 游戏类　C. 吃播探店类　D. 知识分享类

2. 在开始一场直播前，需要做哪些准备（　　）。

A. 选择合适的平台　B. 确定直播团队　C. 场景布置　D. 直播脚本方案

3. 以下哪项不属于直播流程中直播前的准备工作（　　）。

A. 直播道具准备　B. 直播预告　C. 脚本演练　D. 数据监控

4. 直播后的复盘工作包括哪些（　　）。

A. 人员工作的复盘　B. 直播场景复盘　C. 产品复盘　D. 数据复盘

5. 数据复盘中，运营应该关注哪些数据（　　）。

A. 停留时长　B. 转化率　C. 客单价　D. 转粉率

二、简答题

1. 简述什么是直播电商。
2. 常见的网络直播平台有哪些？
3. 在直播前，需要做哪些准备工作？
4. 简述直播流程的步骤。

总结和提高

本项目主要学习了直播电商的概念，了解直播电商的发展历程和常见的网络直播平台有哪些，建议学生充分掌握直播前的准备和直播全流程的工作内容，熟悉直播团队的工作内容，为后续职业发展奠定基础。

项目十 电子支付

学习目标

目标类型	目标内容
知识目标	了解电子支付的相关概念和技术 掌握电子支付的相关工具 掌握第三方支付的相关概念和流程 掌握第三方支付的常用工具 掌握移动支付的概念和相关工具
技能目标	能掌握支付工具的优势和劣势 能熟练使用第三方支付工具
素养目标	培养学生的自信心 增强学生的信息素养和网络文明意识

思维导图

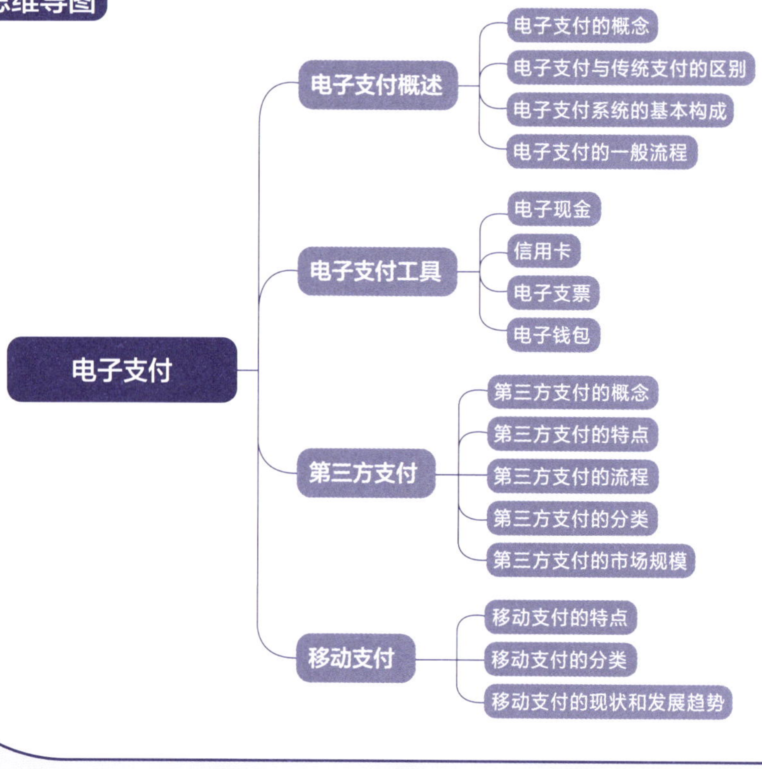

案例导入

截至2022年6月，我国网络支付用户规模达9.04亿人，较2021年12月增长81万人，占网民整体的86.0%（图10-1）。

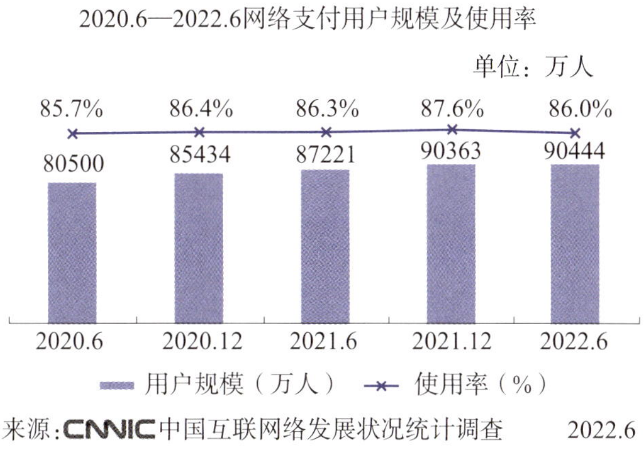

图10-1　2020.6-2022.6网络支付用户规模及使用率

我国网络支付市场秩序不断规范，支付服务质量持续提升，产业保持健康发展态势。数据显示，2022年第一季度银行共处理网上支付业务235.70亿笔，金额585.16万亿元，同比分别增长4.60%和5.72%；移动支付业务346.53亿笔，金额131.58万亿元，同比分别增长6.24%和1.11%。

数字人民币不断融入互联网平台，支付生态逐步形成。截至2021年12月，已有50余个第三方平台支持数字人民币交易，数字人民币支付生态越加丰富。一是生活服务类平台为数字人民币提供多元消费场景，吸引用户使用。以美团、京东、携程等为代表的互联网生活服务平台，连接海量线下实体商户及用户，助推数字人民币快速进入网民日常生活。2022年1月起，美团面向全国试点城市居民发放数字人民币民生消费补贴，覆盖200多类消费场景，截至4月已累计带动各类民生消费超140亿元。二是第三方支付平台积极参与数字人民币试点，寻求业务机会。2021年11月，易宝支付开通数字人民币受理业务，并正式在厦门航空官网上线；截至2022年1月，拉卡拉参与了全部数字人民币试点地区的试点工作，并开发出一系列数字人民币应用产品；4月，微信宣布在试点区域中，开放对数字人民币的支持；支付宝上线“数字人民币”搜索功能，帮助新用户更方便地开通数字人民币钱包，截至5月5日，近600万个数字人民币子钱包已被推送至支付宝服务的商户。

网络支付持续向乡村下沉，推动普惠金融进一步发展。数据显示，截至2022年6月，我国农村地区网络支付用户规模为2.27亿，占农村网民的77.5%。一是政策持续推动农村网络支付普及。2022年，《数字乡村发展行动计划（2022—2025年）》《“十四五”推进农业农村现代化规划》《关于做好2022年金融支持全面推进乡村振兴重点工作的意见》等政策相继出台，通过加强农村数字基础设施建设、加大“三农”领域金融支持等措施，推动网络支付加速普及。二是农村网络支付场景不断丰富、使用更加便利。近年来，移动支付便民工程进一步向乡村纵深发展，除覆盖交通、医疗、零售、教育、公共缴费等传统生活服务领域外，还在农村特色产业、农产品收购等领域深入应用，创新助农服务模式，提升农村地区支付便利化水平，带动农村网民使用。

案例思考

1. 网络支付的优势有哪些?
2. 网络支付的主要工具有哪些?

第一节 电子支付概述

20世纪90年代，国际互联网迅速走向普及化，逐步从大学、科研机构走向企业和家庭，其功能也从信息共享演变为一种大众化的信息传播手段，商业贸易活动逐步进入这个王国。通过使用互联网，既降低了成本，也造就了更多的商业机会，电子商务技术从而得以发展，使其逐步成为互联网应用的最大热点。为适应电子商务这一市场潮流，电子支付随之发展起来。

一、电子支付的概念

电子支付是指消费者、商家和金融机构之间使用安全电子手段把支付信息通过信息网络安全地传送到银行或相应的处理机构，用来实现货币支付或资金流转的行为。

2005年10月，中国人民银行公布《电子支付指引（第1号）》，规定："电子支付是指单位、个人直接或授权他人通过电子终端发出支付指令，实现货币支付与资金转移的行为。电子支付的类型按照电子支付指令发起方式分为网上支付、电话支付、移动支付、销售点终端交易、自动柜员机交易和其他电子支付。"简单来说，电子支付是指电子交易的当事人，包括消费者、厂商和金融机构，使用安全电子支付手段，通过网络进行的货币支付或资金流转。电子支付是电子商务系统的重要组成部分。

二、电子支付与传统支付的区别

与传统的支付方式相比，电子支付具有以下特征：

（1）电子支付是采用先进的技术通过数字流转来完成信息传输的，其各种支付方式都是通过数字化的方式进行款项支付的，而传统的支付方式则是通过现金的流转、票据的转让及银行的汇兑等物理实体来完成款项支付的。

（2）电子支付的工作环境基于一个开放的系统平台（即互联网），而传统支付则是在较为封闭的系统中运作。

（3）电子支付使用的是先进的通信手段，如Internet、Extranet，而传统支付使用的则是传统的通信媒介；电子支付对软、硬件设施的要求很高，一般要求有联网的计算机、相关的软件及其他一些配套设施，而传统支付则没有这么高的要求。

（4）电子支付具有方便、快捷、高效、经济的优势。用户只要拥有一台可以上网的计算机或者手机，便可足不出户，在很短的时间内完成整个支付过程。

在电子商务中，支付过程是整个商贸活动中非常重要的一个环节，同时也是电子商务中对准确性、安全性要求最高的业务过程。电子支付的资金流是一种业务过程，而非一种技术，但是在进行电子支付活动的过程中，会涉及很多技术问题。

三、电子支付系统的基本构成

电子支付系统是指由提供支付服务的中介机构、管理货币转移的法规以及实现支付的电子信息技术手段共同组成的，用来清偿经济活动参加者在获取实物资产或金融资产时所承担的债务，即把新型支付手段（包括电子现金、信用卡、借记卡、智能卡等）的支付信息通过网络安全传送到银行或相应的处理机构来实现电子支付。因此支付系统是重要的社会基础设施之一。

电子支付系统是实现电子支付的基础，电子支付系统的发展方向是兼容多种支付工具，但目前的各种支付工具之间存在较大差异，分别有自己的特点和运作模式，适用于不同的交易过程，因此当前的多种电子支付系统通常只是针对某一种支付工具而设计的。Mondex系统、First Virtual系统和FSTC系统是目前使用的几种主要的电子支付系统。

网上支付是电子支付系统的发展和创新。传统的银行结算支付指令的传递完全依靠面对面的手工处理和经过邮政、电信部门的委托传递，因而存在着结算成本高、凭证传递时间长、在途资金占压大、资金周转慢等问题。电子资金转账系统缩短了银行之间支付指令的传递时间，并减少了在途资金的占压。

基于互联网的电子交易支付系统由客户、商家、认证中心、支付网关、客户银行、商家银行和金融专用网络七个部分组成（图10-2）。

客户一般是指利用电子交易手段与企业或商家进行电子交易活动的单位或个人。它们通过电子交易平台与商家交流信息，签订交易合同，用自己拥有的网络支付工具进行支付。

商家是指向客户提供商品或服务的单位或个人。在电子支付系统中，它必须能够根据客户发

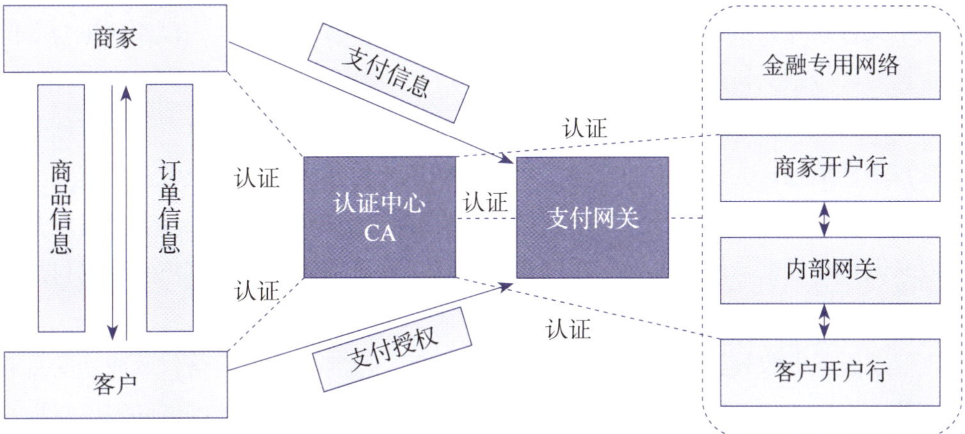

图10-2　电子支付系统的基本构成

出的支付指令向金融机构请求结算，这一过程一般是由商家设置的一台专门的服务器来处理的。

认证中心是交易各方都信任的公正的第三方中介机构，它主要负责为参与电子交易活动的各方发放和维护数字证书，以确认各方的真实身份，保证电子交易整个过程的安全稳定进行。

支付网关是完成银行网络和互联网之间的通信、协议转换和进行数据加、解密，保护银行内部网络安全的一组服务器。它是互联网公用网络平台和银行内部的金融专用网络平台之间的安全接口，电子支付的信息必须通过支付网关处理后才能进入银行内部的支付结算系统。

客户银行是指为客户提供资金账户和网络支付工具的银行，在利用银行卡作为支付工具的网络支付体系中，客户银行又被称为发卡行。客户银行根据不同的政策和规定，保证支付工具的真实性，并保证对每一笔认证交易的付款。

商家银行是为商家提供资金账户的银行，因为商家银行是依据商家提供的合法账单来工作的，所以又被称为收单行。客户向商家发送订单和支付指令，商家将收到的订单留下，将客户的支付指令提交给商家银行，然后商家银行向客户银行发出支付授权请求，并进行它们之间的清算工作。

金融专用网络是银行内部及各银行之间交流信息的封闭的专用网络，通常具有较高的稳定性和安全性。

四、电子支付的一般流程

基于互联网平台的网上支付一般流程如下。

（1）客户接入互联网，通过浏览器在网上浏览商品，选择货物，填写网络订单，选择应用的网络支付结算工具，并且得到银行的授权使用，如银行卡、电子钱包、电子现金、电子支票或网络银行账号等。

（2）客户机对相关订单信息，如支付信息进行加密，在网上提交订单。

（3）商家服务器对客户的订购信息进行检查、确认，并把相关的、经过加密的客户支付信息转发给支付网关，直到银行专用网络的银行后台业务服务器确认，以期从银行等电子货币发行机构验证得到支付资金的授权。

（4）待验证确认后，通过建立起来的经由支付网关的加密通信通道，给商家服务器回送确认及支付结算信息，为进一步的安全，给客户回送支付授权请求（也可没有）。

（5）银行得到客户传来的进一步授权结算信息后，把资金从客户账号上转拨至开展电子商务的商家银行账号上，借助金融专用网进行结算，并分别给商家、客户发送支付结算成功信息。

（6）商家服务器收到银行发来的结算成功信息后，给客户发送网络付款成功信息和发货通知。至此，一次典型的网络支付结算流程结束。商家和客户可以分别借助网络查询自己的资金余额信息，以进一步核对。

第二节　电子支付工具

随着计算机技术的发展，电子支付的工具越来越多。这些支付工具可以分为三大类：电子货币类、电子信用卡类、电子支票类，其中电子货币类，主要包括电子现金、电子钱包等；电子信用卡类，主要包括智能卡、借记卡、电话卡等；电子支票类，主要包括电子支票、电子汇款、电子划款等。这些方式各有自己的特点和运作模式，适用于不同的交易过程。

电子货币具有货币基本功能，包括价值尺度、流通手段、存储手段、支付手段和世界货币的电子信息，其流通手段、存储手段和支付手段是以电子信息方式实现并通过计算机、网络系统、公共信息平台来予以支持的。以下主要介绍电子现金、信用卡、电子支票和电子钱包。

一、电子现金

（一）电子现金的基本概念

电子现金是一种以数据形式流通的、能被客户和商家普遍接受的、通过互联网购买商品和服务时使用的货币。它把现金数值转换成为一系列的加密序列数，通过这些序列数来表示现实中各种金额的市值，用户在开展电子现金业务的银行开设账户并在账户内存钱后，就可以在接受电子现金的商店购物了。

（二）电子现金的基本特性

电子现金在经济领域起着与普通现金同样的作用，对正常的经济运行至关重要。电子现金具备以下性质：

（1）独立性。电子现金的安全性不能只靠物理上的安全来保证，必须通过电子现金自身使用的各项密码技术来保证电子现金的安全。

（2）不可重复花费。电子现金只能使用一次，重复花费能被容易地检查出来。

（3）匿名性。银行和商家相互勾结也不能跟踪电子现金的使用，就是无法将电子现金的用户的购买行为联系到一起，从而隐蔽电子现金用户的购买历史。

（4）不可伪造性。用户不能造假币，包括两种情况：一是用户不能凭空制造有效的电子现金；二是用户从银行提取N个有效的电子现金后，也不能根据提取和支付这N个电子现金的信息制造出有效的电子现金。

（5）可传递性。用户能将电子现金像普通现金一样，在用户之间任意转让，且不能被跟踪。

（三）电子现金支付流程

用电子现金进行网上支付，其流程（图10-3）大致是：

①客户需要先在其电子钱包软件中储存一定数量的电子现金。

②客户浏览商户的站点，确定欲购物品的品类、数量及价格等。

③客户通过商户的站点递交一份购物表格。

④商家收到订单后，即向客户电子钱包发送支付请求，请求内容包括订单金额、可用币种、当前时间、商户银行、商户的银行账户ID及订单描述等。

⑤客户钱包将上述信息呈现给客户，请求是否付款。

⑥客户同意付款，则将从电子钱包中采集与请求金额值相等的货币。

⑦在将所要支付给商户的货币值送给商户之前，须用银行的公用密钥加密。

⑧商户将接收的货币值送给银行存入自己的账户。在先送往商户、后送给银行的支付信息中包含有关支付和加密的货币值的信息。

⑨在商户存款期间，支付信息与加密货币一起被送往银行。

⑩在收到支付信息后，作为存入请求的一部分，商户将其送往银行。客户可以用类似的存入信息格式向银行返回专用货币。

⑪在收到有效支付后，商户给用户发送所购商品或收据。

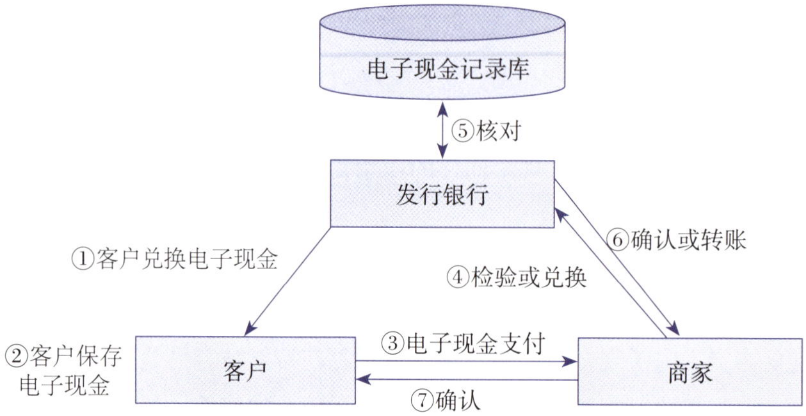

图10-3 电子现金支付流程图

二、信用卡

（一）信用卡概念

信用卡是指由商业银行或者其他金融机构发行的具有消费支付、信用贷款、转账结算、存取现金等全部功能或者部分功能的电子支付卡，信用卡标准英文名为Credit Card。

（二）信用卡分类

1. 按发卡机构不同，可分为银行卡和非银行卡

银行卡是银行所发行的信用卡，持卡人可在发卡银行的特约商户购物消费，也可以在发卡行所有的分支机构或设有自动柜员机的地方随时提取现金。

非银行卡又可以具体地分为零售信用卡和旅游娱乐卡。零售信用卡是商业机构所发行的信用卡，如百货公司、石油公司等，专用于在指定商店购物或在加油站加油等，并定期结账。旅游娱乐卡是服务业发行的信用卡，如航空公司、旅游公司等，用于购票、用餐、住宿、娱乐等。

2. 按发行对象的不同，可分为公司卡和个人卡

公司卡的发行对象为各类工商企业、科研教育等事业单位、国家党政机关、部队、团体等法人组织。

个人卡的发行对象则为城乡居民个人，包括工人、干部、教师、科技工作者、个体经营户以及其他成年的、有稳定收入来源的城乡居民。个人卡是以个人的名义申领并由其承担用卡的一切责任。

3. 根据持卡人的信誉、地位等资信情况的不同，可分为普通卡和金卡

普通卡是对经济实力和信誉、地位一般的持卡人发行的，对其各种要求并不高。

金卡是一种缴纳高额会费、享受特别待遇的高级别信用卡。发卡对象为信用度较高、偿还能力及信用较强或有一定社会地位者。金卡的授权限额起点较高，附加服务项目及范围也宽得多，因而对有关服务费用和担保金的要求也比较高。

4. 根据清偿方式的不同，信用卡可分为贷记卡和准贷记卡

贷记卡是银行发行的一种先消费后存款的信用卡，国际上流通使用的大部分都是这类卡。

准贷记卡是银行发行的一种先存款后消费的信用卡。持卡人在申领信用卡时，需要事先在发卡银行存有一定的款项以备用，持卡人在用卡时需以存款余额为依据，一般不允许透支。

5. 根据信用卡流通范围的不同，可分为国际卡和地区卡

国际卡是一种可以在发行国之外使用的信用卡，全球通用。境外五大集团（万事达卡组织、维萨国际组织、美国运通公司、JCB信用卡公司和大莱信用卡公司）分别发行的万事达卡（Master Card）、维萨卡（VISA Card）、运通卡（American Express Card）、JCB卡（JCB Card）和大莱卡（Diners Club Card）多数属于国际卡。

地区卡是一种只能在发行国国内或一定区域内使用的信用卡。我国商业银行所发行的各类信用卡大多数属于地区卡。

（三）信用卡的优势

信用卡不需要预存现金，先消费后还款，享有免息还款期，可自主分期还款（有最低还款额），加入VISA、Master Card、JCB等国际信用卡组织以便全球通用，是当今发展较快的一项金融业务之一，是一种可在一定范围内替代传统现金流通的电子货币。同时具有支付和信贷两种功能。持卡人可用其购买商品或享受服务，还可通过使用信用卡从发卡机构获得一定的贷款，是集金融业务与电脑技术于一体的高科技产物。信用卡能减少现金货币的使用；能提供结算服务，方便购物消费，增强安全感；能简化收款手续，节约社会劳动力；能促进商品销售，刺激社会需求。

（四）信用卡的支付流程

信用卡的支付流程（图10-4）如下：持卡人消费→商户向收单机构申请获取款项→收单机构向银行卡清算机构申请款项→银行卡清算机构向发卡银行申请款项→发卡银行通过银行卡清算机构向收单机构支付款项→收单机构向商户付款→发卡银行提示持卡人还款→持卡人向发卡银行支付款项。

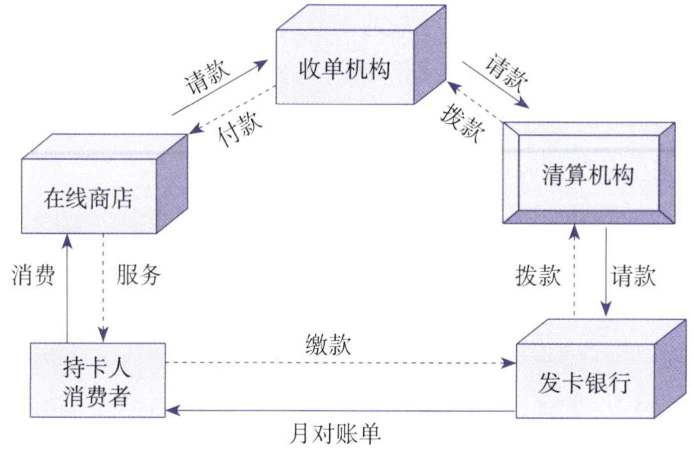

图10-4 信用卡支付流程图

（五）信用卡的支付模式

（1）无安全措施的信用卡支付。无安全措施的信用卡支付的基本流程是：消费者从商家订货，信用卡信息通过电话、传真等非网络进行传输，但无安全措施，商家与银行之间使用各自现有的授权来检查信用卡的合法性。不安全包括两个方面：一是信用卡信息的传输的不安全；二是商家发货后不一定能得到货款。

（2）通过第三方经纪人支付。支付是通过双方都信任的第三方完成的；信用卡信息不在开放的网络上多次传送，买方有可能离线在第三方开设账号，这样买方没有信用卡信息被盗窃的风险；卖方信任第三方，因此卖方也没有风险；买卖双方预先获得第三方的某种协议，即买方在第三方处开设账号，卖方成为第三方的特约商户。

这种方式对第三方代理机构的公正、信誉与操作规范有很高的要求，主要风险由第三方代理机构承担，该方式虽然提高了支付的安全性，但支付效率还是较低，成本也较高，它同样属于电子商务发展初期利用信用卡支付结算时的一种过渡方式。

（3）简单信用卡加密支付。使用简单加密信用卡模式付费时，当信用卡信息被买方输入浏览器窗口或其他电子商务设备时，信用卡信息就被简单加密，安全地作为加密信息通过网络从买方向卖方传递。

（4）SET信用卡支付。SET是安全电子交易的简称，它是为了在互联网上进行在线交易而设立的一个开放的、以电子货币为基础的电子付款协议标准。SET的安全措施主要有对称密钥系统、公钥系统、消息摘要、数字签名、数字信封、双重签名、认证等技术。

三、电子支票

电子支票是一种借鉴纸张支票转移支付的优点，利用数字传递将钱款从一个账户转移到另一个账户的电子付款形式。电子支票是客户向收款人签发的无条件的数字化支付指令，它可以通过网络来完成传统支票的所有功能。电子支票包括支付人姓名、支付人金融机构、支付人账号、被支付人姓名、支票金额等。这种电子支票的支付是在与商户及银行相连的网络上以密码方式传递的，多数使用公用关键字加密签名或个人身份证号码代替手写签名。用电子支票支付，事务处理费用较低，而且银行也能为参与电子商务的商户提供标准化的资金信息，故而可能是最有效率的支付手段。

电子支票支付流程如图10-5所示。

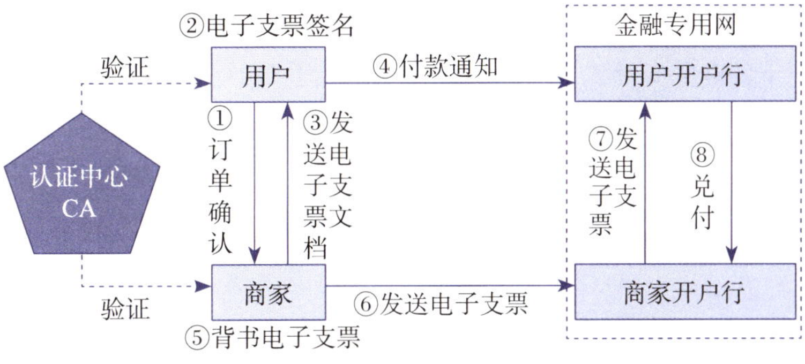

图10-5　电子支票支付流程

四、电子钱包

1. 电子钱包简介

电子钱包是一种可以进行安全电子交易和存储交易记录的软件，它是电子商务活动中网上购物顾客常用的一种支付工具，是在小额购物或购买小商品时常用的新式钱包。

使用电子钱包购物，通常需要在电子钱包服务系统中进行。电子商务活动中的电子钱包的软件通常都是免费提供的，可以直接使用与自己银行账号相连接的电子商务系统服务器上的电子钱包软件，也可以从互联网上直接调出来使用，采用各种保密方式利用互联网上的电子钱包软件。

2. 电子钱包的特点

（1）安全。电子钱包用户的个人资料存储在服务器端，通过技术手段确保安全，不在个人电脑上存储任何个人资料，从而避免了资料泄露的危险。

（2）方便。消费者在申请电子钱包成功后，即在服务器端拥有了自己的档案，当外出旅游或执行公务时，不用再随身携带电子钱包资料，即可进行网上支付。电子钱包内设众多商户站点链接，消费者可通过链接直接进入商户站点进行购物。

（3）快速。通过电子钱包，完成一笔支付指令的正常处理，只需10～20秒。

第三节 第三方支付

在虚拟的网络交易市场，交易双方互不认识，不知根底，故此支付问题曾经成为电子商务发展的瓶颈之一，卖家不愿先发货，怕货发出后不能收回货款；买家不愿先支付，担心支付后拿不到商品或商品质量得不到保证。博弈的结果是双方都不愿意先冒险，网上购物无法进行。为迎合同步交换的市场需求，第三方支付应运而生。第三方是买卖双方在缺乏信用保障或法律支持的情况下的资金支付“中间平台”，买方将货款付给买卖双方之外的第三方，第三方提供安全交易服务，其运作实质是在收付款人之间设立中间过渡账户，使汇转款项实现可控性停顿，只有双方意见达成一致才能决定资金去向。第三方担当中介保管及监督的职能，并不承担什么风险，所以确切地说，这是一种支付托管行为，通过支付托管实现支付保证。

一、第三方支付的概念

第三方支付是在电子商务交易过程中独立于交易双方和银行之外的第三方支付机构，集成银行支付结算系统接口或其他服务通道，为交易各方提供支付清算、交易监管等服务而形成的支付模式。这个第三方支付机构必须是具备一定实力和信誉保障的独立机构。

二、第三方支付的特点

（1）第三方支付平台提供一系列的应用接口程序，将多种银行卡支付方式整合到一个界面上，负责交易结算中与银行的对接，使网上购物更加快捷、便利。消费者和商家不需要在不同的银行开设不同的账户，可以帮助消费者降低网上购物的成本，帮助商家降低运营成本；同时，还可以帮助银行节省网关开发费用，并为银行带来一定的潜在利润。

（2）第三方支付平台本身依附于大型的门户网站，且以与其合作的银行的信用作为信用依托，因此第三方支付平台能够较好地突破网上交易中的信用问题，有利于推动电子商务的快速发展。在通过第三方平台的交易中，买方选购商品后，使用第三方平台提供的账户进行货款支付，由对方通知卖家货款到达、进行发货；买方检验物品后，就可以通知付款给卖家。第三方支付平台的出现，从理论上讲，杜绝了电子交易中的欺诈行为。

三、第三方支付的流程

第三方支付交易流程中，支付模式使商家看不到客户的信用卡信息，同时又避免了信用卡信息在网络上多次公开传输而导致信用卡信息被窃。

以B2C交易为例，第三方支付的一般流程如图10-6所示。

①客户在电子商务网站上选购商品，最后决定购买，买卖双方在网上达成交易意向，确认订单。

②客户选择利用第三方作为交易中介，客户和自己的开卡银行确认支付授权。

③客户用信用卡将货款划到第三方支付账户。

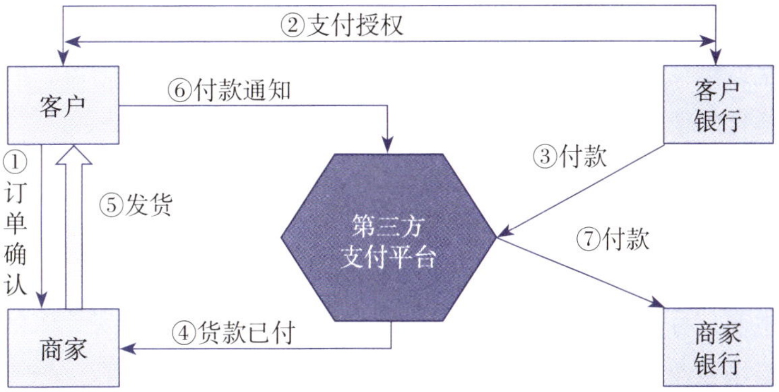

图10-6 第三方支付流程

④第三方支付平台将客户已经付款的消息通知商家，并要求商家在规定时间内发货。

⑤商家收到通知后按照订单发货。

⑥客户收到货物并验证后通知第三方付款。

⑦第三方将其账户上的货款划入商家账户中，交易完成。

四、第三方支付的分类

（一）按行业模式分类

1. 互联网型支付企业

以支付宝、财付通为代表的互联网型支付企业，它们以在线支付为主，捆绑大型电子商务网站，迅速做大做强。

2. 金融型支付企业

以银联商务、快钱、汇付天下、易宝、拉卡拉等为代表的金融型支付企业，侧重行业需求和开拓行业应用。

3. 第三方支付公司为信用中介

以非金融机构的第三方支付公司为信用中介，类似银联商务、拉卡拉、嘉联支付这类手机刷卡器产品，这类移动支付产品通过和国内外各大银行签约，具备很好的实力和信用保障，是在银行的监管下保证交易双方利益的独立机构，在消费者与银行之间建立一个某种形式的数据交换和信息确认的支付的流程。乐富支付向广大银行卡持卡人提供基于POS终端的线下实时支付服务，并向终端特约商户提供POS申请/审批、自动结账/对账、跨区域T+1清算、资金归集、多账户管理等综合服务。

（二）按业务类型分类

第三方支付可以按照服务对象划分为个人支付和企业支付（图10-7），个人支付机构凭借数字钱包良好的支付功能、多样化的衍生服务，提升用户黏性；企业支付凭借为企业提供支付解决方案，又根据商务活动是否涉及跨境电商，分为跨境个人支付和跨境企业支付（图10-7）。

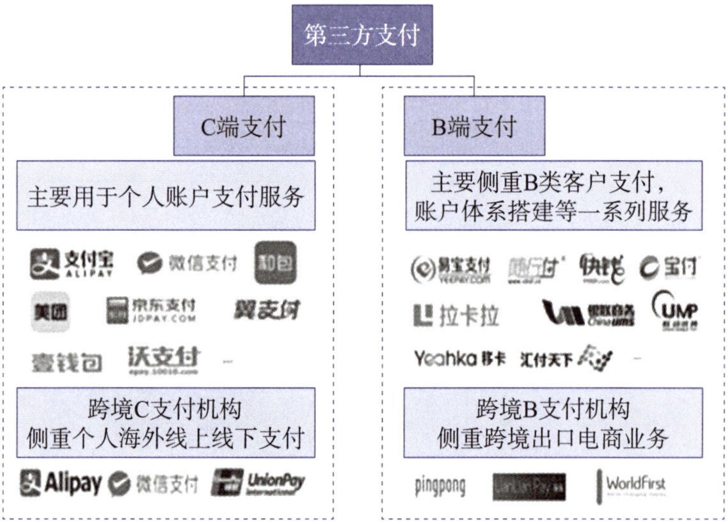

图10-7 第三方支付分类

五、第三方支付的市场规模

第三方支付在个人端、企业受理端双向发力，共同推动第三方综合支付规模的增长（图10-8、图10-9）。2022年上半年，受多方面因素影响，企业支付中的线下收单业务规模出现下滑，进而使得企业支付交易规模占整体规模比例略有下滑。但伴随着整体市场环境和监管措施的稳定与落地，加之产业互联网支付的蓬勃发展，预计未来几年内，第三方企业支付市场将进入平稳较快增长阶段。

产业互联网支付预计将伴随不同行业的数字化进程持续渗透。第三方企业支付机构面向

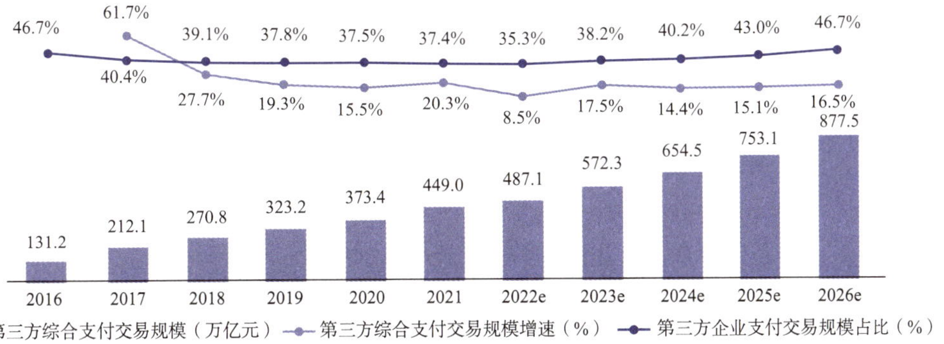

备注：第三方综合支付交易规模包括获得中国人民银行支付义务许可的互联网支付、移动电话支付、银行卡收单等支付交易规模。
来源：综合专家访谈及公开资料，艾瑞研究院自主研究及绘制。

图10-8 第三方综合支付交易规模和结构图

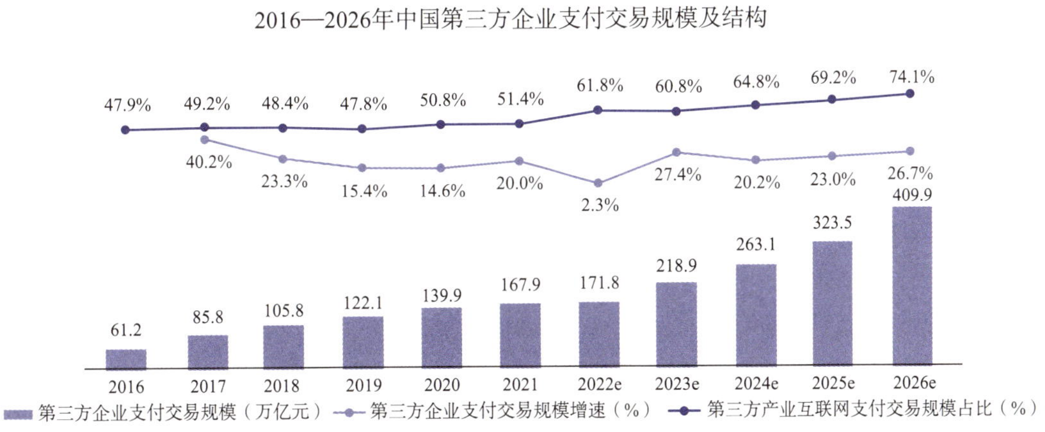

备注：第三方企业支付交易规模按照交易对手方发生的实际单笔金额统计，而非按照第三方企业支付机构角度的收款与付款双笔金额统计。
来源：综合专家访谈及公开资料，艾瑞研究院自主研究及绘制。

图10-9 第三方企业支付交易规模和结构图

企业客户，基于对企业业务流程、业务特征的理解为企业提供定制化支付解决方案，同时以支付为切入口，为企业提供集财务管理、资金管理、营销等服务于一体的解决方案。基于对企业业务的理解，第三方企业支付机构提供的支付服务更加贴合企业的业务流程、使用便捷度更高。企业支付按照交易场景又可以进一步划分为产业互联网支付业务和线下收单业务，在消费互联网向产业互联网转型的当下，针对B端企业的产业链支付、产业链数字化业务尚有进一步渗透的空间，将驱动第三方企业支付规模进一步增长。

第四节 移动支付

移动支付是指移动客户端利用手机等电子产品来进行电子货币支付，移动支付将互联网、终端设备、金融机构有效地联合起来，形成了一个新型的支付体系，并且移动支付不仅仅能够进行货币支付，还可以缴纳话费、燃气、水电等生活费用。买家可以使用移动手机购买一系列的服务、数字产品或者商品等。移动支付是互联网时代一种新型的支付方式，其以移动终端为中心，通过移动终端对所购买的产品进行结算支付，移动支付的主要表现形式为手机支付。

一、移动支付特点

1. 时空限制小

互联网时代下的移动支付打破了传统支付对于时空的限制，使用户可以随时随地进行支付活动。传统支付以现金支付为主，需要用户与商户之间面对面支付，因此，对支付时间和地点都有很大的限制；移动支付以手机支付为主，用户可以用手机随时随地进行支付活动，不受时间和空间的限制，如用户可以随时在淘宝等网上商城进行购物和支付活动。

2. 方便管理

用户可以随时随地通过手机进行各种支付活动，并对个人账户进行查询、转账、缴费、充值等功能的管理，用户也可随时了解自己的消费信息。这对用户的生活提供了极大的便利，也更方便用户对个人账户的管理。

3. 隐私度较高

移动支付是用户将银行卡与手机绑定，进行支付活动时，需要输入支付密码或指纹，且支付密码不同于银行卡密码。这使得移动支付较好地保护了用户的隐私，其隐私度较高。

4. 综合度较高

移动支付有较高的综合度，其为用户提供了多种不同类型的服务。例如：用户可以通过手机缴纳家里的水、电、气费；进行个人账户管理；进行网上购物等各类支付活动。这体现了移动支付有较高的综合度。

二、移动支付分类

目前移动支付的分类方式主要包括以下四种（图10-10）。

根据支付金额的大小，可以将移动支付分为小额支付和大额支付。小额支付业务指运营商与银行合作，建立预存费用的账户，用户通过移动通信的平台发出划账指令代缴费用。大额支付指把用户银行账户和手机号码进行绑定，用户通过多种方式对与手机捆绑的银行卡进行交易操作。

根据支付时支付方与受付方是否在同一现场，可以将移动电子支付分为远程支付和现场支付。如通过手机进行缴费，购买网店商品就是远程支付，而通过手机在自动售货机上购买饮料或者坐公交支付则是现场支付。

根据实现方式的不同，可以将移动支付分为两种：一种是通过短信、Wap等远程控制完成支付；另一种是通过近距离非接触技术完成支付，主要的近距离通信技术有RFID、NFC、蓝牙等。

根据支付的时候认证方式的不同可以分为四种：密码支付、指纹支付、刷脸支付和NFC支付。密码支付指的是买家确认支付时，通过输入正确的密码完成支付操作；指纹支付指消费者在支付端录入指纹，在支付时核对指纹完成支付；刷脸支付基于人工智能、机器视觉、3D传感等技术，用户通过刷脸设备进行刷脸完成支付；NFC支付指用户通过手持设备与收款设备进行感应，完成支付，NFC支付在线下进行且不需要网络。

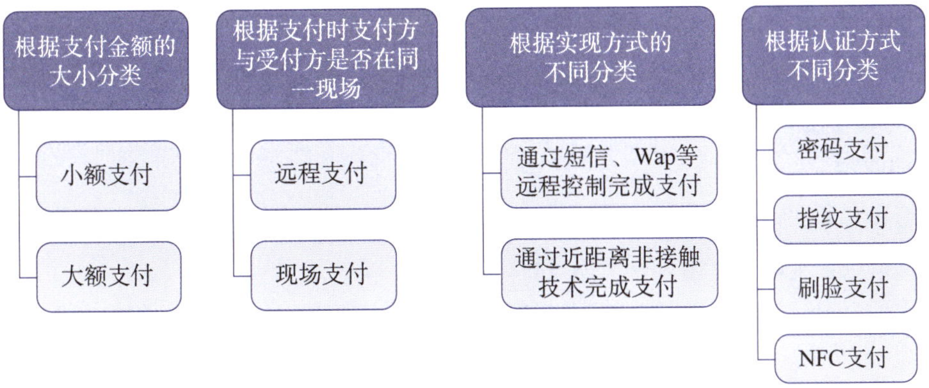

图10-10 移动支付分类

三、移动支付现状和发展趋势

数据显示，近几年，中国移动支付的规模快速增长，在服务领域，移动支付打通餐饮、外卖、旅游等多个线上线下服务场景；在工业制造领域，工业互联网平台体系基本形成，2020年我国网上零售额达11.8亿元，移动支付交易规模达432.2万亿元，均位居全球首位。2022年1月，我国移动支付投融资金额超480亿元。艾媒咨询分析师认为，随着企业数字化转型升级，以及直播电商等新领域的迅速发展，移动支付的业务量和交易金额将持续增长，移动支付所具有的红利将会吸引更多投资者投资。

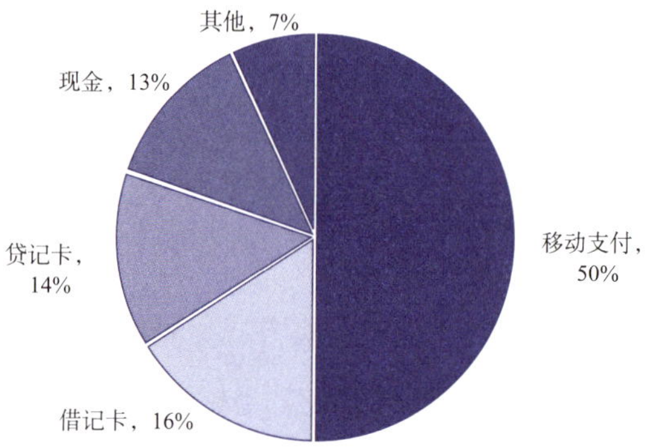

图10-11 2020年中国各类支付占比情况

根据Worldplay发布的《2021全球支付报告》数据显示，我国国内所有的支付方式中，移动支付的占比达到50%，成为我国消费者选择最多的支付方式（图10-11）。

目前我国两大移动支付巨头分别是支付宝和微信支付。支付宝是国内领先的第三方支付平台，通过支付宝进行的支付及理财活动，包括网购担保交易、网络支付、转账、信用卡还款、手机充值、水电煤缴费、个人理财等多个领域，支付宝占移动支付市场的53%以上。微信支付集成在微信客户端的支付功能，用户可以通过手机完成快速的支付流程，微信支付前端的支付方式财付通，占移动支付市场的39%以上。

技能训练

实训任务1 网上银行应用与实践

一、实训目标

1. 了解各个商业银行个人网上银行的操作流程和功能，熟练掌握网上银行的应用。
2. 培训学生收集资料、分析资料和汇总整理资料的信息处理能力。

二、实训内容

浏览各大商业银行的网站，了解其提供的网上金融服务内容，主要包括中国工商银行、中国建设银行、中国农业银行和中国银行。

对比各个银行的网上业务，并通过列表形式分析比较各个银行的业务特点和业务内容。

银行	申办条件	适用对象	审批流程	功能	收费	相关服务
中国工商银行						
中国建设银行						
中国农业银行						
中国银行						

实训任务 2　支付宝应用与实践

一、实训目标

熟练掌握支付宝的应用。

二、实训内容

1．进入支付宝注册登录页面。

2．登录支付宝账户，进行实名认证。

3．进行普通用户认证，正确输入个人信息，上传身份证正反面照片。

4．填写银行卡信息，包括开户行、卡号等信息，确认信息并提交认证。

5．认证申请成功。

6．在淘宝网购买一件商品并用支付宝支付。

课后习题

一、选择题

1．电子支付是以（　　）为基础，并通过计算机网络系统以电子信息传递形式实现流通和支付的。

A．金融电子化网络　B．商用电子化工具　C．计算机技术　D．通信技术

2．下面哪个不是电子支付的特点？（　　）

A．以计算机技术为支撑，进行存储、支付和流通

B．集储备、信贷和非现金结算等多功能为一体

C．可广泛应用于生产、交换、分配和消费领域

D．电子支付不需要经过银行专用网络

3．下面关于电子现金的特点，说法错误的是（　　）。

A．银行和商家之间应有协议和授权的关系

B．电子现金银行负责用户和商家之间的资金转移

C．身份验证由电子现金本身完成

D．用户、商家和电子现金之间都不用使用电子现金软件

4. 电子支票包括的三个实体是（　　）。

A. 购买方、销售方、认证中心　　B. 购买方、销售方、清算中心

C. 购买方、销售方、金融中介　　D. 购买方、销售方、支付网关

5. 整个支付流程，资金的最终流向是（　　）。

A. 客户开户行　　B. 商家开户行　　C. 清算中心　　D. 认证中心

6. 电子现金是一种以（　　）流通的货币。

A. 虚拟形式　　B. 数据形式　　C. 实物形式　　D. 资金形式

7. 下面哪种是应用最广泛的电子支付方式（　　）。

A. 银行卡　　B. 电子货币　　C. 电子支票　　D. 电子本票

8. 电子钱包是一种便利、安全、多功能的支付工具，是电子货币的一种（　　）形式。

A. 支付　　B. 实现　　C. 管理　　D. 分配

二、思考题

1. 简述互联网金融对传统银行的影响。

2. 简述电子支付的含义和特点。

总结与提高

本项目主要学习了电子支付技术，了解电子支付系统的组成和安全技术，电子支付工具以及电子支付相关信息，建议学生充分了解电子支付相关技术，并能熟练应用相关电子支付工具，为后续电商岗位工作奠定基础。

项目十一

电子商务安全

学习目标

目标类型	目标内容
知识目标	掌握电子商务安全的内涵 掌握电子商务面临的安全问题 掌握电子商务安全体系 掌握电子商务相关安全技术
技能目标	能理解电子商务安全相关知识 能掌握电子商务安全相关技术
素养目标	增强学习电子商务的自信 增强学生的信息素养，网络文明意识

思维导图

- 电子商务安全
  - 电子商务安全概述
    - 电子商务安全的内涵
    - 电子商务安全需求
    - 电子商务安全的体系结构
  - 电子商务安全技术
    - 网络安全
      - 防火墙技术
      - 入侵检测技术
      - 虚拟专用网技术
      - 防病毒技术
    - 交易安全技术
      - 数据加密技术
      - 数字摘要
      - 数字签名
      - 数字信封
      - 数字时间戳
      - 认证技术
  - 电子商务安全管理
    - 提高网络安全防范意识
    - 建立电子商务安全管理组织体系
    - 制定符合机构安全需求的信息安全策略
    - 企业制定网络交易安全管理制度
    - 网络安全的技术对策
    - 增强法律意识，遵纪守法

案例导入

盘点2022年我国六个重大网络攻击事件

1. 蔚来汽车披露数据安全事件：部分数据遭窃取，被勒索1567万元

12月20日综合消息，蔚来汽车信息安全委员会负责人卢龙在官方社区发布公告，称12月11日收到数据勒索邮件，对方以泄露数据勒索225万美元（约人民币1567万元）等额比特币。经初步调查，被窃取数据为2021年8月之前的部分用户基本信息和车辆销售信息。蔚来公司称，承诺对因本次事件给用户造成的损失承担责任，并将协同有关执法部门深入调查此次事件，依法坚决打击相关的数据窃取、买卖行为。

2. 多个团伙利用社保公积金系统漏洞，非法获取公民个人信息2300万条

据红星新闻12月7日消息，四川南充市公安局顺庆区分局侦破一起公安部挂牌督办案件，打掉多个利用社保、公积金等系统漏洞非法获取公民个人信息的犯罪团伙，涉及四川、河南、广东多个省市，抓获犯罪嫌疑人121人，查获公民个人信息2300余万条，发现国内多地各类信息系统平台漏洞300余个，收缴黑客工具12套。民警调查发现，犯罪嫌疑人杨某先后通过“Telegram”聊天软件建立“普通查询”和“高级查询”两个聊天群，吸纳群成员2200余人，并将其从四川、广东、广西等地信息系统非法获取的100余万条公民个人信息和300余个系统漏洞发布至群内，用于交易牟利，已形成多个犯罪链条。

3. 学习通疑泄露1.7亿用户数据，官方称公安已介入

据《南方都市报》6月21日消息，有公众号发文称，高校学习软件“学习通”数据库信息疑似大规模泄露，包含姓名、手机号、性别、学校、学号、邮箱等信息，数量疑达1亿7273万条。对此，学习通发微博回应称，不存储用户明文密码，理论上用户密码不会泄露，“公司确认网上传言密码泄露是不实的”。学习通还称收到用户数据疑似泄露的消息后已连续技术排查十余小时，暂未发现明确的用户信息泄露证据，且公安机关已经介入调查。

4. 我国电信设施曾遭网络窃密，部分数据传至境外

据新华社4月16日消息，国家安全机关公布多起典型案件，包括一起关键信息基础设施领域遭网络攻击窃密案。2020年以来，国家安全机关工作发现，我国有关电信运营商、航空公司等单位内网和信息系统先后多次出现越权登录、数据外传等异常网络行为，疑似遭受网络攻击。国家安全机关依法开展技术检查，确认部分骨干网络节点设备、核心业务系统服务器等被植入特种木马程序，已有部分数据被发送至境外。通过进一步深入调查证实，相关攻击活动是由某境外间谍情报机关精心策划、秘密实施的。该机构调集强力网络攻击力量，使用全球多地网络资源和先进网络武器，妄图实现对我国关键信息基础设施战略控制的目的。最终，国家安全机关成功粉碎其对我国“停服断网”的图谋。

5. QQ出现大规模盗号，自动群发低俗不雅内容，官方回应

据《南方都市报》6月27日消息，26日晚间，标题为“QQ盗号”“QQ回应大批账号被盗”的词条相继登上微博热搜。大量QQ用户反映，自己的QQ账号被盗后，向好友或在群聊中发送色情图片等不良信息，随后用户账号因被检测到违规行为而遭到封禁。27日上午，腾讯QQ官方微博发文回应称，其自6月26日晚10时左右收到部分用户反馈的QQ账号被盗一事，经调查发现主要原因是用户扫描过不法分子伪造的游戏登录二维码并授权登录，该登录行为被黑客团伙劫持并记录，随后被不法分子利用发送不良图片广告。

6. 黑客长期潜伏国内一外贸企业邮箱，骗走200余万美元货款

据《浙江法制报》10月31日消息，杭州钱塘一家外贸企业的电子邮箱遭不法分子入侵，导致企业险些被骗200余万美元货款。据当地警方调查，黑客通过木马程序侵入了这家企业的邮箱，并长期潜伏，发现双方交易后，篡改了企业发送给国外客户邮件中的收款人信息及收款账户，致使客户根据邮件信息，将货款打进了黑客的账户。警方介入时，这笔货款仍在银行中转流程中，警方通过及时申诉支付冻结，将全部货款顺利追回。

信息来源：https://www.thepaper.cn/newsDetail_forward_21409305

案例思考

互联网上存很多在风险，我们在使用互联网的时候应该如何规避风险？

第一节 电子商务安全概述

一、电子商务安全的内涵

由于电子商务是在开放的网上进行的贸易，大量的商务信息在网上存放、传输，从而形成信息传输风险、交易信用风险、管理方面的风险、法律方面的风险等各种风险。电子商务安全是指计算机系统、网络通信、应用环境等保证电子商务实现的要素不受威胁，没有危险、危害和损失。

（一）网络安全面临的问题

1. 黑客攻击

黑客以侵入他人电脑系统、盗窃系统保密信息、破坏目标系统的数据为目的。常用的手段有以下几种。

（1）后门程序。由于程序员设计一些功能复杂的程序时，一般采用模块化的程序设计思想，将整个项目分割为多个功能模块，分别进行设计、调试，这时的后门就是一个模块的秘密入口。在程序开发阶段，后门便于测试、更改和增强模块功能。正常情况下，完成设计之后需要去掉各个模块的后门，不过有时由于疏忽或者其他原因（如将其留在程序中，便于日后访问、测试或维护）后门没有去掉，一些别有用心的人会利用穷举搜索法发现并利用这些后门，然后进入系统并发动攻击。

（2）信息炸弹。信息炸弹是指使用一些特殊工具软件，短时间内向目标服务器发送大量

超出系统负荷的信息，造成目标服务器超负荷、网络堵塞、系统崩溃的攻击手段。比如向未打补丁的Windows系统发送特定组合的UDP数据包，会导致目标系统死机或重启；向某型号的路由器发送特定数据包致使路由器死机；向某人的电子邮件发送大量的垃圾邮件将此邮箱“撑爆”等。目前常见的信息炸弹有邮件炸弹、逻辑炸弹等。

（3）拒绝服务。拒绝服务又叫DOS攻击，该攻击的结果是使得计算机或网络无法提供正常的服务。它是使用超出被攻击目标处理能力的大量数据包消耗系统可用系统、带宽资源，最后致使网络服务瘫痪的一种攻击手段。攻击者向被攻击的服务器发送大量的虚假IP请求，被攻击者在收到请求后返回确认信息，等待攻击者进行确认，该过程需要TCP的三次握手，由于攻击者发送的请求信息是虚假的，所以服务器接收不到返回的确认信息，在一段时间内服务器会处于等待状态，而分配给这次请求的资源却没有被释放。当被攻击者等待一定的时间后，会因连接超时而断开，这时攻击者再次发送新的虚假信息请求，这样最终服务器资源被耗尽，直到瘫痪。

（4）网络监听。网络监听是一种监视网络状态、数据流以及网络上传输信息的管理工具，它可以将网络接口设置在监听模式，并且可以截获网上传输的信息，也就是说，当黑客登录网络主机并取得超级用户权限后，若要登录其他主机，使用网络监听可以有效地截获网上的数据，这是黑客使用最多的方法，但是，网络监听只能应用于物理上连接于同一网段的主机，通常被用作获取用户口令。

（5）分布拒绝式攻击。分布拒绝式攻击（Distributed Denial of Service，DDOS）是在DOS基础上进行的大规模、大范围的攻击模式，DOS只是单机和单机之间的攻击模式，而DDOS是利用一批受控制的“僵尸”主机向一台服务器主机发起的攻击，其攻击的强度和造成的威胁要比DOS严重很多，更具破坏性。DDOS攻击者要寻找“僵尸”主机，在互联网上寻找一些有后门漏洞的主机，然后入侵系统安装控制程序，入侵的越多，控制的“僵尸”主机就越多，攻击源就越多，然后把入侵的主机分配，一部分充当攻击的主要控制端，一部分充当攻击源，各负其责，在攻击者统一指挥下对被攻击的服务器发起攻击，由于这个攻击模式是在幕后操作，所以很难被监控系统跟踪，身份不容易被发现。DDOS没有固定的地方，这些攻击随时都有可能发生。

2. 计算机病毒

计算机病毒是人为制造的，有破坏性，又有传染性和潜伏性的，对计算机信息或系统起破坏作用的程序。它不是独立存在的，而是隐蔽在其他可执行的程序之中。计算机中病毒后，轻则影响机器的运行速度，重则死机、系统破坏；病毒给用户带来了很大的损失，通常情况下，我们称这种具有破坏作用的程序为计算机病毒。

计算机病毒按存在的媒体分类可分为引导型病毒、文件型病毒和混合型病毒3种；按链接方式分类可分为源码型病毒、嵌入型病毒和操作系统型病毒3种；按计算机病毒攻击的系统分类分为攻击DOS系统病毒、攻击Windows系统病毒，攻击Unix系统病毒。如今的计算机病毒正在不断地推陈出新，其中包括一些独特的新型病毒，暂时无法按照常规的类型进行分类，如互联网病毒（通过网络进行传播，一些携带病毒的数据越来越多）、电子邮件病毒等，还有以下几种典型的病毒。

（1）木马病毒。简称木马，在计算机领域中指的是一种后门程序，是黑客用来盗取其他用户的个人消息，甚至是远程控制对方的电子设备而加密制作，然后通过传播或者骗取目标执行该程序，以达到盗取密码等各种数据资料的目的。和病毒相似，木马程序有很强的隐秘性，会随着操作系统启动而启动。感染木马病毒的计算机被黑客控制，黑客通常可以通过数以万计的感染木马病毒的计算机发送大量的伪造包或者垃圾数据包对预定的目标进行拒绝服务的攻击，造成被攻击目标瘫痪。

（2）蠕虫病毒。常住于一台或多台计算机中，它会扫描其他的计算机是否感染相同的蠕虫病毒，如果没有，它会通过其内置的传播手段进行感染，以达到使计算机瘫痪的目的。通常以宿主机器为扫描源，采用垃圾邮件、漏洞两种方式传播。

（3）宏病毒。一种使得应用软件的相关应用文档内含有被称为宏的可执行代码的病毒。一个电子表格程序可能允许用户在一个文档中嵌入“宏命令”，使得某种操作得以自动运行，同样的操作也就可以将病毒嵌入电子表格来对用户的使用造成破坏。

3. 系统本身存在安全漏洞

系统漏洞特指Windows操作系统在逻辑设计上的缺陷或在编写时产生的错误，这个缺陷或错误可以被不法者或者电脑黑客利用，通过植入木马、病毒等方式来攻击或控制整个电脑，从而窃取电脑中的重要资料和信息，甚至破坏系统。

漏洞可能影响到的范围很大，包括系统本身及其支撑软件，网络客户和服务器软件，网络路由器和安全防火墙等。换而言之，在这些不同的软硬件设备中都可能存在不同的安全漏洞问题。在不同种类的软、硬件设备，同种设备的不同版本之间，由不同设备构成的不同系统之间，以及同种系统在不同的设置条件下，都会存在各自不同的安全漏洞问题。

2020年3月12日晚，微软周二补丁日披露了一个SMB服务的重大安全漏洞，攻击者利用该漏洞无须权限即可实现远程代码执行，堪称史诗级漏洞，漏洞影响Windows 10之后的各个32位、64位版Windows，包括家用版、专业版、企业版、教育版。这些正是主流操作系统版本，在个人、企业环境中应用广泛。

（二）电子商务面临的安全威胁

电子商务普遍存在着以下几个安全风险。

（1）信息的截获和窃取。这是指电子商务相关用户或外来者未经授权通过各种技术手段截获和窃取他人的文件内容以获取商业机密。

（2）信息的篡改。网络攻击者依靠各种技术方法和手段对传输的信息进行中途的篡改、删除或插入，并发往目的地，从而达到破坏信息完整性的目的。

（3）拒绝服务。拒绝服务是指在一定时间内，网络系统或服务器服务系统的作用完全失效，其主要原因来自黑客和病毒的攻击以及计算机硬件的人为破坏。

（4）系统资源失窃问题。在网络系统环境中，系统资源失窃是常见的安全威胁。

（5）信息的假冒。信息的假冒是指当攻击者掌握了网络信息数据规律或解密了商务信息后，可以假冒合法用户或假冒信息来欺骗其他用户，主要表现形式有假冒客户进行非法交易，伪造电子邮件等。

（6）交易抵赖。交易抵赖包括发信者事后否认曾经发送过某条信息；买家做了订单后不承认；卖家卖出的商品因价格差而不承认原先的交易等。

二、电子商务安全需求

电子商务安全需求包括四个方面。

（1）数据传输的安全性。对数据传输的安全性需求即是保证在公网上传送的数据不被第三方窃取。对数据的安全性保护是通过采用数据加密（包括秘密密钥加密和公开密钥加密）来实现的，数字信封技术是结合秘密密钥加密和公开密钥加密技术实现的保证数据安全性的技术。

（2）数据的完整性。对数据的完整性需求是指数据在传输过程中不被篡改。数据的完整性是通过采用安全的散列函数和数字签名技术来实现的。双重数字签名可以用于保证多方通信时数据的完整性。

（3）身份验证。由于网上的通信双方互不见面，必须在交易时（交换敏感信息时）确认对方的真实身份；在涉及支付时，还需要确认对方的账户信息是否真实有效。身份认证是采用口令技术、公开密钥技术或数字签名技术和数字证书技术来实现的。

（4）交易的不可抵赖。网上交易的各方在进行数据传输时，必须带有自身特有的、无法被别人复制的信息，以保证交易发生纠纷时有所对证。这是通过数字签名技术和数字证书技术来实现的。

三、电子商务安全的体系结构

为了方便研究和学习，我们把电子商务系统划分成五层框架结构（图11-1），其中底层是网络服务层，是信息传送的载体和用户接入的手段，它包括各种各样的物理传送平台和传送方式，在网络服务层要做好入侵监测、病毒防治和防火墙设置；第四层是加密控制层，主要的安全技术是加密通信，包括对称加密和非对称加密；第三层是安全认证层，使用的安全技术包括数字摘要、数字签名、数字信封、数字证书等技术；第二层是安全协议层，增强安全通信的协议主要是SSL协议和SET协议；最上面是系统应用层，是各种各样的电子商务应用系统，它是电子商务应用系统的基础，要保证数据的安全性、完整性、验证身份和交易的不可抵赖性。整个系统的安全由法律法规做支撑，完善的安全管理制度保驾护航。

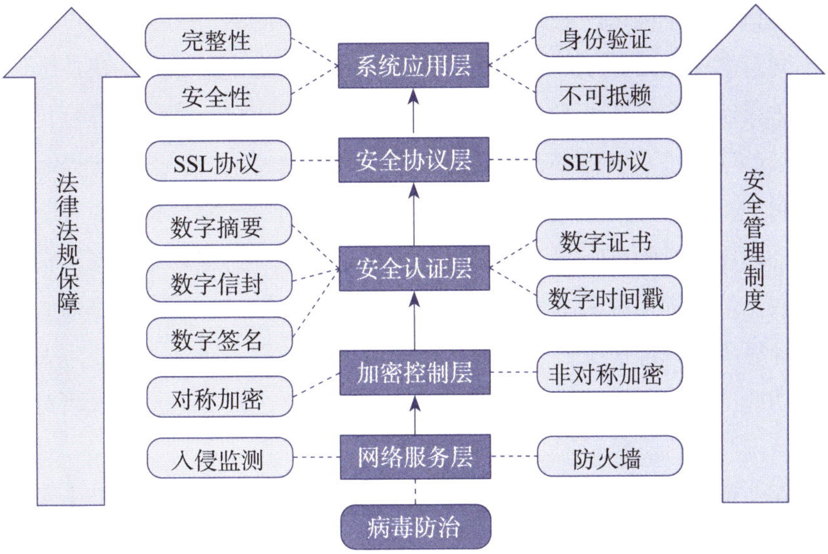

图11-1　电子商务安全的体系结构

第二节　电子商务安全技术

一、网络安全

网络安全通常指计算机网络的安全，实际上也可以指计算机通信网络的安全，是指网络系统的硬件、软件及其系统中的数据受到保护，不因偶然的或者恶意的原因而遭受到破坏、更改、泄露，系统连续、可靠、正常地运行，网络服务不中断。

互联网是一个开放的、无控制机构的网络，黑客经常会侵入网络中的计算机系统，或窃取机密数据和盗用特权，或破坏重要数据，或使系统功能得不到充分发挥直至瘫痪。互联网的数据传输是基于TCP/IP通信协议进行的，这些协议缺乏必要的安全措施。在联网的计算机上存储、传输和处理的电子信息存在着被窃取、篡改、伪造的风险。计算机病毒通过网络传播也给用户带来了极大危害，病毒可以使计算机和计算机系统瘫痪、数据和文件丢失。为了维护系统和信息安全，必须采取一些必要的安全措施和技术保护网络安全，主要采用的网络安全技术有防火墙技术、入侵检测技术、虚拟专用网技术和防病毒技术。

（一）防火墙技术

1. 防火墙基本定义

防火墙主要是借助硬件和软件的作用于内部和外部网络的环境间产生一种保护的屏障，

从而实现对计算机不安全网络因素的阻断。只有在防火墙同意情况下，用户才能够进入计算机内，如果不同意就会被阻挡于外，防火墙技术的警报功能十分强大，在外部的用户要进入计算机内时，防火墙就会迅速地发出相应的警报，提醒用户的行为，并进行自我的判断来决定是否允许外部的用户进入到内部，只要是在网络环境内的用户，这种防火墙都能够进行有效的查询，同时把查询到的信息向用户进行显示，然后用户按照自身需要对防火墙实施相应设置，对不允许的用户行为进行阻断。通过防火墙还能够对信息数据的流量实施有效查看，并且还能够对数据信息的上传和下载速度进行掌握，便于用户对计算机使用的情况具有良好的控制判断，计算机的内部情况也可以通过防火墙进行查看。同时，这种防火墙还具有启动与关闭程序的功能，而计算机系统的内部具有的日志功能，其实也是防火墙对计算机的内部系统实时安全情况与每日流量情况进行的总结和整理。

防火墙是在两个网络通信时执行的一种访问控制尺度，能最大限度阻止网络中的黑客访问你的网络，是指设置在不同网络（如可信任的企业内部网和不可信的公共网）或网络安全域之间的一系列部件的组合。它是不同网络或网络安全域之间信息的唯一出入口，能根据企业的安全政策控制（允许、拒绝、监测）出入网络的信息流，且本身具有较强的抗攻击能力。它是提供信息安全服务，实现网络和信息安全的基础设施。在逻辑上，防火墙是一个分离器，一个限制器，也是一个分析器，有效地监控了内部网和互联网之间的任何活动，保证了内部网络的安全。

2. 防火墙基本功能

防火墙对流经它的网络通信进行扫描，这样能够过滤掉一些攻击，以免其在目标计算机上被执行。防火墙还可以关闭不使用的端口。而且它还能禁止特定端口的流出通信，封锁特洛伊木马。最后，它可以禁止来自特殊站点的访问，从而防止来自不明入侵者的所有通信。

（1）网络安全的屏障。一个防火墙（作为阻塞点、控制点）能极大地提高一个内部网络的安全性，并通过过滤不安全的服务而降低风险。由于只有经过精心选择的应用协议才能通过防火墙，所以网络环境变得更安全，如防火墙可以禁止诸如众所周知的不安全的NFS协议进出受保护网络，这样外部的攻击者就不可能利用这些脆弱的协议来攻击内部网络。防火墙同时可以保护网络免受基于路由的攻击，如IP选项中的源路由攻击和ICMP重定向中的重定向路径。防火墙可以拒绝所有以上类型攻击的报文并通知防火墙管理员。

（2）强化网络安全策略。通过以防火墙为中心的安全方案配置，能将所有安全软件（如口令、加密、身份认证、审计等）配置在防火墙上。与将网络安全问题分散到各个主机上相比，防火墙的集中安全管理更经济。例如在网络访问时，一次一密口令系统和其他的身份认证系统完全可以不必分散在各个主机上，而集中在防火墙一身上。

（3）监控审计。如果所有的访问都经过防火墙，那么，防火墙就能记录下这些访问并做出日志记录，同时也能提供网络使用情况的统计数据。当发生可疑动作时，防火墙能进行适当的报警，并提供网络是否受到监测和攻击的详细信息。另外，收集一个网络的使用和误用情况也是非常重要的。这样可以清楚防火墙是否能够抵挡攻击者的探测和攻击，并且清楚防火墙的控制是否充足，而网络使用统计对网络需求分析和威胁分析等而言也是非常重要的。

（4）防止内部信息的外泄。通过利用防火墙对内部网络的划分，可实现内部网重点网段的隔离，从而限制了局部重点或敏感网络安全问题对全局网络造成的影响。再者，隐私是内部网络非常关心的问题，一个内部网络中不引人注意的细节可能包含了有关安全的线索而引起外部攻击者的兴趣，甚至因此而暴露了内部网络的某些安全漏洞。使用防火墙就可以隐蔽那些透漏内部细节，如Finger，DNS等的服务。Finger显示了主机所有用户的注册名、真名，最后登录时间和使用的Shell类型等，但是Finger显示的信息非常容易被攻击者所获悉。攻击者可以知道一个系统使用的频繁程度，这个系统是否有用户正在连线上网，这个系统是否在被攻击时引起注意等。防火墙可以同样阻塞有关内部网络中的DNS信息，这样一台主机的域名和IP地址就不会被外界所了解。除了安全作用，防火墙还支持具有Internet服务性质的企业内部网络技术体系VPN（虚拟专用网）。

（5）日志记录与事件通知。进出网络的数据都必须经过防火墙，防火墙通过日志对其进行记录，能提供网络使用的详细统计信息。当发生可疑事件时，防火墙更能根据机制进行报警和通知，提供网络是否受到威胁的信息。

3. 防火墙类型

（1）包过滤技术防火墙。防火墙的包过滤技术一般应用于网络层的数据中，它能够完成对防火墙状态的检测，从而预先把逻辑策略确定。逻辑策略主要针对地址、端口与源地址，通过防火墙所有的数据都需要进行分析，如果数据包内具有的信息和策略要求是不相符的，则其数据包就能够顺利通过，如果是完全相符的，则其数据包就被迅速拦截。计算机数据包传输的过程中，一般都会分解成为很多由目的地址等组成的一种小型数据包，当它们通过防火墙的时候，尽管其能够通过很多传输路径进行传输，而最终都会汇合于同一地方，在这个目地点位置，所有的数据包都需要进行防火墙的检测，在检测合格后，才会被允许通过，如果传输的过程中，出现数据包的丢失以及地址的变化等情况，则就会被抛弃（图11-2）。简

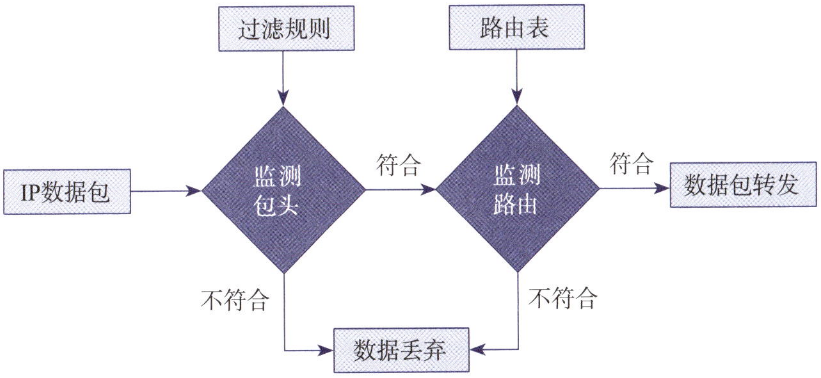

图11-2　包过滤技术防火墙

单阐述包过滤防火墙技术就是：根据数据包的源头地址、目的地址、端口号、协议类型等标志确定是否允许通过，其优点是对每个包进行检测；能识别和丢弃带欺骗性源IP的数据包；非法数据包想要绕过很困难。其缺点是这种防火墙配置困难；某些特定端口会被利用。

（2）代理服务器防火墙。代理服务器防火墙技术，是根据计算机的网络运行方法可以通过防火墙技术设置相应的代理服务器，从而借助代理服务器来进行信息的交互。在信息数据从内网向外网发送时，其信息数据就会携带着正确IP，非法攻击者能够根据信息数据IP作为追踪的对象来让病毒进入到内网中，如果使用代理服务器，则就能够实现信息数据IP的虚拟化，非法攻击者在进行虚拟IP的跟踪中，就不能够获取真实的解析信息，从而代理服务器实现对计算机网络的安全防护。另外，代理服务器还能够进行信息数据的中转，对计算机内网以及外网信息的交互进行控制，对计算机的网络安全起到保护。简单阐述代理服务器防火墙：代理服务器是代表客户机处理服务器连接请求的程序，代理服务器防火墙在验证客户的合法请求后，向服务器取回所需信息转发给客户。该技术优点：安全性高、支持协议转换、审计功能；缺点就是效率低、复杂程度高。

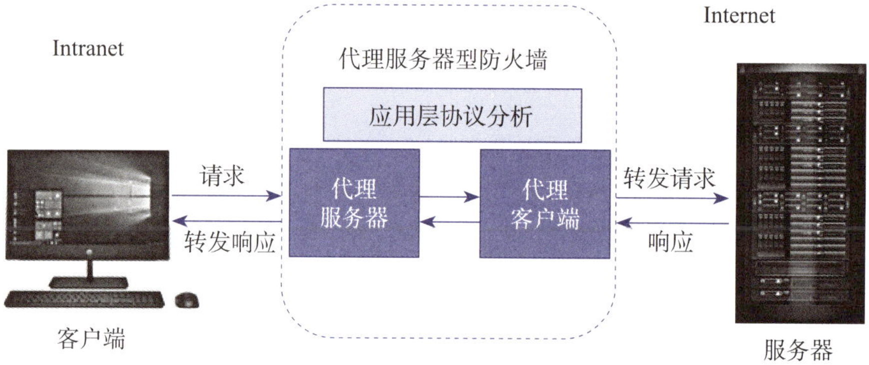

图11-3　代理服务器防火墙

（3）状态检测防火墙。状态检测防火墙，一种能够提供状态数据包检查或状态查看功能的防火墙，能够持续追踪穿过这个防火墙的各种网络连接（TCP与UDP连接）的状态。这种防火墙被设计来区分不同连接种类下的合法数据包。只有匹配主动连接的数据包才能够被允许穿过防火墙，其他的数据包都会被拒绝。这种防火墙也可以提供动态数据包过滤的功能。

状态检测防火墙是基于连接状态的检测机制，将属于同一连接的所有数据包组成的数据流作为一个整体看待，并建立连接状态表，通过与规则表的共同配合，对表中的各个连接以识别，从而达到对数据流进行控制的目的，决定对该连接是接受还是拒绝。状态检测防火墙克服了包过滤防火墙和应用代理服务器的局限性，不仅仅检测“to”和“from”的地址，而且不要求每个访问的应用都有代理。这种防火墙技术的优点是：性能高效、动态性；缺点：防火墙的配置比较复杂（图11-4）。

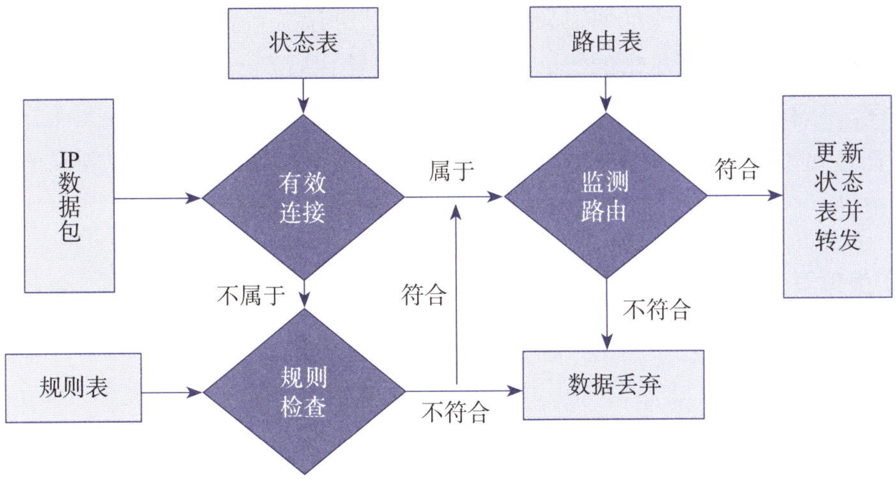

图11-4 状态检测防火墙

4. 防火墙的策略

防火墙设计策略基于特定的定义完成服务访问策略的规则。通常有两种基本的设计策略：允许任何服务除非被明确禁止；禁止任何服务除非被明确允许。第一种的特点是安全但不好用，第二种是好用但不安全，通常采用第二种类型的设计策略，而多数防火墙都在两种之间采取折中。

（二）入侵检测技术

1. 入侵检测系统的概念

入侵检测系统（intrusion detection system，IDS）是依照一定的安全策略，对网络、系统的运行状况进行监视，尽可能发现各种攻击企图、攻击行为或攻击结果，以保证网络系统资源的机密性、完整性和可用性。入侵检测系统是一种对网络传输进行即时监视，在发现可疑传输时发出警报或者采取主动反应措施的网络安全设备。它与其他网络安全设备的不同之处便在于IDS是一种积极主动的安全防护技术。

2. 入侵检测系统的分类

入侵检测系统对各种事件进行分析，从中发现违反安全策略的行为是入侵检测系统的核心功能。从技术上，入侵检测分为两类：一类基于标志；另一类基于异常情况。

对于基于标志的检测技术来说，首先要定义违背安全策略的事件的特征，如网络数据包的某些包头信息。检测主要判别这类特征是否在所收集到的数据中出现，此方法非常类似杀毒软件。

而基于异常情况的检测技术则是先定义一组系统“正常”情况的数值，如CPU利用率、内存利用率、文件校验和等（这类数据可以人为定义，也可以通过观察系统、并用统计的办法得出），然后将系统运行时的数值与所定义的“正常”情况比较，得出是否有被攻击的迹象。这种检测方式的核心在于如何定义所谓的“正常”情况。

两种检测技术的方法所得出的结论有非常大的差异。基于标志的检测技术的核心是维护一个知识库。对于已知的攻击，它可以详细、准确地报告出攻击类型，但是对未知攻击却效果有限，而且知识库必须不断更新。基于异常情况的检测技术则无法准确判别出攻击的手法，但它可以（至少在理论上可以）判别更广泛，甚至未发觉的攻击。

（三）虚拟专用网技术

1. 虚拟专用网络概念

虚拟专用网（virtual private network，VPN）是指在公共网络中建立一个专用网络，并使数据通过建立的虚拟安全通道在公共网络中传播。

2. 虚拟专用网的工作原理

通常情况下，VPN网关采取双网卡结构，外网卡使用公网IP接入Internet。

网络一（假定为公网）的终端A访问网络二（假定为内网）的终端B，其发出的访问数据包的目标地址为终端B的内部IP地址。

网络一的VPN网关在接收到终端A发出的访问数据包时对其目标地址进行检查，如果目标地址属于网络二的地址，则将该数据包进行封装，封装的方式根据所采用的VPN技术不同而不同，同时VPN网关会构造一个新VPN数据包，并将封装后的原数据包作为VPN数据包的负载，VPN数据包的目标地址为网络二的VPN网关的外部地址。

网络一的VPN网关将VPN数据包发送到Internet，由于VPN数据包的目标地址是网络二的VPN网关的外部地址，所以该数据包将被Internet中的路由正确地发送到网络二的VPN网关。

网络二的VPN网关对接收到的数据包进行检查，如果发现该数据包是从网络一的VPN网关发出的，即可判定该数据包为VPN数据包，并对该数据包进行解包处理。解包的过程主要是先将VPN数据包的包头剥离，再将数据包反向处理还原成原始的数据包。

网络二的VPN网关将还原后的原始数据包发送至目标终端B，由于原始数据包的目标地址是终端B的IP，所以该数据包能够被正确地发送到终端B。在终端B看来，它收到的数据包就和从终端A直接发过来的一样。

从终端B返回终端A的数据包处理过程和上述过程一样，这样两个网络内的终端就可以相互通信了。

通过上述说明可以发现，在VPN网关对数据包进行处理时，有两个参数对于VPN通信十分重要：原始数据包的目标地址（VPN目标地址）和远程VPN网关地址。根据VPN目标地址，VPN网关能够判断对哪些数据包进行VPN处理，对于不需要处理的数据包通常情况下可直接转发到上级路由；远程VPN网关地址则指定了处理后的VPN数据包发送的目标地址，即VPN隧道的另一端VPN网关地址。由于网络通信是双向的，在进行VPN通信时，隧道两端的VPN网关都必须知道VPN目标地址和与此对应的远端VPN网关地址。

3. 虚拟专用网的类型

根据不同的划分标准，VPN可以按以下几个标准进行分类划分。

（1）按VPN的协议分类。VPN的隧道协议主要有三种，PPTP、L2TP和IPSec，其中PPTP和L2TP协议工作在OSI模型的第二层，又称为二层隧道协议；IPSec是第三层隧道协议。

（2）按VPN的应用分类。

①企业内部虚拟网（Intranet VPN）：利用公用网络进行企业各分网点互联，网关到网关，通过公司的网络架构连接来自同公司的资源。

②企业扩展虚拟网（Extranet VPN）：将企业网延伸至合作伙伴和客户，与合作伙伴企业网构成Extranet，将一个公司与另一个公司的资源进行连接。

③远程访问虚拟网（Access VPN）：公用网络与企业的Intranet建立私有的网络链接，客户端到网关，使用公网作为骨干网在设备之间传输VPN数据流量。

（3）按所用的设备类型进行分类。网络设备提供商针对不同客户的需求，开发出不同的VPN网络设备，主要为交换机、路由器和防火墙等。

①路由器式VPN：部署较容易，只要在路由器上添加VPN服务即可。

②交换机式VPN：主要应用于连接用户较少的VPN网络。

（四）防病毒技术

计算机病毒是指编制或者在计算机程序中插入的破坏计算机功能或者破坏数据，影响计算机使用，并能自我复制的一组计算机指令或者程序代码。计算机病毒具有传播性、隐蔽性、感染性、潜伏性、可激发性、表现性或破坏性的特点。

1. 病毒的防范

（1）经常更新操作系统补丁和应用软件的版本。操作系统厂商会定期推出升级补丁，这些升级补丁除了提升操作系统性能外，很重要的任务是堵塞可能被恶意利用的操作系统漏洞。同理，把软件升级到最新版本，也会让很多病毒望而却步，因为新版本软件会优化内部代码，使病毒暂无可乘之机。

（2）安装防火墙和杀毒软件。防火墙与杀毒软件就像大门的警卫，会仔细甄别出入系统的文件程序，发现异常及时警告并处置。比如你在访问恶意网站或运行可疑程序时，杀毒软件都会进行警告；当你下载或收到可疑文件时，杀毒软件也会先行扫描；当你的操作系统需要更新或应用程序需要升级时，杀毒软件也会提示。

（3）经常备份重要的数据。越是重要的文件，越要多做备份，而且备份之间相距越远越好。就像我们在编辑文档时经常点击保存一样，一旦遇到突发情况，起码可以将损失降到最低，不至于全文皆丢。作为事后补救的措施，及时备份是一个很好的习惯和方法。

（4）隐秘文件要加密。一定要树立“凡是上网即意味公开”的意识，坚守“涉密不上网，上网不涉密”的原则，没经过加密的文件在硬盘上存储或网络上传输是明文状态，窃取、截获、还原非常容易；不要对网络硬盘过于信任，凡在掌控范围以外的地方就是公之于众的地方；谨慎开启文字编辑软件的云盘备份功能，不然你编辑一份，就在云盘备份一份。最简单的加密方式就是用压缩软件对隐秘文件进行加密压缩，目前主流压缩软件采用椭圆曲线加密算法，加密强度较高，能够很好地保障文件隐秘安全。

（5）使用复杂的密码。密码越复杂，被破解的概率越小，因此对自己的操作系统、邮箱、社交账号要设置长度12位以上字符、数字、特殊符号混杂的密码，且不要用相同密码、生日密码等易被猜解的密码，更不要将银行、社保等现实生活密码与网络密码混为一谈。

（6）使用Ghost系统或系统还原。Ghost系统也称影子系统，就是在你刚刚安装系统完毕后，将纯净的系统制作一张系统光盘，一旦系统受损，可用影子系统快速恢复。系统还原就是操作系统会定期将系统的状态进行备份，备份的状态点被称为系统还原点，系统受损后直接点击还原点就能快速恢复系统上次的状态。

（7）上网要提高安全意识。作为现实世界的镜像，互联网也充斥着现实中的阴暗角落。不要接收来历不明的文件，不要打开可疑的链接，不要暴露真实的身份信息，不要访问提示“危险”的网站，要相信杀毒软件给出的警示信息，切莫一意孤行造成损失。

二、交易安全技术

（一）数据加密技术

1. 数据加密技术的概念

数据加密技术是指通过信息的变换编码，使授权用户能够接收到正确的信息，而非法用户无法接收到正确信息的方法。

数据加密的基本过程就是对原来为明文的文件或数据按某种算法进行处理，使其成为不可读的一段代码为“密文”，只能在输入相应的密钥之后才能显示出原容，通过这样的途径来达到保护数据不被非法窃取、阅读的目的。解密就是用户将接收到的密文经过相应的逆变换还原成原始信息的过程（图11-5）。

图11-5 数据加密技术通信流程

2. 对称加密技术

对称加密技术是指使用同一个密钥进行加密和解密，或可以互相推导出的一对密钥对原始信息进行加密解密的数据加密技术。

对称加密算法的特点是算法公开、计算量小、加密速度快、加密效率高。

对称加密算法不足之处是，交易双方都使用同样钥匙，安全性得不到保证。此外，每对用户每次使用对称加密算法时，都需要使用其他人不知道的唯一钥匙，这会使得发收信双方所拥有的钥匙数量呈几何级数增长，密钥管理成为用户的负担。假设有3个用户需要使用对称加密方法加密然后交换数据，则最少需要3个用户密钥用于加密通信使用，如果企业内用户有n个，则整个企业共需要$n\times(n-1)/2$个密钥，密钥的生成和分发将成为企业信息部门的噩梦。对称加密算法在分布式网络系统上使用较为困难，主要是因为密钥管理困难，使用成本较高。

3. 非对称加密技术

非对称加密算法采用公钥和私钥两种不同的密码来进行加解密。公钥和私钥是成对存在的，公钥是从私钥中提取产生公开给所有人的，如果使用公钥对数据进行加密，那么只有对应的私钥（不能公开）才能解密，反之亦然。非对称密钥加密适合对密钥或身份信息等敏感信息加密，从而在安全性上满足用户的需求。非对称加密技术通信流程如图11-6所示。

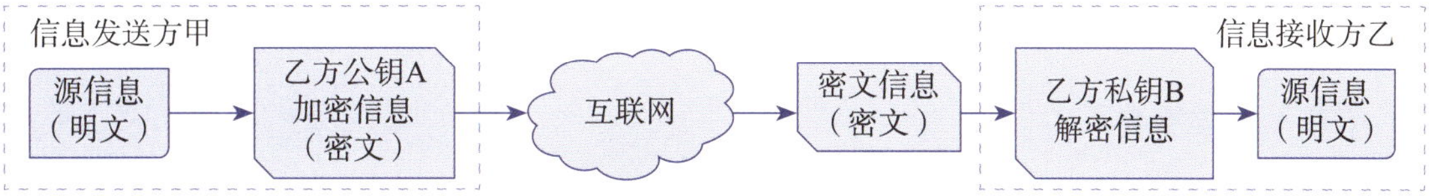

图11-6 非对称加密技术通信流程

非对称加密算法的优点是具有比对称密钥加解密方式更高的安全性，因为加密和解密用的是不同密钥，而且无法从一个密钥推导出另一个密钥，且公钥加密的信息只能用同一方的私钥进行解密。

非对称加密算法的缺点是算法非常复杂，导致加密大量数据所用的时间较长，只适合对少量数据进行加密。而且由于在加密过程中会添加较多附加信息，使得加密后的报文比较长，容易造成数据分片，不利于网络传输。同时，无法确认公钥的来源合法性以及数据的完整性。

（二）数字摘要

数字摘要是将任意长度的消息变成固定长度的短消息，它类似于一个自变量是消息的函数，也就是Hash函数。数字摘要就是采用单向Hash函数将需要加密的明文"摘要"成一串固定长度（128位）的密文。这一串密文又称为数字指纹，它有固定的长度，而且不同的明文摘要成密文，其结果总是不同的，而同样的明文其摘要必定一致。信息摘要主要用来验证数据的完整性。

信息发送方将明文通过Hash函数加密生成定长的密文串，也叫数字摘要1，然后通过网络传递给接收方，同时把源信息一起传递给接收方。

信息接收方收到信息，将用于比对验证的明文使用相同的Hash函数加密计算，得出一个加密后的密文串，也叫数字摘要2。

将之与发送者发送过来的密文串进行对比，若发送前和发送后的密文串相一致，则说明传输过程中数据没有损坏；若不一致，说明传输过程中数据丢失了（图11-7）。

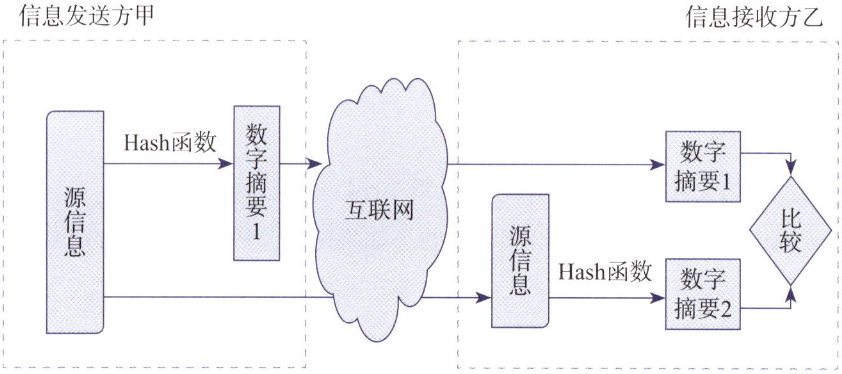

图11-7 数字摘要验证信息完整性

（三）数字签名

数字签名也称电子签名，如同出示手写签名一样，能起到电子文件认证、核准和生效的作用。其实现方式是把散列函数和非对称加密技术结合起来，发送方从报文文本中生成一个散列值，并用自己的私钥对这个散列值进行加密，形成发送方的数字签名；然后，将这个数字签名作为报文的附件和报文一起发送给报文的接收方；报文的接收方首先从接收到的原始报文中计算出散列值，接着再用发送方的公开密钥来对报文附加的数字签名进行解密；如果这两个散列值相同，那么接收方就能确认该数字签名是发送方的。数字签名机制提供了一种鉴别方法，以解决伪造、抵赖、冒充、篡改等问题。

数字签名通信过程（图11-8）如下。

（1）被发送文件用Hash编码加密产生128bit的数字摘要。

（2）发送方用自己的私用密钥对摘要再加密，这就形成了数字签名。

（3）将原文和加密的摘要同时传给对方。

（4）对方用发送方的公共密钥对数字签名解密，同时对收到的文件用Hash编码加密产生又一摘要。

（5）将解密后的摘要和收到的文件在接收方重新加密产生的摘要相互对比。如两者一致，则说明传送过程中信息没有被破坏或篡改过，否则不然。

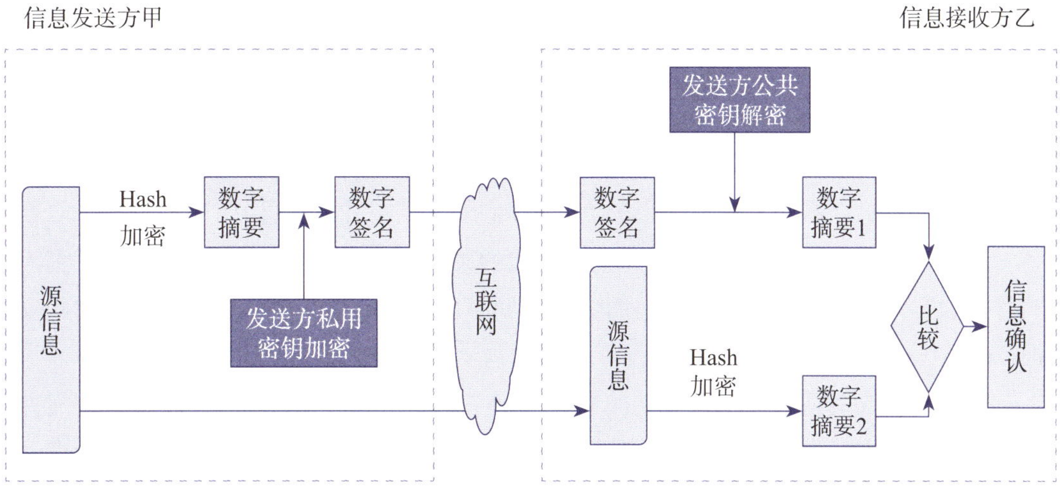

图11-8　数字签名通信过程

（四）数字信封

数字信封是一种综合利用了对称加密技术和非对称加密技术两者的优点进行信息安全传输的一种技术。数字信封包含被加密的内容和被加密的用于加密该内容的密钥。数字信封是实现信息保密性验证的技术。数字信封既发挥了对称加密算法速度快、安全性好的优点，又发挥了非对称加密算法密钥管理方便的优点。

数字信封保证了只有规定的人才能阅读信件的内容。

数字信封工作过程（图11-9）如下。

（1）发送方将信息用对称密钥K，对称加密信息形成信息密文。

（2）发送方用对方的公开密钥对通信密钥K加密，这就形成了数字信封。

（3）将信息密文和数字信封同时传给接收方。

（4）接收方用接收方的私钥对数字信封解密，获得通信密钥K，用获得的密钥K，解密信息密文，获得信息明文，完成密文通信。

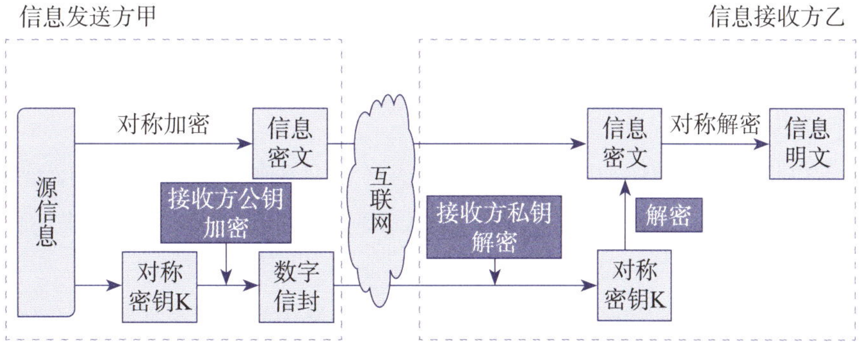

图11-9　数字信封技术工作过程

（五）数字时间戳

数字时间戳（Digital Time-Stamp）是DTS服务机构提供的，专门用于证明信息发送时间的电子商务安全项目。时间戳保证交易方不能否认其行为的执行时间。

在各种政务和商务文件中，时间是十分重要的信息。在书面合同中，文件签署的日期和签名一样均是十分重要的防止文件被伪造和篡改的关键性内容。在电子文件中，同样需对文件的日期和时间信息采取安全措施，而数字时间戳服务就能提供电子文件发表时间的安全保护。

一般来说，数字时间戳产生的过程（图11-10）为：用户首先将需要加时间戳的文件用Hash算法运算形成摘要，然后将该摘要发送到DTS。DTS在加入了收到文件摘要的日期和事件信息后再对该文件加密（数字签名），然后送达用户。

数字时间戳服务是网上安全服务项目，由专门的机构提供。时间戳是一个经加密后形成的凭证文档，它包括三个部分：

（1）需加时间戳的文件的摘要。

（2）DTS收到文件的日期和时间。

（3）DTS的数字签名。

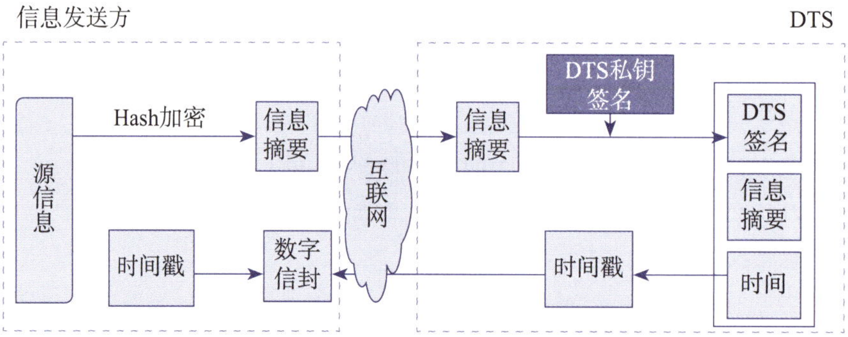

图11-10　数字时间戳产生过程

（六）认证技术

1. 数字证书

数字证书也称公开密钥证书或数字凭证，是一个经证书授权中心（certificate authority，CA）数字签名的包含用户身份信息以及公开密钥信息的电子文件。数字证书的作用是证明证书中的用户合法拥有证书中的公钥。

数字证书的基本架构是公开密钥PKI，即利用一对密钥实施加密和解密，其中密钥包括私钥和公钥，私钥主要用于签名和解密，由用户自定义，只有用户自己知道；公钥用于签名验证和加密，可被多个用户共享。

数字证书的结构一般包含版本号、序列号、签名算法标识符、认证机构、有效期、主题信息、认证机构的数字签名、公钥信息。

（1）数字证书的基本工作原理。

第一，发送方在发送信息前，需先与接收方联系，同时利用公钥加密信息，信息在进行传输的过程当中一直是处于密文状态，包括接收方接收后也是加密的，确保了信息传输的单一性，若信息被窃取或截取，也必须利用接收方的私钥才可解读数据，而无法更改数据，这也有利于保障信息的完整性和安全性。

第二，数字证书的数据签名类似于加密过程，数据在实施加密后，只有接收方才可打开或更改数据信息，并加上自己的签名后再传输至发送方，而接收方的私钥具有唯一性和私密性，这也保证了签名的真实性和可靠性，进而保障信息的安全性。

数字证书有很多格式版本，主要有X.509v3（1997）、X.509v4（1997）、X.509v1（1988）等。比较常用的版本是TUTrec.X.509V3，由国际电信联盟制定，内容包括证书序列号、证书有效期和公开密钥等信息。不论是哪一个版本的数字证书，只要获得数字证书，用户就可以将其应用于网络安全中。

（2）数字证书的功能。

保密性：使用收件人的公钥加密，只有收件人才能阅读信息。

认证性：确认信息发送者的身份。

完整性：信息在传递过程中不会被篡改。

不可抵赖性：数字证书为发件人唯一拥有，发送者不能否认已发送的信息。

（3）数字证书的应用。

第一，安全电子邮件。电子邮件中使用数字证书可以建构安全电子邮件证书，主要用于加密电子邮件的传输，保护电子邮件在传输和接收过程中的安全。安全电子邮件证书主要有证书持有者的CA机构的签名、电子邮件地址和公开密钥这些信息。一方面，数字证书与电子邮件结合后，就可以在安全电子邮件证书的加密和数字签名技术的保护下，实现电子邮件的安全传输和接收，保证了电子邮件的安全性和完整度。同时，也保证了电子邮件传输方和接收方信息的真实性。另一方面，安全电子邮件证书中包括公开密钥这一信息，就能够确保电子邮件不被更改，因为只有知道公开密钥才能使用电子邮件。

第二，安全终端保护。随着计算机网络技术的发展，电子商务的发展也越来越快，在人们生活和生产中的应用也越来越广泛，用户终端数据的安全问题也日益受到重视。为了避免终端数据信息的损坏或者是泄露，数字证书作为一种加密技术，可以用于终端的保护。首先，使用正版的软件和硬件，正确配置系统和网络并定期进行检查，防止终端配置被非法篡改。其次，利用网络安全技术如防火墙对内外网络进行实质性的隔离。同时，及时更新病毒库和防病毒软件，对终端系统实时进行病毒和安全漏洞的扫描，加强对终端系统的安全保护。一旦发现可疑信息，就要立即重点监控，防止其带来的影响和破坏。最后，加强访问终端的控制，利用加密和认证等手段加强信息破解的难度。用户可以设置一个以数字证书为主的系统登录方式，加上动态加密，就可以实现对系统的验证，没有权限的用户就无法进入终端系统，拥有权限的用户就符合了访问的要求，保证了访问终端的一致性。另外还要做到终端网络和主网络的分离，减少两者之间的数据交叉和结合，也避免了终端网络和主网络的相互影响，减少风险。

第三，代码签名保护。网络信息推广对很多用户来说，便捷又经济，但对软件的安全是不确定的。比如，用户对软件进行分享时，软件的接收和使用过程中存在着很多不安全因素，即使软件供应商能够保证软件自身的安全性，但也无法抵制盗版软件和网络本身存在的不安全因素带来的不利影响。

第四，可信网站服务。我国网站的数量伴随着计算机网络技术的发展呈现出日益增长的趋势，其中的恶意网站、钓鱼网站和假冒网站也越来越多，这就增加了用户对它们识别的难度，一不小心就会将自身的数据信息泄漏，严重影响了网络的安全。当用户对所使用的网站存在疑虑，不确定其中是否有被篡改和侵袭时，就可以利用数字证书技术。通过数字证书技术，可以对不确定的网站先进行验证和检查，增加了使用安全网站的概率，也避免了恶意网站、钓鱼网站和假冒网站等对网络造成的损失。

第五，身份授权管理。授权管理系统是信息系统安全的重要内容，对用户和程序提供相对应的授权服务，授权访问和应用的方法，而数字证书必须通过计算机网络的身份授权管理后才能被应用。因此，要保证身份授权管理工具的安全性。当系统双方相互认同时，身份授权系统的工作才能展开。同时，正确使用数字证书，适当授权，完成系统的用户认证，才能切实保护身份授权管理系统的安全性。

第六，行业应用。2020年7月，河南省公共资源交易数字证书互认系统正式上线运行，河南省实现数字证书“一地办理、全省通用”，市场主体可凭“一张数字证书跑遍整个互联网”。

2. 认证中心

认证中心是电子商务的一个核心环节，在电子交易中承担网上安全电子交易认证服务，签发数字证书，确认用户身份等工作的具有权威性和公正性的第三方服务机构。认证中心通常是企业性的服务机构，主要任务是受理数字凭证的申请、签发以及对数字凭证的管理。认证中心通过向电子商务各参与方发放数字证书来确认各方的身份，保证网上支付的安全性。认证中心主要包括三个组成部分：注册服务器（RS）、注册管理机构（RA）和证书管理机构（CA）。注册管理机构（RA）负责证书申请的审批，是持卡人的发卡行或商户的收单行。因此，认证中心离不开银行的参与。认证中心所颁发的数字证书主要有持卡人证书、商户证书和支付网关证书。持卡人证书中包括持卡人ID，这其中包含了有关该持卡人所使用的支付卡的数据和相应的账户信息。商户证书也同样包含了有关其账户的信息。支付网关一般为收单行或为收单行参加的银行卡组织。从这里的分析不难看出，RA的角色为什么必须由银行来担当。

认证中心的功能主要包括：自身密钥的产生、存储、备份和销毁、提供安全管理密钥服务、确定密钥的生存周期。认证中心的体系结构如图11-11所示。

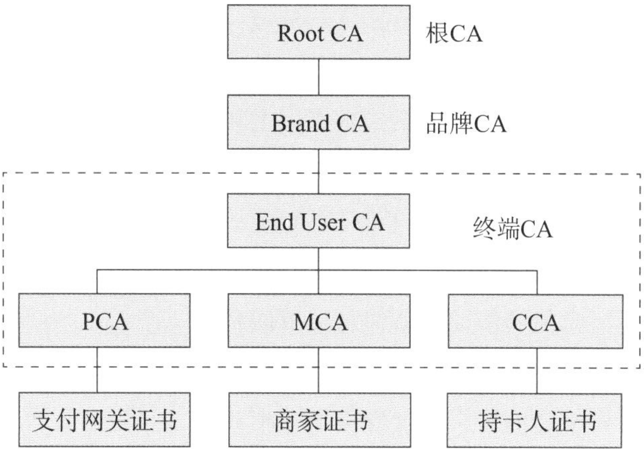

图11-11　认证中心的体系结构

3. PKI

公钥基础设施（public key infrastructure，PKI）是一个遵循既定标准的密钥管理平台，它利用非对称加密技术为电子商务、电子政务等所有网络应用提供一整套的通用性安全服务。一个典型的PKI系统包括PKI策略、软硬件系统、证书机构（CA）、注册机构（RA）、证书发布系统和PKI应用等。

PKI安全策略：建立和定义了一个组织信息安全方面的指导方针，同时也定义了密码系统使用的处理方法和原则。它包括一个组织怎样处理密钥和有价值的信息，根据风险的级别定义安全控制的级别。

CA是PKI的信任基础，它管理公钥的整个生命周期，其作用包括：发放证书、规定证书的有效期和通过发布证书废除列表（CRL）确保必要时可以废除证书。

RA提供用户和CA之间的一个接口，它获取并认证用户的身份，向CA提出证书请求。它主要完成收集用户信息和确认用户身份。这里指的用户，是指将要向认证中心（即CA）申请数字证书的客户，可以是个人，也可以是集团或团体、某政府机构等。注册管理一般由一个独立的注册机构（即RA）来承担。它接受用户的注册申请，审查用户的申请资格，并决定是否同意CA给其签发数字证书。注册机构并不给用户签发证书，而只是对用户进行资格审查。因此，RA可以设置在直接面对客户的业务部门，如银行的营业部、机构认证部门等。当然，对于一个规模较小的PKI来说，可以把注册管理的职能由认证中心来完成，而不设立独立运行的RA。但这并不是取消了PKI的注册功能，而只是将其作为CA的一项功能而已。PKI国际标准推荐由一个独立的RA来完成注册管理的任务，可以增强应用系统的安全。

证书发布系统负责证书的发放，如可以通过用户自己，或是通过目录服务器发放。目录服务器可以是一个组织中现存的，也可以是PKI方案中提供的。

PKI的应用：PKI的应用非常广泛，包括应用在Web服务器和浏览器之间的通信、电子邮件、电子数据交换（EDI）、在Internet上的信用卡交易和虚拟私有网（VPN）等。

CA是证书的签发机构，它是PKI的核心。众所周知，构建密码服务系统的核心内容是如何实现密钥管理。公钥体制涉及一对密钥即私钥和公钥，私钥只由用户独立掌握，无须在网上传输，而公钥则是公开的，需要在网上传送，故公钥体制的密钥管理主要是针对公钥的管理问题，较好的方案是数字证书机制。

实际网络环境中不可能只有一个CA，多个认证机构之间的信任关系必须保证原有的PKI用户不必依赖和信任专一的CA，否则将无法进行扩展、管理和包含。信任模型建立的目的是确保一个认证机构签发的证书能够被另一个认证机构的用户所信任。

常见的信任模型包括以下四种：

第一种，严格层次信任模型，是一个以主从CA关系建立的分级PKI结构，它可以描绘为一棵倒转的树，在这棵树上，根代表一个对整个PKI域内的所有实体都有特别意义的CA：根CA，在根CA的下面是多层子CA，与非CA的PKI实体相对应的树叶通常被称作终端用户。在严格层次信任模型中，上层CA为下层颁发证书，所有的实体都信任根CA，以根CA作为信任点。信任关系是单向的，上层CA可以而且必须认证下层CA，但下层CA不能认证上层CA，根CA通常不直接为终端用户颁发证书而只为子CA颁发证书。两个不同的终端用户进行交互时，双方都提供自己的证书和数字签名，通过根CA来对证书进行有效性和真实性的认证。只要找到一条从根CA到一个证书的认证路径，就可以实现对证书的验证。

第二种，分布式信任模型，与严格层次信任模型中的所有实体都信任唯一CA相反，分布式信任模型把信任分布在两个或多个CA上，在分布式信任模型中，CA间存在着交叉认证。因为存在多个信任点，单个CA安全性的削弱不会影响到整个PKI。因此该信任模型具有更好的灵活性，但其路径发现比较困难，因为从终端用户到信任点建立证书的路径是不确定的。

第三种，以用户为中心的信任模型，在以用户为中心的信任模型中，每个用户自己决定信任哪些证书和拒绝哪些证书，没有可信的第三方作为CA，用户就是自己的根CA。通常，用户的信任对象一般为关系密切的用户。以用户为中心的信任模型具有安全性高和用户可控性强的优点，但是其使用范围较小，因为要依赖用户自身的行为和决策能力，这在技术水平较高的群体中是可行的，而在一般的群体中是不现实的。

第四种，交叉认证模型，交叉认证是一种把以前无关的CA连接在一起的机制，可以使得它们各自终端用户之间的安全通信成为可能，有两种类型的交叉认证：域内交叉认证和域间交叉认证。

第三节 电子商务安全管理

电子商务安全管理，就是通过一个完整的综合保障体系来规避信息传输风险、信用风险、管理风险和法律风险，以保证网上交易的顺利进行。电子商务安全管理，应采用综合防范的思路，一是技术方面的安全考虑，如防火墙技术、网络防毒、信息加密、身份认证、授权等，防止各种黑客手段窃取企业的用户ID、密码以及相关的机密文件，甚至网络银行账号、密码等给企业和个人造成经济损失或者侵犯隐私。二是加强安全管理和监管，建立各种有关的合理制度，并加强严格监督，如建立交易的安全制度、交易安全的实时监控、提供实时改变安全策略的能力、对现有的安全系统漏洞的检查以及安全教育等，提高电子商务过程中参与人员的安全意识，预防系统内部人员操作不规范，导致数据被篡改和泄密的事件发生。近几年的电子商务安全案件表明，人为操作是网上交易安全管理中最薄弱的环节。

一、提高网络安全防范意识

现在许多企业虽然建立了技术防范机制，就是运用先进适用的信息安全技术建造起一道道的屏障，阻隔罪犯或竞争对手的入侵，防范和化解风险，保证电子商务的顺利进行。很多企业认为人为操作失误或者泄密只是偶然事件。“重技术、轻管理”是当前很多电子商务企业的通病，由于管理手段不到位，很多先进的安全技术无法发挥应有的效能。据调查，目前国内的网站存在安全问题，其主要原因是企业管理者缺少或没有安全意识。某些企业网络管理员甚至认为其公司规模较小，不会成为黑客的攻击目标，如此态度，网络安全更是无从谈起。只有提高网络安全防范意识，构建防范信息风险的心理屏障，安全管理措施渗透到系统每一环节和企业组织内每个层面，才能维护电子商务系统的信息安全。

二、建立电子商务安全管理组织体系

一个完善的信息安全管理体现首先应该建立完善的组织体系，即建立由行政领导、IT技术主管、信息安全主管、系统用户代表和安全顾问组成的安全决策机构。机构的职责是建立管理框架，组织审批安全策略、安全管理制度，指派安全角色、分配安全职责，并检查安全职责是否被正确履行，核准新信息处理设施的启用、组织安全管理会议等。

还可以建立由网络管理员、系统管理员、安全管理员、用户管理员等组成的安全执行机构。该机构负责制定网络系统的安全策略、执行安全策略、日常安全运行和维护、定期培训和安全检查等。

三、制定符合机构安全需求的信息安全策略

电子商务交易过程中，需要明确的安全策略包括：客户认证策略、加密策略、日常维护策略、病毒防护策略等安全技术方案。安全执行机构应该根据本系统的实际应用情况制定相

应的信息安全策略，策略中明确安全的定义、目标、范围、管理责任，并制定安全策略实施细则。安全策略文档要由安全决策机构审查、批准，并发布和传达给所有人学习。安全策略还应该由安全决策机构定期进行有效性审查和评估：在重大安全事故发生时发现新的漏洞，或者不完善性，组织体系变更或技术变更时，应重新进行安全策略的审查和评估。

四、企业制定网络交易安全管理制度

1. 人员管理制度

加强对参与网上交易活动有关人员的管理和培训。首先，在人员选聘的时候，做好人员鉴别和安全意识培训，签署保密协议。其次，落实工作岗位责任制，在岗位职责中明确岗位执行的安全策略和操作行为规范，对违规操作要进行及时处理和处罚。最后，要贯彻网上交易安全运作的基本原则，包括职责分离、双人责任制、任期有限、最小权限、个人信赖等。

2. 保密制度

划分信息的安全防范重点，提出相应的保密措施，并加强对密钥的管理。密钥管理必须贯穿于密钥的产生、传递、销毁的全过程。

3. 跟踪审计稽核制度

建立好跟踪安全审计制度，通过对网络数据的采集、分析、识别，实时动态监测通信内容、网络行为和网络流量，发现和捕获各种敏感信息、违规行为，实时报警响应，全面记录网络系统中的各种会话和事件，实现对网络信息的智能关联分析、评估及安全事件的准确定位，为整体网络安全策略的制定提供权威可靠的支持。

4. 系统的日常维护制度

规范系统日常物理环境的维护制度，规范数据文件备份的维护、网络安全检测以及安全上网行为。

5. 病毒防护制度

从管理到技术上规范病毒防护制度。

6. 应急措施

灾难恢复、硬件恢复、数据恢复的措施和方案。

五、网络安全的技术对策

（1）网络安全监测设备，实施安全监控。

（2）开发各种安全性较高的访问设备，用于支持身份认证，小批量购买授权，实际和虚拟访问控制，比如安全磁盘、智能卡、数字key等。

（3）建立安全防火墙体系。

（4）加强数据加密的工作。

（5）建立认证中心，并建立证书的认证与发放。

（6）建立合理的鉴别机制，在对等实体间交换认证信息，检验和确认对等实体的合法性，鉴别机制可以采用报文鉴别，也可以采用数字签名或终端识别等多种方式。

六、增强法律意识，遵纪守法

加强电子商务相关法律法规的学习，培养法治意识。电子商务安全主要涉及的法律包括电子商务法；有关认证中心的法律，必须由国家法律来规定CA中心的设立程序和设立资格以及必须承担的法律义务和责任，也必须由法律来规定由哪个部门对CA中心进行监管；有关保护个人隐私的法律；有关电子合同的法律效力，对数字签名和电子商务凭证的确认；有关网络知识产权保护的法律。

技能训练

实训任务 1 Windows 操作系统安全设置

一、实训目标

掌握计算机系统安全相关设置与操作，掌握安全设置的多种方法和手段。

二、实训内容

1. 使用本地安全策略控制台配置设置

（1）若要打开“本地安全策略”，请在“开始”屏幕上键入secpol.msc，然后按Enter。

（2）在控制台树的安全设置下，执行以下操作之一：单击“账户策略”以编辑密码策略或账户锁定策略；或者单击“本地策略”可编辑审核策略、用户权限分配或安全选项。

（3）在详细信息窗格中找到策略设置，双击要修改的安全策略。

（4）修改安全策略设置，然后单击“确定”。

2. 使用本地组策略编辑器控制台配置安全策略设置

必须具有适当的权限才能安装和使用Microsoft管理控制台（MMC），以及更新域控制器上的组策略对象（GPO）才能执行这些过程。

（1）打开“本地组策略编辑器”（gpedit.msc）。

（2）在控制台树中，依次单击“计算机配置”“Windows设置”和“安全设置”。

（3）执行下列操作之一：单击“账户策略”以编辑密码策略或账户锁定策略；或者单击“本地策略”可编辑审核策略、用户权限分配或安全选项。

（4）在详细信息窗格中，双击要修改的安全策略设置。

3．配置域控制器的设置

以下过程介绍如何仅为域控制器配置安全策略设置：

（1）若要打开域控制器安全策略，请在控制台树中，找到Group Policy Object［ComputerName］策略，依次单击“计算机配置”“Windows设置”和“安全设置”。

（2）执行下列操作之一：

双击“账户策略”可编辑密码策略、账户锁定策略或Kerberos策略。

单击“本地策略”可编辑审核策略、用户权限分配或安全选项。

（3）在详细信息窗格中，双击要修改的安全策略。备注如果尚未定义此安全策略，请选中“定义这些策略设置”复选框。

（4）修改安全策略设置，然后单击“确定”。

实训任务2　数字证书的使用与管理

一、实训目标

熟悉认证中心，掌握数字证书的申请与使用。

二、实训内容

1．申请一个试用型数字证书，并查看数字证书的内容。

2．将数字证书安装捆绑到对应的电子邮件。

3．发送一封用数字证书签名的电子邮件。

课后习题

一、选择题目

1．病毒的重要特征是（　　）。

A．隐蔽性　　B．传染性　　C．破坏性　　D．可触发性

2．电子商务的安全需求不包括（　　）。

A．可靠性　　B．稳定性　　C．真实性　　D．完整性

3．在防火墙使用的控制技术中对所有进程防火墙的包标头内容进行检查的防火墙属于（　　）。

A．包过滤型　　B．包检测型　　C．应用层网关型　　D．代理服务型

4．在一次信息传递的过程中，为实现数据传送的安全性、完整性、可鉴别性和不可否认性，这个采用的安全手段是（　　）。

A．双密钥机制　　B．数字信封

C．双联签名　　D．混合加密系统

5. 身份认证中的证书由（　　）颁发。

A. 政府机构　　B. 银行

C. 企业团体或行业协会　　D. 认证授权机构

6. CA系统一般由多个部分组成，其核心部分是（　　）。

A. 安全服务器　　B. CA服务器

C. 注册机构　　D. LDAP服务器

7. 在不可否认业务中用来保护收信人的业务是（　　）。

A. 源的不可否认性　　B. 传递的不可否认性

C. 提交的不可否认性　　D. 数据的不可否认性

8. 下面不属于公钥证书类型的是（　　）。

A. 密钥证书　　B. 客户证书

C. 安全邮件证书　　D. CA证书

9. 目前信息安全传送的标准模式是（　　）。

A. 数字签名　　B. 消息加密

C. 混合加密　　D. 数字信封

二、思考题

1. 简述防火墙的基本组成部分。

2. PKI作为安全基础措施能为用户提供哪些服务？

总结与提高

本项目主要学习了电子商务安全技术，包括网络安全技术和数据加密技术以及加密技术的相关应用，建议学生应充分了解网络安全的重要性，培养互联网应用的安全意识，规范上网行为习惯，为后续工作奠定基础。

项目十二 电子商务物流

学习目标

目标类型	目标内容
知识目标	了解物流的基本内容 了解物流与电子商务的关系 掌握电子商务环境下物流的模式 掌握电子商务物流配送的流程 掌握供应链管理的概念 掌握 JIT 的核心理念
技能目标	能选择恰当的物流模式 能合理利用现有物流资源
素养目标	踏实做事 诚信做人 团队合作 与人顺畅沟通

思维导图

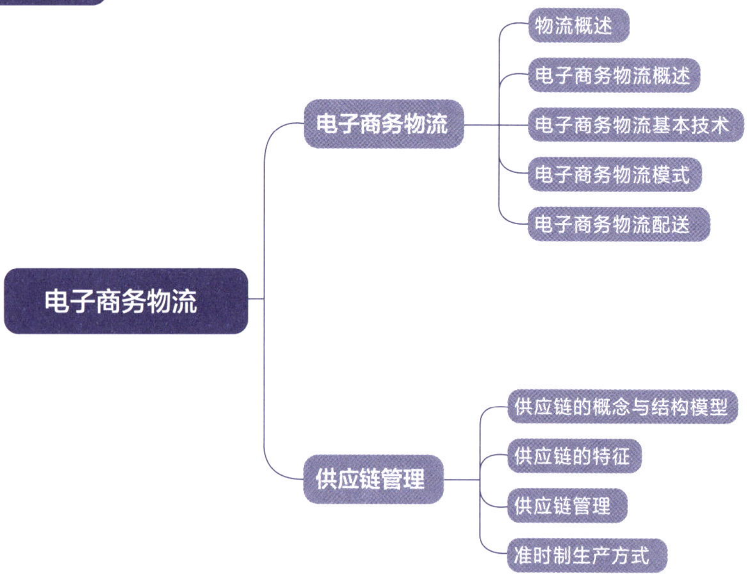

案例导入

京东物流

京东集团2007年开始自建物流，2017年4月正式成立京东物流集团，2021年5月，京东物流于香港联交所主板上市。京东物流是中国领先的技术驱动的供应链解决方案及物流服务商，以“技术驱动，引领全球高效流通和可持续发展”为使命，致力于成为全球最值得信赖的供应链基础设施服务商。

一体化供应链物流服务是京东物流的核心赛道。京东物流主要聚焦于快消、服装、家电家具、3C、汽车、生鲜六大行业，为客户提供一体化供应链解决方案和物流服务，帮助客户优化存货管理、减少运营成本、高效分配内部资源，实现新的增长。同时，京东物流将长期积累的解决方案、产品和能力模块化，以更加灵活、可调用与组合的方式，满足不同行业的中小客户需求。

京东物流建立了包含仓储网络、综合运输网络、最后一公里配送网络、大件网络、冷链物流网络和跨境物流网络在内的高度协同的六大网络，具备数字化、广泛和灵活的特点，服务范围覆盖了中国几乎所有地区、城镇和人口，不仅建立了中国电商与消费者之间的信赖关系，还通过211限时达等时效产品和上门服务，重新定义了物流服务标准。在2021年，京东物流助力约90%的京东线上零售订单实现当日和次日达，客户体验持续领先行业。截至2022年3月31日，京东物流运营约1400个仓库，含云仓生态平台的管理面积在内，京东物流仓储总面积超过2500万平方米。

京东物流始终重视技术创新在企业发展中的重要作用。基于5G、人工智能、大数据、云计算及物联网等底层技术，京东物流正在持续提升自身在自动化、数字化及智能决策方面的能力，不仅通过自动搬运机器人、分拣机器人、智能快递车、无人机等，在仓储、运输、分拣及配送等环节大大提升效率，还自主研发了仓储、运输及订单管理系统等，支持客户供应链的全面数字化，通过专有算法，在销售预测、商品配送规划及供应链网络优化等领域实现决策。凭借这些专有技术，京东物流已经构建了一套全面的智能物流系统，实现服务自动化、运营数字化及决策智能化。截至2021年12月31日，京东物流在全国共运营43座“亚洲一号”大型智能仓库。

通过与国际及当地合作伙伴的合作，京东物流已建立了覆盖超过220个国家及地区的国际线路，拥有约50个保税仓库及海外仓库。同时，京东物流着力推行战略级项目“青流计划”，从“环境”“人文社会”和“经济”三个方面，协同行业和社会力量共同关注人类的可持续发展。

案例思考

1. 京东为何要自建物流体系？
2. 京东物流在支撑京东电子商务发展上有什么独特优势？

第一节 电子商务物流

一、物流概述

（一）物流的概念

物流（physical distribution）中的“distribution”最早出现于美国，1921年阿奇·萧在《市场流通中的若干问题》（some problem in market distribution）一书中提出物流是与创造需要不同的一个问题，并提到物资经过时间或空间的转移，会产生附加价值。这里，market distribution指的是商流；时间和空间的转移指的是销售过程的物流。

1935年，美国销售协会最早对物流进行了定义：物流（Physical Distribution）是包含于销售之中的物质资料和服务，与从生产地到消费地点流动过程中伴随的种种活动。

在第二次世界大战期间，美国对军火等进行的战时供应中，首先采取了后勤管理（logistics management）这一名词，对军火的运输、补给、屯驻等进行全面管理。从此，后勤逐渐形成了单独的学科，并不断发展为后勤工程（logistics engineering）、后勤管理（logistics management）和后勤分配（logistics distribution）。后勤管理的方法后被引入商业部门，被人称为商业后勤（business logistics），定义为“包括原材料的流通、产品分配、运输、购买与库存控制、储存、用户服务等业务活动”，其领域统括原材料物流、生产物流和销售物流。

日本在1964年开始使用物流这一概念。在使用物流这个术语以前，日本把与商品实体有关的各项业务，统称为流通技术。1956年日本生产性本部派出流通技术专门考察团，由早稻田大学教授宇野正雄等一行7人去美国考察，弄清楚了日本以往叫作流通技术的内容，相当于美国叫作physical distribution（实物分配）的内容，从此便把流通技术按照美国的简称，叫作P. D.，P. D. 这个术语因此得到了广泛使用。1964年，日本池田内阁中五年计划制定小组平原谈到P. D. 这一术语时说，比起来，叫作“P. D.”不如叫作“物的流通”更好。1965年，日本在政府文件中正式采用物的流通这个术语，简称为物流。

我国开始使用物流一词始于1979年。

物流的定义有多种，我国2001年8月1日起实施的国家标准《物流术语》中定义：

物流（logistics）是指物品从供应地向接收地的实体流动过程。根据实际需要，将运输、储存、装卸、搬运、包装、流通加工、配送、信息处理等基本功能实施有机结合。

（二）物流的功能要素

物流的功能要素主要包括运输、包装、装卸搬运、储存、流通加工、配送、物流信息处理7项功能。

1. 运输

运输是物流各环节中最重要的部分，是物流的关键。运输一般分为输送和配送。有人将运输作为物流的代名词。运输方式有公路运输、铁路运输、船舶运输、航空运输、管道运输等。没有运输，物品只有存在价值，却没有使用价值，即生产出来的产品，如果不通过运输，送至消费者手中进行消费，等于该产品没有被利用，因而也就没有产生使用价值。没有运输连接生产和消费，生产就失去意义。一般认为，所有商品的移动都是运输，运输可以划分为两段：一段是生产厂到流通据点之间的运输，批量比较大、品种比较单一、运距比较长，这样的运输成为“输送”；另一段是流通据点到用户之间的运输，一般称为“配送”，就是根据用户的要求，将各类商品按不同类别、不同方向和不同用户进行分类、拣选、组配、装箱，按用户要求的品种、数量配齐后送给用户，其实质在于“配齐”和“送达”。

2. 包装

包装可大体划分为两类：一类是工业包装，或叫运输包装、大包装；另一类是商业包装，或叫销售包装、小包装。工业包装是为保持商品的品质，商业包装是为使商品能顺利抵达消费者手中，提高商品价值、传递信息等。由此看来，包装的功能和作用不可低估，它既是生产的终点，又是企业物流的起点。包装的作用是按单位分开产品，便于运输，并保护在途货物。注重包装是保证整个物流系统流程顺畅的重要环节之一。

3. 装卸搬运

装卸搬运是物流各环节连接成一体的接口，是运输、储存、包装等物流作业得以顺利实现的根本保证。装卸和搬运质量的好坏、效率的高低是整个物流过程的关键所在。装卸搬运工具、设施、设备不先进，搬运装卸效率低，商品流转时间就会延长，商品就会破损，就会增大物流成本，影响整个物流过程的质量。装卸搬运的功能是连接运输、储存和包装各个系统的节点，该节点的质量直接关系到整个物流系统的质量和效率，而且又是缩短物流移动时间、节约流通费用的重要组成部分。装卸搬运环节出了问题，物流其他环节就会停顿。

4. 储存

在物流中，运输承担了改变商品空间状态的重任，储存则承担了改变商品时间状态的重任。而库存是与储存既有密切关系又有区别的一个概念，它是储存的静态形式。产品离开生产线后到最终消费之前，一般都要有一个存放、保养、维护和管理的过程，也是克服季节性、时间性间隔、创造时间效益的活动。库存主要分为基本库存和安全库存。

基本库存是补给过程中产生的库存。在订货之前，库存处于最高水平，日常的需求不断地“抽取”存货，直至该储存水平降至为零。实际在库存没有降至零之前就要开始启动订货程序，于是在发生缺货之前，就会完成商品的储存。补给订货的量就是订货量。在订货过程中必须保持的库存量就是基本库存。

为了防止不确定因素对物流的影响，如运输延误；商品到货，但品种、规格、质量不符合要求；销售势头好，库存周转加快或紧急需要等，都需要企业另外储备一部分库存，这就是安全库存。

确定合理库存是企业物流管理的重要内容之一，但是库存管理并没有统一的模型，而且每个企业都有自己特殊的存货管理要求，所以企业只能根据自己的具体情况，建立有关模型，解决具体问题。

5. 流通加工

流通加工是指产品从生产者向消费者流动的过程中，为了促进销售，维护产品质量，实现物流的高效率所采取的使物品发生物理和化学变化的功能。通过流通加工，可以节约材料、提高成品率，保证供货质量和更好地为用户服务。所以，流通加工的作用同样不可低估。流通加工是物流过程中“质”的升华，使流通向更深层次发展。

6. 配送

过去没有将配送独立作为物流系统实现的功能，未看成是独立的功能要素，而是将其作为运输中的末端运输对待。但是，配送作为一种现代流通方式，集经营、服务以及库存、分拣、装卸、搬运于一身，已不仅仅是一种送货运输所能包含的，所以应将其作为独立功能要素。

7. 物流信息处理

物流信息是连接运输、储存、装卸、包装各环节的纽带，没有各物流环节信息的通畅和及时供给，就没有物流活动的时间效率和管理效率，也就失去了物流的整体效率。通过收集与物流活动相关的信息，就能使物流活动有效、顺利地进行。

信息包括与商品数量、质量、作业管理相关的物流信息，以及与订货、发货和货款支付相关的商流信息。不断地收集、筛选、加工、研究、分析各类信息，并把精确信息及时提供给决策人员，以此为依据判断生产和销售方向，制定企业经营战略，以便做出高质量的物流决策。

与物流信息密切相关的是物流信息系统，即管理人员利用一定的设备，根据一定的程序对信息进行收集、分类、分析、评估，并把精确信息及时地提供给决策人员，以便他们做出高质量的物流决策。物流信息系统的目的是不但要收集尽可能多的信息，提供给物流经理，使他们做出更多的有效的决策，还要与公司中销售、财务等其他部门的信息系统共享信息，并将有关的综合信息传至公司最高决策层面，协助他们形成战略计划。

二、电子商务物流概述

（一）电子商务物流的概念

目前，对电子商务物流尚无统一的定义，可以从两个角度来理解：从宏观行业角度，电子商务物流是电子商务和物流两个行业的结合，是与电子商务这一新兴行业相配套，主要为电子商务客户提供服务的物流；从微观运作角度，电子商务物流是信息管理技术和物流作业环节的结合，是运用现代信息技术整合物流环节，实现高度信息化的物流。

（二）电子商务物流的特点

电子商务时代的来临，给全球物流带来了新的发展，也对物流有了更高的要求，使现代物流具备信息化、网络化、智能化、柔性化、虚拟化等新特点。

1. 信息化

电子商务时代，物流信息化是电子商务的必然要求。物流信息化表现为物流信息的商品化、物流信息收集的数据库化和代码化、物流信息处理的电子化和计算机化、物流信息传递的标准化和实时化、物流信息存储的数字化等。因此，条码技术（bar code）、数据库技术（database）、电子订货系统（electronic ordering system，EOS）、电子数据互换（electronic data interchange，EDI）、快速反应（quick response，QR）及有效的客户反应（effective customer response，ECR）、企业资源计划（enterprise resource planning，ERP）等技术与观念在我国的物流中将会得到普遍的应用。信息化是一切的基础，没有物流的信息化，任何先进的技术设备都不可能应用于物流领域，信息技术及计算机技术在物流中的应用将会彻底改变世界物流的面貌。

2. 网络化

物流信息化的高层次应用首先表现为网络化。这里指的网络化有两层含义：一是物流配送系统的计算机通信网络，包括物流配送中心与供应商或制造商的联系要通过计算机网络，另外与下游顾客之间的联系也要通过计算机网络通信，比如物流配送中心向供应商提出订单这个过程，就可以使用计算机通信方式，借助于电子订货系统（EOS）和电子数据交换技术（EDI）来自动实现。

3. 智能化

物流信息化的高层次应用表现为智能化。物流作业过程中大量的运筹和决策，如库存水平的确定、运输（搬运）路径的选择、自动导向车的运行轨迹和作业控制、自动分拣机的运行、物流配送中心经营管理的决策支持等问题都需要借助于大量的知识才能解决。在物流自动化的进程中，物流智能化是不可回避的技术难题。好在专家系统、机器人等相关技术在国际上已经有比较成熟的研究成果。为了提高物流现代化的水平，物流的智能化已成为电子商务物流发展的一个新趋势。

4. 柔性化

随着市场变化的加快，产品寿命周期正在逐步缩短，小批量、多品种的生产已经成为企业生存的关键。目前，国外许多适用于大批量制造的刚性生产线正在逐步改造为小批量、多品种的柔性生产线。

5. 虚拟化

随着全球卫星定位系统（GPS）的应用，社会大物流系统的动态调度、动态储存和动态运输将逐渐代替企业的静态固定仓库。由于物流系统的优化目的是减少库存直到零库存，这种动态仓储运输体系借助于全球卫星定位系统，充分体现了未来宏观物流系统的发展趋势；

随着虚拟企业、虚拟制造技术的不断深入，虚拟物流系统已经成为企业内部虚拟制造系统一个重要的组成部分。

三、电子商务物流基本技术

物流技术是指与物流要素活动相关的所采用的各种技术的总称，包括各种操作方法、管理技能等，如流通加工技术、物品包装技术、物品标识技术、物品实时跟踪技术等，此外，还包括物流规划、物流评价、物流设计、物流策略等。随着电子商务的应用普及，物流技术中综合了许多现代技术，如GIS（地理信息系统）、GPS（全球卫星定位系统）、EDI（电子数据互换）、Bar Code（条码）等。

1. 条码技术

条码技术是在计算机的应用实践中产生和发展起来的一种自动识别技术。它是为实现对信息的自动扫描而设计的。它是实现快速、准确而可靠地采集数据的有效手段。条码技术的应用解决了数据录入和数据采集的“瓶颈”问题，为供应链管理提供了有力的技术支持。

条码技术为我们提供了一种对物流中的物品进行标识和描述的方法，借助自动识别技术、POS系统、EDI等现代技术手段，企业可以随时了解有关产品在供应链上的位置，并即时做出反应。当今在欧美等发达国家兴起的ECR、QR、自动连续补货等供应链管理策略，都离不开条码技术的应用。条码是实现POS系统、EDI、电子商务、供应链管理的技术基础，是物流管理现代化、提高企业管理水平和竞争能力的重要技术手段。

物流条码是条码中的一个重要组成部分，它不仅在国际范围内提供了一套可靠的代码标识体系，而且为贸易环节提供了通用语言，为EDI和电子商务奠定了基础。因此，物流条码标准化在推动各行业信息化、现代化建设进程和供应链管理的过程中将起到不可估量的作用。

2. 射频技术

射频技术（radio frequency，RF）的基本原理是电磁理论。射频技术的优点是不局限于视线，识别距离比光学系统远，射频识别卡具有读写能力，可携带大量数据，难以伪造且智能。RF适用于物料跟踪、运载工具和货架识别等要求非接触数据采集和交换的场合，由于RF标签具有可读写能力，对于需要频繁改变数据内容的场合尤为适用。近年来，便携式数据终端（PDT）的应用多了起来，PDT可把那些采集到的有用数据存储起来或传送至一个管理信息系统。便携式数据终端一般包括一个扫描器、一个体积小但功能很强并带有存储器的计算机、一个显示器和供人工输入的键盘。在只读存储器中装有常驻内存的操作系统，用于控制数据的采集和传送。PDT存储器中的数据可随时通过射频通信技术传送到主计算机。操作时先扫描位置标签，货架号码、产品数量就都输入到PDT，再通过RF技术把这些数据传送到计算机管理系统，可以得到客户产品清单、发票、发运标签、该地所存产品代码和数量等。

3. GIS 技术

地理信息系统（geographical information system，GIS）是多种学科交叉的产物，它以地理空间数据为基础，采用地理模型分析方法，适时地提供多种空间的和动态的地理信息，是一种为地理研究和地理决策服务的计算机技术系统，其基本功能是将表格型数据（无论它来自数据库、电子表格文件或直接在程序中输入）转换为地理图形显示，然后对显示结果浏览、操作和分析，其显示范围可以从洲际地图到非常详细的街区地图，显示对象包括人口、销售情况、运输线路以及其他内容。

4. GPS 技术

全球定位系统（global positioning system，GPS）具有在海、陆、空进行全方位实时三维导航与定位的能力。近10年来，我国测绘等部门使用GPS的经验表明，GPS以全天候、高精度、自动化、高效益等显著特点，赢得广大测绘工作者的信赖，并成功地应用于大地测量、工程测量、航空摄影测量、运载工具导航和管制、地壳运动监测、工程变形监测、资源勘察、地球动力学等多种学科，从而给测绘领域带来一场深刻的技术革命。GPS在物流领域可以应用于汽车自定位、跟踪调度，可用于交通运输、军事等多领域的物流管理。

四、电子商务物流模式

（一）自营物流

企业自身经营物流，称为自营物流。自营物流是在电子商务刚刚萌芽的时期，那时的电子商务企业规模不大，从事电子商务的企业多选用自营物流的方式。企业自营物流模式意味着电子商务企业自行组建物流配送系统，经营管理企业的整个物流运作过程。在这种方式下，企业也会向仓储企业购买仓储服务，向运输企业购买运输服务，但是这些服务都只限于一次或一系列分散的物流功能，而且是临时性的纯市场交易的服务，物流公司并不按照企业独特的业务流程提供独特的服务，即物流服务与企业价值链的松散的联系。如果企业有很高的顾客服务需求标准，物流成本占总成本的比重较大，而企业自身的物流管理能力较强时，企业一般不应采用外购物流，而应采用自营方式。由于我国物流公司大多是由传统的储运公司转变而来的，还不能满足电子商务的物流需求，因此，很多企业借助于它们开展电子商务的经验也开展物流业务，即电子商务企业自身经营物流。

目前，在我国，采取自营模式的电子商务企业主要有两类：一类是资金实力雄厚且业务规模较大的电子商务公司，电子商务在我国兴起的时候，国内第三方物流的服务水平远不能满足电子商务公司的要求。第二类是传统的大型制造企业或批发企业经营的电子商务网站，由于其自身在长期的传统商务中已经建立起初具规模的营销网络和物流配送体系，在开展电子商务时只需将其加以改进、完善，即可满足电子商务条件下对物流配送的要求。选用自营物流，可以使企业对物流环节有较强的控制能力，易于与其他环节密切配合，全力专门地服务于本企业的运营管理，使企业的供应链更好地保持协调、简洁与稳定。此外，自营物流能够保证供货的准确和及时，保证顾客服务的质量，维护了企业和顾客间的长期关系。但自营物流所需的投入非常大，建成后对规模的要求很高，大规模才能降低成本，否则将会长期处于不盈利的境地。而且投资成本较大、时间较长，对于企业柔性有不利影响。另外，自建庞大的物流体系，需要占用大量的流动资金。更重要的是，自营物流需要较强的物流管理能力，建成之后需要工作人员具有专业化的物流管理能力。

（二）物流联盟

物流联盟是制造业、销售企业、物流企业基于正式的相互协议而建立的一种物流合作关系，参加联盟的企业汇集、交换或统一物流资源以谋取共同利益；同时，合作企业仍保持各自的独立性。物流联盟为了达到比单独从事物流活动取得更好的效果，在企业间形成了相互信任、共担风险、共享收益的物流伙伴关系。企业间不完全采取导致自身利益最大化的行为，也不完全采取导致共同利益最大化的行为，只是在物流方面通过契约形成优势互补、要素双向或多向流动的中间组织。联盟是动态的，只要合同结束，双方又变成追求自身利益最大化的单独个体。选择物流联盟伙伴时，要注意物流服务提供商的种类及其经营策略。一般可以根据物流企业服务的范围大小和物流功能的整合程度这两个标准，确定物流企业的类型。物流服务的范围主要是指业务服务区域的广度、运送方式的多样性、保管和流通加工等附加服务的广度。物流功能的整合程度是指企业自身所拥有的提供物流服务所必要的物流功能的多少，必要的物流功能是指包括基本的运输功能在内的经营管理、集配、配送、流通加工、信息、企划、战术、战略等各种功能。一般来说，组成物流联盟的企业之间具有很强的依赖性，物流联盟的各个组成企业明确自身在整个物流联盟中的优势及担当的角色，内部的对抗和冲突减少，分工明晰，使供应商把注意力集中在提供客户指定的服务上，最终提高了企业的竞争能力和竞争效率，满足企业跨地区、全方位物流服务的要求。

（三）第三方物流

第三方物流（third-party logistics，3PL 或TPL）是指独立于买卖双方之外的专业化物流公司，长期以合同或契约的形式承接供应链上相邻组织委托的部分或全部物流功能，因地制宜地为特定企业提供个性化的全方位物流解决方案，实现特定企业的产品或劳务快捷地向市场移动，在信息共享的基础上，实现优势互补，从而降低物流成本，提高经济效益。它是由相对“第一方”发货人和“第二方”收货人而言的第三方专业企业来承担企业物流活动的一种物流形态。第三方物流公司通过与第一方或第二方的合作来提供其专业化的物流服务，它不拥有商品，不参与商品买卖，而是为顾客提供以合同约束、以结盟为基础的、系列化、个性化、信息化的物流代理服务。服务内容包括设计物流系统、报表管理、货物集运、选择承运人、货代人、海关代理、信息管理、仓储、咨询、运费支付和谈判等。

第三方物流企业一般都是具有一定规模的物流设施设备（库房、站台、车辆等）及专业经验、技能的批发、储运或其他物流业务经营企业。第三方物流是物流专业化的重要形式，它的发展程序体现了一个国家物流产业发展的整体水平。第三方物流是一个新兴的领域，企业采用第三方物流模式对于提高企业经营效率具有重要作用。首先，企业将自己的非核心业务外包给从事该业务的专业公司去做；其次，第三方物流企业作为专门从事物流工作的企业，有丰富的专门从事物流运作的专家，有利于确保企业的专业化生产，降低费用，提高企业的物流水平。

目前，第三方物流的发展十分迅速，有几方面是值得关注的：第一，物流业务的范围不断扩大。商业机构和各大公司面对日趋激烈的竞争，不得不将主要精力放在核心业务上，将运输、仓储等相关业务环节交由更专业的物流企业进行运作，以求节约和高效；另一方面，物流企业为提高服务质量，也在不断拓宽业务范围，提供配套服务。第二，很多成功的物流企业根据第一方、第二方的谈判条款，分析比较自理的操作成本和代理费用，灵活运用自理和代理两种方式，提供客户定制的物流服务。第三，物流产业的发展潜力巨大，具有广阔的发展前景。

五、电子商务物流配送

电子商务物流配送，就是信息化、现代化、社会化的物流配送。它是指物流配送企业采用网络化的计算机技术和现代化的硬件设备、软件系统及先进的管理手段，针对社会需求，严格地、守信用地按用户的订货要求，进行一系列分类、编配、整理、分工、配货等理货工作，定时、定点、定量地交给没有范围限度的各类用户，满足其对商品的需求，主要包括备货、储存、分拣及配货、配装、配送运输、派件等环节。

（一）备货

物流电商平台配送的准备工作和基础工作。备货工作包括筹集货源、订货、采购、集货、进货及有关的质量检查、结算、交接等。

配送的优势之一就是可以集中若干用户的需求进行一定规模的备货。备货是决定配送成败的初期工作，如果备货成本太高，会大大降低配送的效益。

（二）储存

配送中的储存有储备及暂存两种形态。

1. 储备

配送储备是按一定时期的配送经营要求，形成的对配送的资源保证。这种类型的储备数量较大，储备结构也比较完善，视货源及到货情况，可以有计划地确定周转储备及保险储备结构及数量。配送的储备保证有时在配送中心附近单独设库解决。

2. 暂存

暂存是具体执行配送时，按分拣配货要求，在理货场地所做的少量储存准备。由于总体储存效益取决于储存总量，所以，这部分暂存数量只会对工作方便与否造成影响，而不会影响储存的总效益，因而在数量上控制并不严格。

还有另一种形式的暂存，即是分拣、配货之后，形成的发送货载的暂存，这个暂存主要是调节配货与送货的节奏，暂存时间不长。

（三）分拣及配货

分拣及配货是配送不同于其他物流形式的有特点的功能要素，也是配送成败的一项重要支持性工作。分拣及配货是完善送货、支持送货准备性工作，是不同配送企业在送货时进行竞争和提高自身经济效益的必然延伸，所以，也可以说是送货向高级形式发展的必然要求。有了分拣及配货，就会大大提高送货服务水平，所以，分拣及配货是决定配送系统水平的关键要素。

（四）配装

在单个用户配送数量不能达到车辆的有效载运负荷时，就存在如何集中不同用户的配送货物，进行搭配装载以充分利用运能、运力的问题，这就需要配装。

和一般送货不同之处在于，通过配装可以大大提高送货水平及降低送货成本，所以配装也是配送系统中有现代特点的功能要素，是现代配送不同于传统送货的重要区别之处。

（五）配送运输

配送运输属于运输中的末端运输、支线运输，和一般运输形态主要区别在于：配送运输是较短距离、较小规模、频度较高的运输形式，一般使用汽车和其他小型车辆做运输工具。

与干线运输的另一个区别是，配送运输路线选择问题是一般干线运输所没有的，干线运输的干线是唯一的运输线，而配送运输由于配送用户多，一般城市交通路线又较复杂，如何组成最佳路线，如何使配装和路线有效搭配等，是配送运输的特点，也是难度较大的工作。

（六）派件

派件是指依据客户所发出货物运送到第三方或是指定的地点，快递公司（物流公司）通过物流网送到第三方或是指定的地点的过程。派件一般可通过人员直接派送到指定位置、菜鸟服务站、智能快递柜等形式实现，派件是物流配送的最后一个环节，派件结束标志着配送工作的完成。

第二节 供应链管理

一、供应链的概念与结构模型

供应链是围绕核心企业，通过对信息流、物流、资金流的控制，从采购原材料开始，制成中间产品以及最终产品，最后由销售网络把产品送到消费者手中的将供应商、制造商、分销商、零售商、直到最终用户连成一个整体的功能网链结构模式（图12-1）。它是一个范围更广的企业结构模式，它包含所有加盟的节点企业，从原材料的供应开始，经过链中不同企业的制造加工、组装、分销等过程直到最终用户。它不仅是一条连接供应商到用户的物料链、信息链、资金链，而且是一条增值链，物料在供应链上因加工、包装、运输等过程而增加其价值，给相关企业都带来收益。供应链的结构模型如图12-1所示。

供应链由所有加盟的节点企业组成，其中一般有一个核心企业（可以是产品制造企业，也可以是大型零售企业），节点企业在需求信息的驱动下，通过供应链的职能分工与合作（生产、分销、零售等），以资金流、物流或/和服务流为媒介实现整个供应链的不断增值。

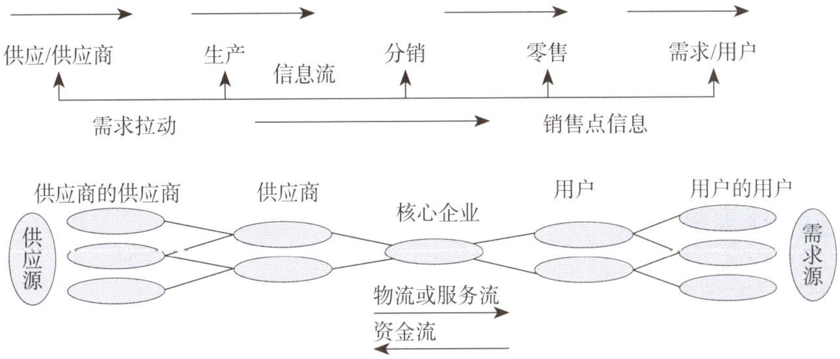

图12-1 供应链的结构模型

二、供应链的特征

从供应链的结构模型可以看出，供应链是一个网链结构，由围绕核心企业的供应商、供应商的供应商和用户、用户的用户组成。一个企业是一个节点，节点企业和节点企业之间是一种需求与供应关系。供应链主要具有以下特征。

（1）复杂性。因为供应链节点企业组成的跨度（层次）不同，供应链往往由多个、多类型甚至多国企业构成，所以供应链结构模式比一般单个企业的结构模式更为复杂。

（2）动态性。供应链管理因企业战略和适应市场需求变化的需要，其中节点企业需要动态更新，这就使得供应链具有明显的动态性。

（3）面向用户需求。供应链的形成、存在、重构，都是基于一定的市场需求而发生的，并且在供应链的运作过程中，用户的需求拉动是供应链中信息流、产品/服务流、资金流运作的驱动源。

（4）交叉性。节点企业可以是这个供应链的成员，同时又是另一个供应链的成员，众多的供应链形成交叉结构，增加了协调管理的难度。

三、供应链管理

供应链管理（supply chain management，SCM）是一种集成的管理思想和方法，它执行供应链中从供应商到最终用户的物流的计划和控制等职能。

供应链管理主要涉及四个主要领域：供应（Supply）、生产计划（Schedule Plan）、物流（Logistics）和需求（Demand）。供应链管理是以同步化、集成化生产计划为指导，以各种技术为支持，尤其以Internet/Intranet为依托，围绕供应、生产作业、物流（主要指制造过程）、满足需求来实施的。供应链管理主要包括计划、合作、控制从供应商到用户的物料（零部件和成品等）和信息。供应链管理的目标在于提高用户服务水平和降低总的交易成本，并且寻求两个目标之间的平衡（这两个目标往往有冲突）。

在以上四个领域的基础上，可以将供应链管理细分为职能领域和辅助领域。职能领域主要包括产品工程、产品技术保证、采购、生产控制、库存控制、仓储管理、分销管理，而辅助领域主要包括客户服务、制造、设计工程、会计核算、人力资源、市场营销。

四、准时制生产方式

（一）准时制生产方式概述

准时制生产方式（just in time，JIT），又称作无库存生产方式（stockless production），零库存（zero inventories），一个流（one-piece flow）或者超级市场生产方式（supermarket production），JIT需要供应链的高度协作，是供应链优化管理的典型代表。

JIT是起源于日本丰田汽车公司的一种物流管理思想，其核心是追求消灭包括库存在内的一切浪费，并围绕此目标发展的一系列具体方法。它是从精益生产的理念中蜕变而来的，是精益思想在物流管理中的应用。

（二）JIT的基本原则

JIT运用精益思想对企业物流活动进行管理，其基本原则是：

（1）从顾客的角度而不是从企业或职能部门的角度来研究什么可以产生价值。

（2）按整个价值流确定供应、生产和配送产品中所有必需的步骤和活动。

（3）创造无中断、无绕道、无等待、无回流的增值活动流。

（4）及时创造仅由顾客拉动的价值。

（5）不断消除浪费，追求完善。

（三）JIT的目标

JIT的目标可概括为：企业在提供满意的顾客服务水平的同时，把浪费降到最低程度。企业物流活动中的浪费现象很多，常见的有：不满意的顾客服务、无需求造成的积压和多余的库存、实际不需要的流通加工程序、不必要的物料移动、因供应链上游不能按时交货或提供服务而等候、提供顾客不需要的服务等，努力消除这些浪费现象是JIT重要的内容。

（四）JIT必须正确认识的问题

JIT的前提：正确认识价值流。价值流是企业产生价值的所有活动过程，这些活动主要体现在三项关键的流向上：从概念设想、产品设计、工艺设计到投产的产品流；从顾客订单到制定详细进度到送货的全过程信息流；从原材料制成最终产品、送到用户手中的物流。因此，认识价值流必须超出企业这个世界上公认的划分单位的标准，去查看创造和生产一个特定产品所必需的全部活动，搞清每一步骤和环节，并对它们进行描述和分析。

JIT的保证：价值流的顺畅流动。消除浪费的关键是让完成某一项工作所需步骤以最优的方式连接起来，形成无中断、无绕流和排除等候的连续流动，让价值流顺畅流动起来。具体实施时，首先要明确流动过程的目标，使价值流动朝向明确。其次，把沿价值流的所有参与企业集成起来，摒弃传统的各自追求利润极大化而相互对立的观点，以最终顾客的需求为共同目标，共同探讨最优物流路径，消除一切不产生价值的行为。

JIT的关键：顾客需求作为价值流动力。在精益物流模式中，价值流的流动要靠下游顾客的拉动，而不是靠上游来推动，当顾客没有发出需求指令时，上游的任何部分都不要去生产产品，而当顾客的需求指令发出后，则快速生产产品，提供服务。当然，这不是绝对的现象，在实际操作中，要区分是哪一种类型的产品，如是需求稳定、可预测性较强的功能型产品，可以根据准确预测进行生产，而需求波动较大、可预测性不强的创新型产品，则要采用精确反应、延迟技术，缩短反应时间，提高顾客服务水平。

JIT的生命：不断改进，追求完善。精益物流是动态管理，对物流活动的改进和完善是不断循环的，每一次改进，消除一批浪费，形成新的价值流的流动，同时又存在新的浪费而需要不断改进，这种改进使物流总成本不断降低，提前期不断缩短而使浪费不断减少，实现这种不断改进需要全体人员的参与，上下一心，各司其职、各尽其责，达到全面物流管理的境界。

技能训练

电子商务物流实训

一、实训目的

通过本次实训，了解主流物流公司的发展现状和服务状况，掌握电子商务物流的主要功能和应用，能根据实际情况做出电子商务物流决策。

二、实训素材

计算机、互联网。

三、实训内容

1．了解5家以上主要物流公司的发展现状，将了解的内容填入表12-1，为从事电子商务活动物流决策奠定基础。

表 12-1　物流企业分析

公司名称	服务区域	收费标准

2．分析京东自营物流的配送流程，形成物流配送流程图。

课后习题

一、不定项选择题

1．以下属于物流基本功能要素的有（　　）。

A．运输　　B．包装　　C．流通加工　　D．储存

2．利用射频通信技术对采集到的数据进行无线传输的通信设备是指（　　）。

A．RF　　B．CAPS　　C．DPS　　D．DAS

3．（　　）指独立于买卖双方之外的专业化物流公司，长期以合同或契约的形式承接供应链上相邻组织委托的部分或全部物流功能。

A．自营物流　　B．第三方物流　　C．第四方物流　　D．物流联盟

4．准时制生产方式坚持（　　）。

A．JIT　　B．CRM　　C．SCM　　D．ERP

二、简答题

1. 简述电子商务物流的概念和特点。

2. 简述电子商务物流的模式。

3. 简述电子商务物流配送的过程。

4. 简述供应链和供应链管理的概念。

总结与提高

本项目主要学习了物流以及电子商务物流的概念与分类、电子商务物流配送、电子商务物流模式、供应链管理的概念和主要内容，建议学生应充分掌握电子商务物流的概念、配送流程、模式等内容，为后续职业发展奠定基础。

项目十三 电子商务法律基础

学习目标

目标类型	目标内容
知识目标	掌握《电子商务法》的基本含义 了解《电子商务法》的调整对象和范围 掌握《电子商务法》的地位、性质与特征
技能目标	掌握《中华人民共和国电子商务法》的主要内容 电子商务活动中能遵循电子商务相关法律规范
素养目标	诚实守信 养成良好的法律意识，遵纪守法

思维导图

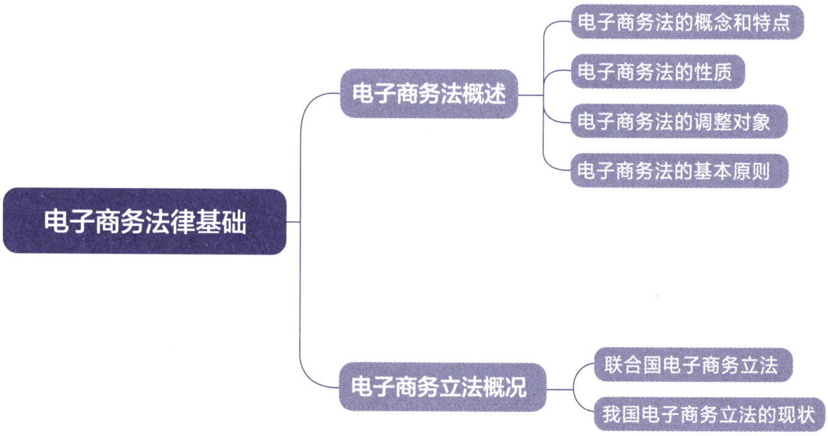

案例导入

安徽公布2021年电商领域案件查办十大典型案例

为充分发挥警示震慑作用，实现查办一案、警示一片效果，安徽省市场监管部门向社会公布2021年电商领域案件查办十大典型案例。

一、青阳县金宏外卖送餐服务有限公司对入网餐饮服务提供者未履行审查义务案

2021年7月28日和8月9日，池州市青阳县市场监管局执法人员先后对青阳县金宏外卖送餐服务有限公司位于青山新城南区莲花路的“饿了么外卖”办事点进行夏季餐饮配送平台专项检查。经查，当事人对入网餐饮服务提供者未履行审查义务，平台内的入网餐饮服务提供者中有1户食品经营许可证已过期未上传、3户未办理食品经营许可证。2021年10月11日，青阳县市场监管局审查认定，当事人的行为违反了《中华人民共和国食品安全法》和《网络餐饮服务食品安全监督管理办法》，依据《中华人民共和国食品安全法》第一百三十一条第一款，没收当事人违法所得1043.4元，罚款5万元。

二、利辛县逆世界爬宠店未在淘宝平台内店铺首页位置公示《营业执照》信息或相关链接案

2021年11月3日，利辛县市场监管局执法人员根据杭州市余杭区市场监管局案件移送线索，对利辛县逆世界爬宠店进行检查。经查，当事人于2017年11月21日申请办理了名称为利辛县逆世界爬宠店营业执照，类型为个体工商户，经营场所为利辛县城关镇霸王路与文州路交叉口南路西，经营范围为宠物用品销售，并在淘宝平台开设店铺“逆世界”销售宠物用品，截至案发，当事人未在其店铺首页显著位置，持续公示营业执照信息或相关链接。2021年11月26日，利辛县市场监管局审查认定，当事人的行为违反了《中华人民共和国电子商务法》第十五条第一款规定，依据《中华人民共和国电子商务法》第七十六条，对当事人责令改正，并处罚款5000元。

三、合肥市柒贝嘉电子商务有限公司未履行进货查验义务和销售无中文标签的进口化妆品案

2021年7月12日，合肥市市场监管局执法人员根据举报，对合肥市柒贝嘉电子商务有限公司进行现场检查。经查，当事人于2021年2月起通过淘宝网店“Seven Beauty”上架销售进口特殊化妆品，其经营的进口化妆品无中文标签，且其没有履行化妆品进货查验记录制度。2021年9月8日，合肥市市场监管局经审查认定，当事人的行为违反了《化妆品监督管理条例》第三十五条和第三十八条的规定，依据《化妆品监督管理条例》第六十一条和第六十二条，对当事人没收涉案化妆品和违法所得，并处罚款共计26272元。

四、安徽燕云电缆有限公司在淘宝网店铺使用他人注册商标案

2020年11月23日，天长市市场监管局执法人员根据案件线索，对安徽燕云电缆有限公司进行检查。经查，当事人在淘宝网注册店铺销售电线电缆商品时，未经商标注册人许可，在商品页面中使用了上海贝力达公司的注册商标。2021年3月19日，天长市市场监管局审查认定，当事人的行为违反了《中华人民共和国商标法》第五十七条规定，依据《中华人民共和国商标法》第六十条，责令当事人立即停止侵权行为，并处罚款2万元。

五、胡某民买卖质量认证证书案

2021年7月16日，东至县市场监管局执法人员根据案件移交线索，对当事人胡某民涉嫌买卖认证证书进行立案调查。经查，当事人在认证微信群发布可提供认证服务广告信息联系到认证证书购买方后，又通过微信群联系到未依法登记注册和备案的“中元兴国际认证（中国）有限公司”，为购买方

秦皇岛秦家味物流配送有限公司办理了5张无效的质量体系认证证书，并通过电子方式和书面邮寄方式交付给购买方并从中获利。2021年9月6日，东至县市场监管局审查认定，当事人利用网络渠道买卖无效的质量认证证书，并从中牟利，其行为构成非法买卖无效认证证书行为，违反了《认证证书和认证标志管理办法》第五条的规定，依据《认证证书和认证标志管理办法》第二十七条规定，对当事人罚款3万元。

六、凤台甜妹妹食品超市在美团外卖平台售卖过期食品案

2021年8月9日，凤台县市场监管局根据消费者投诉，对凤台甜妹妹食品超市进行现场检查。经查，当事人通过其在美团外卖平台“甜小妹零食超市”销售的1袋标称四川老川东食品有限公司生产的夜半小卤香辣牛肚已超过保质期，同时，其店内货架上的3盒南京同仁堂柠檬红豆薏米饮固体饮料也已超过保质期。当事人购进上述食品时未履行索证索票义务，也未建立查验记录、进货台账。2021年10月11日，凤台县市场监管局审查认定，当事人经营超过保质期食品，采购食品时未建立进货查验记录制度的行为，违反了《中华人民共和国食品安全法》第三十四条第（十）项、第五十三条第一款、第二款的规定，依据《中华人民共和国食品安全法》第一百二十四条第一款、第一百二十六条第一款，责令当事人改正违法行为，并处警告、没收违法所得和违法食品、罚款1万元。

七、合肥天之骄教育科技有限公司发布虚假广告案

2021年7月22日，合肥市市场监管局执法人员对合肥天之骄教育科技有限公司进行检查。经查，当事人在该公司网站“资质及荣誉”栏目中展示“合肥晚报、新安晚报、安徽商报授予合肥市诚信办学单位”“第二届中国互联网教育峰会榜样机构”“58同城年度战略合作伙伴”“安徽省小语种协会AAA级学校”等荣誉牌匾，实际从未获得以上荣誉及牌匾，另外，该公司在商标未经核准注册的情形下，将“天之骄国际教育”陈设于经营场所。2021年11月2日，合肥市市场监管局审查认定，当事人的行为违反了《中华人民共和国广告法》第二十八条及《中华人民共和国商标法》第五十二条的规定，依据《中华人民共和国广告法》第五十五条和《中华人民共和国商标法》第五十二条，责令当事人停止发布违法广告，并处罚20.2万元。

八、安徽富洋食品有限公司利用格式合同侵害消费者权益案

2021年8月5日，太和县市场监管局执法人员根据案件线索，对安徽富洋食品有限公司经营场所进行检查。经查，当事人在淘宝网开设运营“富洋婴童辅食店”，网店内销售的“宝宝零食小蛋卷”网页上标注有：“赠品为纯福利，一经送出，不退不换，不指定颜色，不累计，不叠加，介意勿拍”等词语。2021年9月26日，太和县市场监管局审查认定，当事人在网店销售商品时，将赠送商品标注为“一经送出、不退不换、不指定颜色”的用词，侵害了消费者的自主选择权、公平交易权，违反了《安徽省消费者权益保护条例》第十八条第（三）项的规定，依据《安徽省消费者权益保护条例》第五十九条第（一）项规定，责令当事人立即改正，并处罚款5000元。

九、安徽省乔思牧医疗器械进出口有限公司虚假宣传案

2021年9月9日，滁州市南谯区市场监管局执法人员根据举报，对安徽省乔思牧医疗器械进出口有限公司的经营场所进行检查。经查，当事人没有医疗器械注册资质却在网络平台上销售医疗器械。同时，为了提高消费者对产品的信任度，当事人将国内生产的医疗器械产品在网页上标注了“澳洲进口品质”；为了引导消费者的购买欲望，当事人在网页上宣称“月销量3000+，库存数字39771件”，实际生产1172件、销售12件。2021年10月12日，滁州市南谯区市场监管局审查认定，当事人的行为是对其商品作虚假或者引人误解的商业宣传，违反了《中华人民共和国反不正当竞争法》第八条和第

十七条规定，依据《中华人民共和国反不正当竞争法》第二十条第一款，责令当事人立即停止不正当竞争违法行为，并处罚款22万元。

十、株洲醉酒轩酒业有限公司在直播平台销售标签不合格酒类食品案

2021年1月19日，黄山市市场监管局执法人员根据群众反映，对位于黄山市屯溪区九龙工业园凤山路8号仓库进行检查，发现仓库内堆满了不同品种的白酒，并且有工作人员正在打包白酒向外地寄件。经查，该仓库是株洲醉酒轩酒业有限公司租赁。当事人在抖音和快手等互联网直播平台设立账号，推送酒类广告给平台客户，客户点击平台链接预定，由当事人市场部将客户预定的产品数量、价格和收件地址发送给黄山仓库负责人，最终从黄山仓库通过物流发货，客户收到产品后付款。2021年4月21日，黄山市市场监管局经调查认定，当事人在抖音和快手等直播平台设立账号，在黄山市租赁仓库发货销售的“茅台镇纯粮酒”，违反了《中华人民共和国食品安全法》第六十七条第三款的规定，构成了经营标签不符合《中华人民共和国食品安全法》规定的食品违法行为，依据《中华人民共和国食品安全法》第一百二十五条第一款，对当事人没收违法产品和违法所得，罚款人民币17.9万元。

资料来源：合肥在线（记者 王旭）

案例思考

电子商务领域的法律问题有哪些？

第一节　电子商务法概述

一、电子商务法的概念和特点

（一）电子商务法的概念

电子商务法是指调整电子商务活动或行为的法律规范的总称。电子商务法有广义和狭义之分。广义的电子商务法，是指所有以数据电信方式进行的商品交易或服务的法律规范的总称，即指政府调整企业和个人以数据电文为交易手段，通过信息网络所产生的，因交易形式所引起的各种商品交易或服务的关系，以及与这种关系密切相关的社会关系、政府管理关系的法律规范的总称。狭义的电子商务法专指电子商务法典。

（二）电子商务法体系

电子商务法是一个国家法律体系的组成部分，同时它又具有自己的法律体系。电子商务法体系由电子商务基本法、电子商务实体法和电子商务程序法三部分构成。电子商务基本法

是指一个国家或地区在电子商务方面具有最高法律效力的法律。电子商务实体法是指从实际内容上规定人们之间的权利与义务的本体及其产生、变更和消灭的法律，如电子交易法、电子签名法、电子商务合同法等。电子商务程序法是指以保证权利和义务得以实施或职权和职责得以履行的有关程序为主的法律，如电子商务诉讼法等。电子商务法体系的三部分内容相互联系、相互制约，电子商务基本法起统御作用，电子商务实体法是构成电子商务法体系的具体法律，电子商务程序法构成诉讼和司法内容，三者构成电子商务法律的统一体。目前，《中华人民共和国电子商务法》（以下简称《电子商务法》）属于电子商务基本法范畴；《中华人民共和国电子签名法》（以下简称《电子签名法》）属于电子商务实体法范畴。

（三）电子商务法的特点

与传统商法相比，电子商务法具有国际性、开放性、兼容性和技术性等特点。

1. 国际性

电子商务法在空间上打破了传统商法的常规，表现出双边、多边乃至全球化。全球性的特点决定了电子商务法的国际性。任何传统法都难以做到像电子商务法这样具有跨国的、全球的特殊性。在电子商务的立法实践中，任何一个国家都不能以本国的特定情况为由而搞特殊，电子商务法必须为全球性的商务统一提供解决方案，充分体现国际性。联合国国际贸易法委员会所制定的《联合国国际贸易法委员会电子商务示范法》（以下简称《电子商务示范法》）和《联合国国际贸易法委员会电子签名示范法》（以下简称《电子签名示范法》）是各国制定电子商务法和电子签名法的基础。

2. 开放性

电子商务法是关于电子商务的法律，而电子商务是以数据电文、信息技术和网络为基础的。电子商务活动、数据电文、信息技术和网络在形式上是多样化的，同时又是发展变化的，因此，电子商务法必须是开放的。国际组织和各国在电子商务立法中大量使用开放性条款和功能等价性条款就是这种开放性的体现。

3. 兼容性

电子商务法的兼容性是指电子商务法要能适应数据电文、信息技术、网络等多种信息技术手段和形式。电子商务法的兼容性同时也使电子商务法具有复杂性。电子商务活动比传统商务活动涉及的参与者更多，这使得电子商务交易关系复杂而多变；电子商务交易涉及各种交易、支付等手段，即电子商务的信息技术基础复杂且存在依赖性，所以电子商务相关法律必须是兼容的。

4. 技术性

电子商务法的规范中涉及很多技术内容，并且许多规范都是直接或间接地由技术规范演变而来的，如加密技术、数字签名技术、网络协议技术、网络安全技术、数据电文生成技术和传输技术等，这些都应该做出法律要求。

二、电子商务法的性质

从法律性质上讲，电子商务法是一个渗透着公法因素的私法领域。

（一）电子商务法是私法

电子商务法调整的对象是一种私法上的关系，从总体上应属于私法范畴。

（1）作为电子商务法对象的自然人，法人或者其他组织，都是私法的主体。

（2）电子商务法调整的电子商务法律关系是发生在商事活动中的个人之间的关系。电子商务法所调整的电子商务法律关系实质上是发生在电子商务活动中的平等主体之间的财产关系，即私法调整对象的必要组成部分。

（3）电子商务法规定的权利是主体从事电子商务活动的权利，确保主体的权利实现是电子商务法作为私法的任务。

（二）电子商务法是一个渗透着公法因素的私法领域

电子商务法是一个非常庞大的法律体系，涉及诸多领域。既包括传统的民法领域，又有新的领域，如电子签名法，电子认证法等。这些法律规范以私法规范为基础，同时有诸多公法规范。这些公法规范主要体现在一些具有行政管理性质的规范，如认证机构的许可与监管，对违反电子商务法进行行政处罚或者刑事处罚的规定，电子商务法中的有关行政机关审批、登记的规定等。

三、电子商务法的调整对象

电子商务法的调整对象是电子商务交易活动中发生的各种社会关系，而这类社会关系是在广泛采用新型信息技术并将这些技术应用到商业领域后才形成的特殊的社会关系，它交叉存在于虚拟社会和实体社会之间，有利于实体社会中的社会关系，且完全独立于现行法律的调整范围。总体来看，电子商务法的调整对象为以下两个方面。

（一）电子商务的交易形式

作为商事法新的表现形式，它必然以商事关系为其调整对象，但是这种商事关系又有着以下一些特点：①它是以数据电文为交易手段的商事关系。②这种商事关系是由于交易手段的使用而引起的，一般不直接涉及交易方式的实质条款。③该商事关系并不直接以交易的标的为其权利义务内容，而是以交易的形式为其内容。

（二）电子商务的交易内容

电子商务的交易内容规范涉及当事人在电子商务中的权利义务关系。

电子商务中交易的对象有有形货物，也有无形的信息产品。有形货物的交付仍然可以沿用传统合同法的基本原理，而信息产品的交付则具有不同于有形货物交付的特征，对于其权利移转、退货、交付的完成等需要作详细的探讨。

四、电子商务法的基本原则

（一）中立原则

电子商务法的基本目标，归结起来就是要在电子商务活动中，建立公平的交易规则，这是商法的交易安全原则在电子商务法上的必然反映，这就要求电子商务法必须技术中立、媒介中立和实施中立。

1. 技术中立

电子商务立法的技术中立原则是指政府或立法机构对于各种有关电子商务的技术软件、媒体等采取中立的态度，由实际从事电子商务者和信息服务中介商根据技术发展选择采取新的或与国际社会接轨的技术，政府应当不偏不倚，鼓励新技术的采用和推广。比如电子商务法对传统的口令法与非对称性公开密钥加密法，以及生物鉴别法等，都不可厚此薄彼，产生任何歧视性要求。

2. 媒介中立

媒介中立是中立原则在各种通信媒体上的具体表现，应以中立的原则来对待媒体，允许各种媒体根据技术和市场的发展规律而相互融合，互相促进。

3. 实施中立

实施中立是指在电子商务法与其他相关法律的实施上不可偏废，在本国电子商务活动与跨国电子商务活动的法律待遇上应一视同仁。

（二）自治原则

在电子商务法的立法与司法过程中都要以自治原则为指导，为当事人全面表达与实现自己的意愿，预留充分的空间，并提供确实的保障。《电子商务示范法》的任意性条款，从正面确定权利，以鼓励其意思自治，而强制性条款，则从反面摧毁传统法律羁绊，使法律适应电子商务活动的特征，更好地保障其自治意思的实现。

（三）安全原则

电子商务法要把维护电子商务的安全放在重要位置，电子交易安全是电子商务主体决定选择利用网络进行电子商务的最重要的因素，维护网络安全，既需要先进的安全技术，更需要严密的安全法律规范支持。

（四）功能等同原则

电子商务立法的功能等同原则是指根据针对纸质文件的不同法律要求的作用，使数据通信与相应的具有同等作用的纸质文件一样，享受同等的法律地位和待遇。现行的法律都是以纸质文件为基础而订立的，而电子商务中的各种信息都是存储在磁介质上的，当电子商务出现法律问题，在适用现行的法律时，若因为磁介质信息不同于纸质文件而难以产生与纸质文件同等的法律效力，则会为司法实践带来困难，故在电子商务立法中应实行功能等同原则。这一原则的出现为电子商务适用现行法律扫清了障碍，也为电子商务的发展提供了有力的法律支持，如各国电子商务法规定电子证据与传统书面证据享有同样的法律地位等。

第二节 电子商务立法概况

一、联合国电子商务立法

联合国国际贸易法委员会于1996年通过了《电子商务示范法》。在这份极有借鉴价值的法律文件中，电子商务形式及其法律承认，书面形式，签名，原件的要求，数据电文的可接受性和证据力，数据电文的留存，电子合同的订立和效力，当事人对数据电文的承认，数据电文的归属，确认收讫，发出与收到时间，当事人协议优先适用等重要问题均有明确规定，其最重要的贡献是从法律上全面承认数据电文的法律效力、有效性和可执行性。《电子商务示范法》的颁布，标志着电子商务法在全球范围内的成立，对于推动各国电子商务立法具有重要的借鉴意义。《电子商务示范法》的目的是要向各国立法者提供一套国际公认的规则。

联合国国际贸易法委员会于2001年通过了《电子签名示范法》，《电子签名示范法》是贸法会在推动电子商务立法方面的又一重大成果。

在联合国《电子商务示范法》的推动下，一些国际组织也纷纷制定各种电子商务法律规范，使国际电子商务立法达到了高潮。

二、我国电子商务立法的现状

2005年4月1日，我国第一个专门针对电子商务的法律《中华人民共和国电子签名法》（以下简称《电子签名法》）正式实施，这是我国电子商务立法工作的里程碑。《电子签名法》的颁布，解决了电子商务活动中身份识别、数据安全和交易不可抵赖性等诸多问题的立法定位，为我国电子商务的发展奠定了坚实的基础，也为我国下一步制定和实施《电子商务法》《电子合同法》等一系列法律法规进行了积极探索，并铺平了道路。

2018年8月31日，《中华人民共和国电子商务法》（以下简称《电子商务法》）由中华人民共和国第十三届全国人民代表大会常务委员会第五次会议通过，自2019年1月1日起施行。《电子商务法》共7章89条，主要对电子商务经营者、电子商务合同的订立与履行、电子商务争议解决与电子商务促进和法律责任这五部分做了规定，此法对于解决电子商务发展中存在的突出矛盾和问题，建立开放、共享、诚信、安全的电子商务发展环境，推动经济结构调整，实现经济提质增效转型升级，切实维护国家利益具有重要意义。

技能训练

电子商务法实训

一、实训目的

通过本次实训，了解《电子商务法》的主要内容，树立法律意识，遵法守信。

二、实训素材

计算机、互联网。

三、实训内容

阅读《中华人民共和国电子商务法》，掌握该法对电子商务经营者、电子商务平台经营者、电子商务合同的订立与履行、电子商务争议解决、电子商务促进、法律责任等相关问题的法律规定。

课后习题

一、不定项选择题

1. 电子商务法体系由（　　）构成。

A. 电子商务基本法　　B. 电子商务实体法

C. 电子商务程序法　　D. 电子商务专门法

2. 我国第一个专门针对电子商务的法律是（　　）。

A.《中华人民共和国电子签名法》　　B.《电子商务示范法》

C.《电子签名示范法》　　D.《中华人民共和国电子商务法》

3.《中华人民共和国电子商务法》自（　　）起施行。

A. 2018年8月31日　　B. 2015年1月1日

C. 2015年10月1日　　D. 2019年1月1日

二、简答题

1. 简述电子商务法的概念与特点。

2. 简述电子商务法的原则。

总结与提高

本项目主要学习了电子商务法的概念与特点、电子商务法的形式、电子商务法的调整对象、电子商务法的原则，建议学生应充分掌握电子商务法的相关理论，熟悉《中华人民共和国电子商务法》等法律法规，做遵纪守法、诚实文明的电子商务人。

参考文献

[1] 许应楠. 电子商务基础与实务[M]. 北京：高等教育出版社，2021.

[2] 兰伟，等. 电子商务基础[M]. 上海：上海交通大学出版社，2017.

[3] 中华人民共和国商务部. 中国电子商务报告2021[R]. 北京：中国商务出版社，2022.

[4] 刘芳，等. 市场营销基础与实务[M]. 2版. 北京：人民邮电出版社，2020.

[5] 白东蕊，等. 电子商务概论[M]. 5版. 北京：人民邮电出版社，2022.

[6] 蒋辉，等. 电子商务概论（微课版）[M]. 北京：人民邮电出版社，2022.

[7] 刘建华，等. 网络营销基础与实务（理论、案例与实训）[M]. 北京：人民邮电出版社，2022.

[8] 陈德宝，等. 网店运营与管理[M]. 北京：中国轻工业出版社，2012.

[9] 邵贵平，等. 电子商务物流管理[M]. 北京：人民邮电出版社，2022.

[10] 李海刚，等. 电子商务物流与供应链管理[M]. 北京：北京大学出版社，2014.

[11] 鲜军. 电子商务概论（微课版）[M]. 北京：人民邮电出版社，2022.

[12] 陈德人. 电子商务概论与案例分析（微课版）[M]. 2版. 北京：人民邮电出版社，2020.

[13] 黄双蓉. 财经法规与会计职业道德[M]. 北京：经济科学出版社，2014.

[14] 杨坚争. 电子商务法教程[M]. 北京：高等教育出版社，2007.

[15] 温希波，等. 电子商务法[M]. 北京：人民邮电出版社，2022.

[16] 宋林林，于海峰.电子商务基础[M]. 北京：北京邮电大学出版社，2022.